NFi

北方新金融研究院

NORTHERN FINANCE INSTITUTE

致力于新金融领域的政策研究，服务京津冀协同发展
国家战略，为天津金融创新运营示范区建设献计献策

新金融书系
NEW FINANCE BOOKS

未来银行全面风险管理

赵志宏　金　鹏◎著

中国金融出版社

责任编辑：张　铁
责任校对：孙　蕊
责任印制：张也男

图书在版编目（CIP）数据

未来银行全面风险管理/赵志宏，金鹏著. —北京：中国金融
出版社，2020.4
（新金融书系）
ISBN 978 - 7 - 5220 - 0498 - 3

Ⅰ.①未…　Ⅱ.①赵…②金…　Ⅲ.①银行业—风险管理—
研究　Ⅳ.①F830.2

中国版本图书馆 CIP 数据核字（2020）第 032092 号

未来银行全面风险管理
WEILAI YINHANG QUANMIAN FENGXIAN GUANLI
出版
发行　**中国金融出版社**
社址　北京市丰台区益泽路 2 号
市场开发部　（010）66024766，63805472，63439533（传真）
网 上 书 店　www. cfph. cn
　　　　　　（010）66024766，63372837（传真）
读者服务部　（010）66070833，62568380
邮编　100071
经销　新华书店
印刷　保利达印务有限公司
尺寸　170 毫米×230 毫米
印张　20.5
字数　293 千
版次　2020 年 4 月第 1 版
印次　2022 年 6 月第 4 次印刷
定价　65.00 元
ISBN 978 - 7 - 5220 - 0498 - 3
如出现印装错误本社负责调换　联系电话（010）63263947

NFI 新金融书系
NEW FINANCE BOOKS

北方新金融研究院由中国金融四十人论坛发起，与天津市人民政府战略合作，致力于新金融领域的政策研究，为天津金融创新运营示范区建设献计献策，并服务于京津冀协同发展国家战略。

北方新金融研究院以建设独立、专业、开放的现代化智库为目标，积极开展高层次、有实效的研讨活动，努力提供一流的研究产品。自 2016 年 3 月成立以来，北方新金融研究院已经举办多场闭门研讨会、宏观政策解读内部交流会、"金融支持实体经济"系列座谈会和国际交流活动，形成《NFI 要报》、《NFI 决策参考》等系列成果多期，为天津市相关决策部门提供了重要参考。

北方新金融研究院设立的北方新金融研究院"新金融书系"，专注于京津冀协同发展、金融支持实体经济以及新型金融业态、融资租赁等新金融领域，并基于研究和研讨成果，出版系列图书，力图打造兼具理论、实践与政策价值的权威书系品牌。

"新金融书系"由中国金融四十人论坛旗下上海新金融研究院（SFI）发起，立足于创新的理念、前瞻的视角，追踪新金融发展足迹，探索金融发展新趋势，求解金融发展新问题。论坛旗下的北京大学数字金融研究中心、北方新金融研究院、金融城相继创设新金融书系，丰富了"新金融书系"的品牌内涵。

"中国金融四十人论坛"是中国最具影响力的非官方、非营利性金融专业智库平台，专注于经济金融领域的政策研究与交流。论坛正式成员由 40 位 40 岁上下的金融精锐组成。论坛致力于以前瞻视野和探索精神，夯实中国金融学术基础，研究金融领域前沿课题，推动中国金融业改革与发展。

自 2009 年以来，"中国金融四十人论坛书系"及旗下"新金融书系"和"浦山书系"已出版 100 余本专著。凭借深入、严谨、前沿的研究成果，该书系在金融业内积累了良好口碑，并形成了广泛的影响力。

未来银行的全面风险管理之路

（自　序）

近年来，经济增速放缓、利差收窄、监管趋严等对银行业构成严峻挑战，同时，挥舞着新技术"利刃"的跨界竞争者正在大快朵颐地抢食着银行的"蛋糕"，全球银行业面临着前所未有的压力。未来银行路在何方？未来银行的全面风险管理发展方向是什么？带着对这些问题的思考，结合二十多年风险管理的理论研究与实践感悟，我们开始了本书的写作，写作的过程同时也是我们不断自我设问、自我解答的过程。

银行的金融基因与发展之困

一般认为，银行诞生于文艺复兴时期的意大利。当时一些货币兑换商将经营中的货币借贷出去，给暂时资金短缺的人提供支持，于是诞生了最早的银行。在这个过程中，货币兑换商扮演着信用中介的角色，将资金从千家万户收集起来，然后借给需要资金的人，整个模式成功的关键是兑换商能够找到具有信用的借款者，也就是信用发现。可见，信用发现是银行与生俱来的基因。

不仅如此，银行的发展史实际上也是一部信用发现的历史。预期收入理论的出现，让银行的信用发现从当前具有还款能力或者有对应价值实物商品的客户群，拓展到了未来预期收入能够覆盖到期本息的客户群，贷款期限也从短期贷款拓展到了中长期贷款；而马科维茨的资产组合理论，让银行信用发现从一种资产的风险和收益考量，拓展到了各类资产组合的风险和收益平衡，业务范围从存、贷等利息业务拓展到了资金交易、现金管理等中间业务；期权定价理论的出现，让银行信用发现从贷款市场拓展到了衍生品市场、表外业务等。以上这些金融理论都在拓宽着信用发现的范围，进而拓展了银行的业务范围。由此可见，作为商业银行，内在的古老基因始终不变，即商业银行信用中介的核心本质始终不变，仍然是为信用两端的客户提供中介服务。

银行业自诞生以来快速发展，虽然成长的路上也遇到过很多危机和挑战，但是都能够平稳渡过，现在银行业已经成为现代金融的核心。然而，进入 21 世纪以来，对银行而言，已是兵临城下了。全球超过 2000 家金融科技公司正在充分利用大数据、云计算、移动互联网等新兴技术颠覆传统银行的业务模式。他们正在银行业务的各个细分领域建立以客户体验为导向、以数据技术为驱动、以互联网低成本扩张为手段的业务模式来打破银行的垄断局面，高歌猛进地开拓着银行以往想做但没有做好的长尾市场。

银行面临的挑战越来越大，并且这些挑战不仅是多维度的，而且是根本性的。所谓多维度的挑战主要是指面临着盈利模式的挑战，包括从金融产品到客户体验、从业务拓展到风险管理等多方面的挑战。所谓根本性的挑战是指银行面临着比较优势的挑战，数字经济时代背景下，银行借以安身立命的支付结算、信息生产、资金管理等功能，逐步被第三方支付、互联网金融公司等各种新型经济主体所削弱，甚至被逐步取代。同时，严监管也对银行的合规经营提出了更高的要求。在各种危机、挑战之下，传统商业银行转型求变迫在眉睫。

金融科技的爆发与未来银行之路

回顾历史，科技革命给人类社会带来的变革是深远的。近年来，以人工智能、区块链、云计算、大数据、5G 与物联网为代表的新科技快速发展，全球金融科技投资急剧增长。2018 年，全球金融科技类的风险投资数额高达 308 亿美元，而这一数字在 2011 年还只有 18 亿美元。这些变革必将对银行的未来发展起到举足轻重的作用，具体而言，人工智能技术和大数据技术能够满足客户个性化需求、精准提高客户体验；区块链技术能够解决长期困扰很多行业的信息不透明带来的信任问题；云计算技术为银行海量数据的存储和应用提供了基础保障和算力。

目前，银行业正在金融科技上奋起直追。2014 年，汇丰银行提出要全方位进行数字化转型，重塑银行的成本结构，实现所有客户活动环节和业务流程数字化。现在，汇丰银行 20～30 个最主要的线上流程只占用了不到 50% 的成本，但服务了 80%～90% 的客户活动。中国的银行业也在积极尝试：在 2018 年年报中，工商银行、农业银行、中国银行、建设银行、交通银行提及金融科技的次数分别达 15 次、21 次、7 次、64 次、21 次。招商银行还指出："唯一可能从根本上改变和颠覆银行商业模式的，是科技。"目前，中国已经成立了 6 家银行系金融科技子公司。当前，"无科技，不金融"已成为业界共识，金融与科技的融合必将走向深化。正如《银行4.0》的作者布莱特·金所说的，金融科技的应用将给银行带来重大机遇，未来银行将迎来由科技主导的创新和变革时代。

结合金融科技的快速发展，我们认为，未来银行的发展应该着重聚焦两个方面：一方面，注入以人工智能、区块链、云计算、大数据、5G 与物联网为代表的强大科技动能，实现科技赋能，驱动业务发展和风险管控，提高综合竞争力；另一方面，要坚守金融本质，利用科技解决原始痛点，快速适应环境和需求的变化，及时调整、升级、创新自身的经营模式、组织结构、服务手段等，提高客户体验。比如，未来社会是数字化的，那么银行就应当推进数字化转型来跟上发展潮流；客户需要便捷的服务，那么银行就应当借助科技手段融入客户的生产生活场景，实现对客户的无感服务。通过系统化的梳理和分析，我们认为，数字化转型、场景化融入、平台化协作、生态化拓展、敏捷化组织是传统银行向未来银行转型的五个重点转变方向。未来银行全景图已日渐清晰。

银行风险管理的监管推动与理念更新

风险管理是银行的核心功能。为应对银行外部环境、客户需求以及内部管理发生的巨大变化，银行业积极地开展风险管理的探索和实践，概括来看，风险管理技术和体制主要是沿着巴塞尔协议和美国反虚假财务报告委员会下属的发起人委员会（COSO）的企业风险管理框架两条主线展开的。

　　巴塞尔协议是巴塞尔委员会制定的在全球范围内主要的银行资本和风险监管标准。1988 年《巴塞尔协议Ⅰ》主要内容是初步搭建了资本充足率监管的框架，主要目的是建立防止信用风险的最低资本要求。2004 年，巴塞尔委员会推出了《巴塞尔协议Ⅱ》，首次系统搭建了一个由最低资本要求、监管检查和市场约束三大支柱组成，覆盖信用风险、市场风险和操作风险三大类风险，并向银行提供标准法和内部模型法等多种监管资本计量选项的复杂而又精致的现代资本监管体系。2010 年，《巴塞尔协议Ⅲ》进一步提高资本质量和吸收损失能力、对系统性风险的覆盖，开展逆周期资本调节等，同时启用杠杆率和流动性风险监管来弥补资本充足率监管的局限。2017 年，完成了《巴塞尔协议Ⅲ（修订版）》，修订后的协议给银行根据自己内部模型计算得出的资本标准设定了最低要求。这意味着银行将不能随意减少资本缓冲，不少银行还需增加资本。

　　银行风险管理演进遵循的另一条重要脉络就是 COSO 的企业风险管理架构。COSO 是在企业内部控制和风险管理理论领域具有重要影响力的国际力量，其研究成果从专注于企业内部控制，发展到从企业全局与战略的高度来探索企业全面风险管理。1992 年 COSO《内部控制——整合框架》是 COSO 关于企业内部控制的重要理论成果。2004 年，COSO 颁布了《企业风险管理框架》（ERM 2004）旨在为企业风险管理提供一个统一术语与概念体系的全面的应用指南，提出了企业风险管理的八个要素和四个目标，构建了一个更为广泛的全面风险管理框架。2017 年 9 月 COSO 发布了最新版《企业风险管理——融入战略和绩效》（ERM 2017），ERM 2017 较 ERM 2004 的理念发生了颠覆性的变化，对风险和风险管理相关理念进行了重新界定。风险被定义为"事项发生并影响战略和商业目标实现的可能性"，风险管理被定义为"组织在创造、保持和实现价值的过程中，结合战略制定和执行，赖以进行管理风险的文化、能力和实践"。ERM 2017 还提出了企业风险管理的五个要素和二十项原则，强调将风险管理融入企业战略和绩效，贯穿企业价值创造的整个过程。我们预计，ERM 2017 将成为全球银行业风险管理理念变革的推进器。

巴塞尔委员会和COSO均是推动银行风险管理的重要国际力量，如果说巴塞尔协议是站在监管角度对银行风险管理提出约束与激励，那么COSO则是站在企业管理角度给风险管理提出最佳实践标准，两者虽站位不同，但基本框架脉络一致，研究成果也相互借鉴和融合，对推动企业全面风险管理发挥了重要的历史性作用。

银行全面风险管理的初步探索与未来行动指南

基于多年的商业银行风险管理理论研究和实践经验，笔者2005年出版了《银行全面风险管理体系》一书，第一次将全面风险管理理念引入中国，通过借鉴ERM 2004报告和《巴塞尔协议Ⅱ》的风险管理理念，创造性地运用系统论和过程管理的思想，全面阐述了商业银行全面风险管理体系整体框架，将商业银行风险管理文化、组织结构、管理流程以及风险管理技术方法融为一体，对信用风险、市场风险、操作风险及其管理方法、技术进行了系统化的阐述，提出了构建银行全面风险管理体系的有效途径。由于成为年度畅销书籍，该书出版当年就印刷了四次，在风险管理专著引用率排名上连续十余年稳居前列。

现在来看，当时我们在书中倡导的银行全面风险管理的理念和机制都已经成为中国银行业风险管理的广泛共识和共同实践。中国多数银行都逐步建立了全面风险管理体系，明确了风险管理的牵头部门，从单一的信用风险管理拓展到操作风险、市场风险、流动性风险等在内的全面风险管理。国有大型商业银行总行层面普遍建立了风险管理委员会，审批权限适当集中上收，逐步建立了风险计量、监测体系，大力推进巴塞尔协议的实施。其中，建设银行在风险管理上进行了很多尝试，2006年建立了以风险条线垂直管理、风险经理与客户经理平行作业为核心的风险管理体制，强化了风险管理的独立性，为业务健康发展提供了坚实的保障。

白驹过隙，转眼过了十五年，银行经营环境发生了巨大的变化，当前银行风险管理又一次站在了十字路口，究竟应该走向何方？基于思考设计、实践试错、持续改进，我们提出了未来银行风险管理的全景图：全面风险管理是未来银行的"免疫系统"，它使得未来银行能抵御各种挑战，是未来银行核心能力和比较优势，它的基因源于"信用发现"，架构遵循 ERM 2017 的先进理念和最佳实践，活力来自现代科技赋能，运行受到巴塞尔协议等监管规则的约束与激励。概括来说，本书的思想火花主要体现在以下三个方面：

其一，探讨了未来银行风险管理的"变与不变"。面对前所未有的挑战和危机，银行应当有所改变，但是什么应该改变、什么不能改变？我们结合现代科技的发展，阐述了银行风险管理应该积极注入科技动能，运用科技手段解决原始痛点、提高核心竞争力。另一方面，本书也系统梳理了商业银行风险管理的历史脉络、金融理论、管理理论，探索了银行从诞生以来，一直传承到现在都不曾改变的金融基因——信用发现。无论服务客户的渠道是实体网点还是场景化融入，无论所依赖的技术是线下人工作业还是线上智能化，商业银行内在的古老基因始终不变，即商业银行信用中介的核心本质始终不能变。

其二，实现了 ERM 2017 企业风险管理架构在银行业的首次应用。ERM 2017 对风险、风险管理等都做了全新的定义和阐述，对风险管理的原则、要素等进行了详细的论述。我们深入分析了如何将风险管理看做是"一种文化、能力和实践"，仔细探讨了风险管理如何"去风险化"、如何实现风险管理主动融入银行战略。我们在全球银行界首次实现了 ERM 2017 五大要素、二十项原则的银行化、实践化，我们坚信，本书将让风险管理工作者的视野和思维都得到新的提升。

其三，提出了未来银行全面风险管理的具体构想。从文化视角来看，未来银行应当培育"全面融入、敏捷主动、开放包容"的风险管理文化；从能力视角来看，未来银行应该打造"信用挖掘能力、全面融入能力、无感服务能力、生态赋能能力、合规管理能力"；从实践视角来看，我们系统提出了未来银行风险管理战略、治理架构、管理机制、队伍建设和基础设施，并给出了分阶段的实施计划，为未来银行全面风险管理提供了行动指南。

为了撰写本书，我们组建了一个 15 人的研究团队。在这个团队中，既有从业几十年的大型银行总、分行高管，也有参加工作不久的基层员工；

既有顶尖高校经济学博士，也有资深的科技专家。我们都有着丰满的理想和火热的激情，多少次千里连线思想碰撞、多少次醉里挑灯看剑、多少次彷徨无助与柳暗花明，最终我们完成了本书。本书总体上分为三篇："第一篇　未来银行已经来临"主要讨论传统银行面临的困局和未来银行的发展方向；"第二篇　未来银行风险管理的基本遵循"讨论了银行信用发现本源、主要的金融理论、以巴塞尔协议为主的监管规则、COSO 企业风险管理理念框架，系统分析了新技术助力银行风险管理转型的方向；"第三篇　未来银行全面风险管理行动指南"，参照企业风险管理最新理念，分别从"文化、能力、实践"三个层面对未来银行全面风险管理提供了行动建议。

在写作过程中，我们充分考虑了目标读者及可读性，将本书定位为具有知识科普性和实践指导性的书籍，让每一个愿意了解银行风险管理的读者都能够轻松地读懂本书。在写作风格上，我们力图简单直接，希望本书适合商业银行高级管理者、风险管理人员、基层操作人员、初入职银行员工以及金融专业学生等各类人群阅读，并且每一章节力求精简浓缩，让忙碌的上班族也能在有限的时间内抽空读完。

本书由赵志宏、金鹏提出构思，拟定提纲，领导写作，并进行全文修改、总纂定稿。研究团队成员包括倪海青、李本靖、胡博、张庆、汪姝、朱柏松、程元斌、王庚、周学子、贾洛、杨航、李雅婕、叶宇铮。限于自身水平，本书内容的不尽之处，恳请各位读者和同行不吝赐教。笔者愿借手中方寸之梨枣，交四海八方之同好，盼把酒言欢会有时，尽觞咏畅叙之欢志。

二〇一九年十二月于武汉

目录

第一篇　未来银行已经来临

第二篇　未来银行风险管理的基本遵循

第三篇　未来银行全面风险管理行动指南

第一篇
未来银行已经来临

第一章　传统银行面临的困境

第一节　历史照见未来

尽管每场金融危机都不同，但总伴随着银行风险管理的失误。低效的风险管理框架加上冒进的放贷政策，总会在下一次经济萧条中拖垮运营糟糕的银行。在经济周期中的任何时候，稳健的风险管理原则都是至关重要的。

——穆拉德·乔杜里，苏格兰皇家银行公司银行部前财务主管

布雷顿森林体系瓦解：失衡影响犹存

由于第一次世界大战和经济大萧条的爆发，19 世纪英国主导的金本位制随之结束。在 1944 年 7 月召开的联合国货币金融会议中，44 个国家的代表通过了《国际货币基金协定》，确定了美元与黄金挂钩、各国货币与美元挂钩的国际货币体系，即布雷顿森林体系。布雷顿森林体系奠定了第二次世界大战后世界经济秩序的框架。

布雷顿森林体系解决了黄金短缺的问题，也稳定了世界金融市场，并促进了国际间金融合作，对全球经济发展和资产价格起到了很大的推动作用。然而，布雷顿森林体系是以美国在全球经济中的霸主地位为基础的，随着世界经济的发展，布雷顿森林体系固有缺陷也逐渐显露，最有名的是"特里芬难题"。美元作为世界核心货币，各国为了发展国际贸易，必须用美元作为结算与储备货币，导致流出美国的货币在海外不断沉淀，对美国国

际收支来说就会出现长期逆差；可是作为核心货币，美元必须保持币值稳定，这又要求美国是一个贸易收支长期顺差国。这两者之间存在内在的矛盾。

战后重建使德国、日本等工业国家劳动生产率迅速上升，美元与欧洲主要货币间的固定汇率难以维持，美元与黄金的固定汇率屡现危机。1971年，在历经数年的协调和争执后，尼克松政府被迫宣布放弃美元与黄金的挂钩，实行黄金和美元比价的自由浮动。1973年3月，G10集团同意六个欧洲会员国的货币绑定并联合对美元进行自由浮动。这一决定标志着固定汇率制的瓦解，布雷顿森林体系最终解体。

尽管美国此后与其他9个主要国家试图通过放宽浮动区间挽回布雷顿森林体系，但由于20世纪70年代美国为维护经济增长目标持续实施低利率政策，实际汇率不断贬值，欧洲各国和日本陆续宣布实施浮动汇率政策。1976年，国际货币基金组织通过《牙买加协定》，修订组织章程，布雷顿森林体系固定汇率制度终结。以"松绑"为基础的后布雷顿森林体系，最大的特点是浮动汇率。

在储备货币方面，经历早期动荡后，依然维持了以美元为基础储备货币的格局，布雷顿森林体系的幽灵并没有随着体系的瓦解而远去。从20世纪70年代至今，布雷顿森林体系的"躯体"残缺但"魂魄"犹存。如果说"双挂钩"和盯住汇率制是表层的制度安排的话，那么美国作为国际货币体系的"操纵者"，美元作为最主要的"世界货币"，则是布雷顿森林体系的实质所在。就此而言，迄今为止，布雷顿森林体系依然没有受到实质性的挑战，美元的霸权地位依然存在。美国可以凭着其"国际货币发行特权"，采用增发美元来逼迫其他主要经济体货币升值，从而平抑国际收支逆差和刺激国内消费需求。这样就形成了一个以美元为计价单位，以贸易—金融为链条的全球性循环：美国大量发行美元——美国改善国际收支，满足货币需求——其他国家，特别是新兴经济体外汇盈余并购买美元——美元流入并诱发美国再次采用宽松货币政策。2007年开始的美国次贷危机正是在上述国际金融格局失衡下产生的"多米诺骨牌效应"。

布雷顿森林体系在给全世界经济发展带来好处的同时，也成为国际金融体系失衡的根源，它是一个矛盾体。但无论怎样，布雷顿森林体系的遗产依然会长期影响世界。

20世纪80年代美国储贷危机：千家银行倒闭

20世纪80年代，美国发生了一次严重的储贷危机，造成大量银行破产，金融体系整体重塑。危机的爆发，有美国自身在越战、中东石油危机后的国内利率倒挂、恶性通胀，也有拉美国家无法偿还美国银行的债务等多方面原因，美国国内商业地产的价格短期大幅下跌成为压垮银行的最后一根稻草，造成几千家银行倒闭。

这次危机要从20世纪70年代的石油危机讲起。1973年10月，第四次中东战争爆发，为打击以色列及其支持者，石油输出国组织的阿拉伯成员国当年12月宣布收回石油标价权，并将其原油价格从每桶3.011美元提高到10.651美元，使油价猛然上涨了两倍多。由于石油是工业基础原料，石油价格的上涨导致全球各国的严重通胀。整个70年代，原油的价格由3.35美元/桶涨到了32.5美元/桶。

1973年，布雷顿森林体系崩溃后美元贬值、进口货物价格上升，造成通货膨胀压力很大，1979年和1980年美国的CPI高达13%。扩张性的财政和货币政策推动，刺激社会总需求过度扩张，这在短时间内促进了经济的增长，但却限制了经济周期的自我调整，最终造成了长达十年的滞胀期。

20世纪70年代的高通胀和高利率造成了以发放中长期固定利率住房贷款为主的美国储贷协会大量亏损，加上货币市场基金等其他有吸引力的金融投资工具不断出现，资金成本大幅提高，储源大量外流，储贷协会危机重重。1974年至1976年，美国几家大银行倒闭，是自大萧条以来的首批大规模倒闭。

到20世纪80年代初，美国政府推行以存款机构放松管制和《货币控制法案》《加恩—圣杰曼法案》为代表的金融自由化。这些鼓励性政策赋予了储贷协会冒险投资的倾向和机会，而里根总统推行的减税政策和OPEC减少石油供给引发的世界石油价格的上涨，更助长了金融业和资金密集型的房地产行业的虚假繁荣，资金不断涌入，房地产泡沫逐步形成以至膨胀。但80年代中后期，经济环境急转直下，阿拉伯国家之间的政治动乱削弱了

OPEC 限制石油供给的能力，油价开始下跌，引起房地产价格下降，违约事件频发，70% ~ 80% 资产用于房产抵押投资的储贷协会发生大量贷款损失，进而直接导致为其存款提供保险的联邦储贷保险公司（FSLIC）的保险基金于 1987 年耗尽，无法履行所承诺的赔偿保险金的义务，社会对金融界的信心发生动摇。1987 年，美国股票暴跌、银行大量破产，储贷危机爆发。

不幸中的万幸是，这次储贷危机并没有酿成大范围的经济危机。这是因为储贷危机发生时经济全球化程度还不高，金融市场相比较而言不够繁荣，股市、债市、汇市、商品市场等无论规模、范围、业务种类等都还不大。当时金融衍生品较少，金融杠杆效应不明显，所以相应的金融风险也较小，并且危机的规模不大，受害者多限于储贷机构，没有波及广大购房者和投资者。

日本房地产泡沫破裂：银行业遭受重创

第二次世界大战以后，日本银行业开始为日本实体经济提供源源不断的低息资金。20 世纪 60 年代开始，日本经济开始腾飞，并在 80 年代初期成为世界第二经济强国。伴随着经济的飞速发展，日本银行业的资产规模也不断扩大。1953 年至 1970 年，日本人均国内生产总值从 3600 美元增长至 11500 美元，同期日本银行业贷款每年增长 11% 以上，高于国内生产总值的增速。

1979 年到 1984 年，为了治理通货膨胀，美联储开始大幅加息，美元汇率上涨了近 60%，美元过强导致美国对外贸易逆差大幅增长。为了改变这种处境，美国、日本、德国、法国、英国五国于 1985 年签订"广场协议"，各国一致同意帮助美元贬值。

"广场协议"签订后，日元急剧升值，外需开始变弱，日本政府开始将重点转移到国内，想要通过提高内需促进经济。于是，从 1986 年到 1987年，日本连续 5 次降息，在低利率以及流动性过剩的背景下，大量资金流入房地产市场，造成房价大幅飙升。政府利用房地产刺激了经济，企业利用房地产实现了利润增长，银行利用房地产实现了信贷规模扩张。日本的经济、银行业貌似找到了新增长点。

房地产利益链形成后，随着房价的长期暴涨，日本国内开始发生通货膨胀。20世纪80年代末90年代初，日本央行启动了一轮快速加息，利率从1989年5月的2.5%提高至1990年8月的6%。此时，大量企业开始抛售房产获得生存需要的现金，房价开始急剧下跌。房产抵押价值降低，违约率上升，导致银行不良贷款上升，大量的呆账坏账核销使得盈利大幅下滑。同时，连续加息、信贷泡沫破裂，也冲击了股票市场，股票价格大跌。日本银行业以大量持有的股票作为资本金，因此，股票市场大跌直接导致日本银行业资本金缩水，银行开始资不抵债。从1992年开始，日本大量金融机构倒闭，大银行破产增加，导致日本金融机构在国际金融市场上的融资信用等级下降、融资成本上升。

房地产泡沫破裂后，日本政府并没有采取行动关掉破产的银行或清算"僵尸企业"，而是要求银行不得从出现问题的房地产相关客户撤资，采取延缓呆账确认、转移问题贷款等方式掩盖。因此，日本的银行业危机持续上演。1998年10月，日本通过《金融复苏法》，政府为该项法案拨款5200亿美元，资金被直接注入问题金融机构。不断地向"僵尸银行"注资，使得问题银行苟活，创新和转型动力不足，并不能提高银行的盈利能力和效率。日本的复苏道路迟迟看不到光明，进入了"消失的十年"。

房地产泡沫往往形成于经济快速增长阶段，伴随着通货膨胀，并且与宽松的货币政策和财政政策环境有关，但在货币财政政策突然转向收缩、股市或经济增长开始下跌时，往往会引发房地产泡沫破裂。房地产在经济运行中扮演着重要角色，牵一发而动全身，房地产价格的稳定与金融稳定运行密切相关，大量的贷款融资都是以不动产做抵押担保，房地产价格下跌会造成银行资产负债表危机，从而重创银行业。因此，既不能推波助澜导致房地产过热，也不能猛然挤压导致其破裂重伤经济金融体系。

亚洲金融危机：银行体系缺陷暴露

20世纪80年代，凭借相对较低的劳动力成本，大量资本投资亚洲新兴经济体，东南亚各国（或地区）为保持经济高增长的态势，纷纷推行扩张性的财政政策和货币政策，吸引外来投资。在资本助推下，亚洲先后出现了经济"四小龙"和"四小虎",但由于各经济体增长方式过于粗放,竞相增加产能,导致结构性生产过剩。80年代后期,亚洲各经济体泡沫化严重,贷款与高消费导致经济的虚假和非理性繁荣,企业和银行等市场主体急剧扩大其资产负债表,在实体部门利润严重下降甚至亏损的情况下,银行不良资产激增,过多的银行贷款流向房地产和股市,经济虚拟化现象严重。

1995年,美国经济复苏,进入经济持续增长与低通胀、低失业率并存的黄金时代,美元开始升值。由于东南亚经济体大多实行固定汇率制度,货币间接或直接与美元挂钩,美元的升值带动了与美元挂钩的东南亚各国货币一起升值,加之日元的贬值,严重降低了东南亚各国出口产品的竞争力。从1995年开始,东南亚国家出口增长率停滞不前,进口激增,贸易及经常项目产生了巨额赤字。

泰国出口增速从1995年的22.5%直降到1996年的3%,金融市场日趋动荡不安。泰国房地产泡沫开始破裂,银行坏账大量增加,出口增长率大幅降低,国际收支失衡。由于泰铢实行固定汇率制度且泰国金融市场开放程度较高,在外汇储备大量流失后,被迫一再扩大汇率波动幅度。

1997年7月2日,由于投机者大量抛售本币、抢购外汇,已经弹尽粮绝的泰国宣布放弃固定汇率制,实行浮动汇率,引发了一场遍及东南亚的金融风暴。泰铢兑换美元的汇率当天即下降了17%,金融市场一片混乱。在泰铢暴跌的影响下,菲律宾比索、印度尼西亚盾、马来西亚林吉特相继被国际炒家做空。8月,马来西亚放弃保卫林吉特,新加坡元也受到冲击,印度尼西亚更是损失惨重。中国台湾当局也放弃了新台币汇率,一天贬值3.46%。10月下旬,国际做空机构矛头转向中国香港,香港特区政府重申不会改变现行汇率制度,稳住了汇率。11月中旬,韩国爆发金融风暴,不得不向国际货币基金组织求援。韩元危机同时冲击了在韩国大量投资的日本金融业。1997年下半年,日本的一系列银行和证券公司相继破产。东南亚金融风暴演变为亚洲金融危机。

从泰国爆发危机的原因来看,除了经常项目逆差与外债积累,银行业激进开放导致银行体系积累过度外债也是重要原因之一。泰国在20世纪90年代初推出"曼谷国际金融便利"(BIBF),允许本国和外国商业银行从国外吸收存款和贷款，这一激进的开放举措令银行业快速积累大量外债。1993—1997 年，泰国外债大幅提升，在银行部门表现最为突出。泰国商业银行外债在危机爆发前的 1997 年 6 月高达 455 亿美元，占全部外债之比达到 47% 的峰值，其中 325 亿美元为通过 BIBF 融入外债。银行业外债多为短债，危机期间引发巨额流出，1992 年末至 1997 年 6 月，泰国银行业外债余额从 66 亿美元飙升至 549 亿美元，危机发生后至 1999 年即降至 188 亿美元。遭遇资产端大幅贬值和负债端美元快速流出双重打击，泰国银行业总资产规模由 1997 年 6 月的 2523 亿美元急剧收缩至 1998 年 1 月的 1481 亿美元，货币收缩通过信贷途径快速传导至实体，引发"货币危机—银行危机—实体经济危机"恶性循环。

此外，金融监管体制不完善也是导致泰国发生危机的原因。泰国在金融开放的同时并没有建立相对应的管理体系，外汇储备数量有限和脆弱的金融体系难以抵御强大的国际投机资本的冲击，在美元本位制的国际货币金融体系中处于完全被动的地位。

1997 年至 1998 年的亚洲金融危机，对世界经济产生了深远的影响。这次金融危机暴露出许多国家金融体制和经济运行方式的缺陷。泰国等东南亚国家和地区为了实现较快的经济增长，大量吸收外资，实行本币自由兑换、与美元挂钩，实施高利率政策以吸收外资，造成了本币的严重高估。在国际资本大量涌入后，缺乏合理监管，资金流入房地产和股市。在社会需求不足或下降、国际市场需求下降的情况下，股市下跌、房地产滞销、银行坏账增加，金融风险演变成金融危机。许多东南亚国家几十年积累起来的经济发展成果毁于一旦。

从危机后中国的情况来看，因为多年来金融业体制机制方面的因素，在亚洲金融危机期间，中国银行业因国际环境变化、金融法治不健全、金融监管薄弱、信用观念淡薄等，信贷资产质量严重恶化。1998 年末，四家国有独资银行不良资产率达到 32.18%，甚至出现了"国有商业银行从技术上讲已经破产"的言论。

为了推动中国的银行健康发展并向现代商业银行转变，在 20 世纪 90 年代这一时期，中国国有商业银行进行了三次大的改革。第一次是在 1995 年，国家专业银行实行商业化改革，四家国家专业银行将政策性业务剥离到新成立的三家政策性银行。同时，对四家银行的行政干预逐步减少，四家银行过去的专业分工也逐步淡化，开始了业务交叉和市场化竞争。第二次是在 1998 年，国家对国有独资商业银行实行补充资本金政策，财政部向四家银行定向发行 2700 亿元特别国债，所筹资金专门用于补充四家银行资本金，国有独资商业银行资本金严重不足的状况得到了一定程度的缓解。第三次是在 1999 年，国有独资商业银行的不良资产剥离改革，四家银行将 1.4 万亿元不良资产剥离给新成立的华融、东方、信达、长城四家资产管理公司，国有独资商业银行资产质量得到明显改观。

四家国有银行在国家政策的扶持下，资产质量和盈利水平明显改善，抗风险能力大大增强。2002 年，第二次全国金融工作会议后，国务院发布了《关于进一步加强金融监管、深化金融企业改革、促进金融业健康发展的若干意见》，指出要把国有独资商业银行改造成治理结构完善、运行机制健全、经营目标明确、财务状况良好、具有较强国际竞争力的现代金融企业，具备条件的国有独资商业银行可改组为国家控股的股份制商业银行，条件成熟的可以上市。随后，国有商业银行股份制改革大幕拉起，中国银行、建设银行、工商银行、农业银行陆续股改。从 2005 年开始，四大行陆续成功上市。经过一系列市场化改革，中国金融业建立了政策性金融与商业性金融分离，以商业银行为主体、多种金融机构并存的金融组织体系。

2003 年银监会成立之后，中国银行业开始大力推进资本充足率、资产质量、损失准备金、风险集中度、关联交易、资产流动性、风险控制、内部控制等微观审慎监管。2004 年，出台《商业银行资本充足率管理办法》，强化资本监管，督促银行补充资本；2007 年，工商银行、农业银行、中国银行、建设银行、交通银行、招商银行开展了《巴塞尔协议 II》的实施工作，2008 年底，中国银行业全部达到了资本充足率 8% 的最低标准；2009年，为落实逆周期监管，出台了强化宏观动态审慎政策，引入动态拨备制度，要求盈利多的年份要多提拨备，"以丰补歉"；2011 年，建立了贷款拨备率和拨备覆盖率相结合的拨备管理制度，并正式引入差别准备金动态调整机制。

美国次贷危机：席卷全球的金融危机

20世纪70年代后，美国开始新一轮金融自由化浪潮。金融监管宽松、虚拟经济膨胀、房地产价格暴涨，宽松货币和金融环境支撑的不可持续的过度债务成为引发2008年美国次贷危机的导火索。

为抵消2001年互联网泡沫破灭及"9·11"事件对经济的不利影响，美联储于2001年至2004年间连续13次降息，并保持1%的超低利率长达一年。在宽松货币金融环境下，美国信用消费急速增加，房地产市场过度膨胀，家庭债务激增。1996年至2006年，美国房价累计上涨了92%，是1890年至1996年房价涨幅（27%）的三倍以上。在2005年房地产泡沫的巅峰时期，房价上涨了12%，是同期实际人均GDP增长速度的近6倍。[①] 2008年，美国信用卡债务接近1万亿美元，由放贷机构降低贷款标准发放的次级贷款总额达1.5万亿美元。

从2004年6月起，为控制通胀、维护美元稳定，美联储开始加息，截至2006年8月连续17次加息，基准利率由1%提高到5.25%，导致住房贷款利率上升，购房者还贷压力加重，到2006年四季度次级抵押贷款不良率上升到13%以上。[②] 2007年4月，美国第二大次级抵押贷款公司——新世纪金融公司申请破产保护。2008年9月15日，有158年历史的美国知名投行雷曼兄弟公司由于暴露出同次贷相关的巨额亏损而破产，国际金融危机正式爆发。雷曼兄弟公司破产后，市场恐慌心理急剧上升，同次贷相关的金融资产遭受大量抛售和大幅度减值，市场流动性枯竭，金融危机大面积蔓延，美国次贷危机引发全球金融海啸。这场危机来势之猛、扩散之快、影响之深，百年罕见。

危机发生后，为了拯救岌岌可危的金融市场、避免经济衰退，2008年至2014年10月，美联储先后出台三轮量化宽松政策，向市场注入3.9万亿

---

① 卡门·M.莱因哈特，肯尼斯·S.罗格夫.这次不一样：八百年金融危机史［M］.北京：机械工业出版社，2018.

② 刘鹤.两次全球大危机的比较研究［M］.北京：中国经济出版社，2013.

美元资金，美联储总资产由危机初期的 0.9 万亿美元增加至 2014 年末最高的 4.54 万亿美元，扩张了 4 倍；美联储持有的资产规模占国内生产总值的比例从 2007 年底的约 6.1% 大幅跃升至 2014 年底的 25.3%，资产负债表扩张到前所未有的水平。

从危机后的监管来看，由于银行业传统业务利润的降低和金融创新技术的长足进步，金融活动由银行的表内业务发展为以资产证券化为基础的"影子银行"业务。影子银行游离于银行监管体系之外，成功地规避了《巴塞尔协议Ⅱ》和各国相应金融法规的监管，成为集聚金融风险的主要体系。2008 年国际金融危机的爆发将影子银行体系的监管缺失暴露出来，并推动了金融监管的进一步改革。此次金融危机推动了《巴塞尔协议Ⅲ》的出台。《巴塞尔协议Ⅲ》区别于之前两版协议的重点在于将银行表外业务和影子银行纳入监管框架。

同时，世界主要经济体和国际组织开始积极探索新的宏观调控和系统风险管理工具，宏观审慎管理就是其中之一，并加强逆周期调节。各个主要经济体也进行了金融监管体制改革，某种程度上分业经营的理念又开始回归，比如美国 2010 年通过的《多德—弗兰克法案》中的规则停止银行业混业经营，英国在 2010 年的《威尔斯报告》中提出蔚蓝法则，欧盟 2012 年的《利卡宁报告》也要求银行集团强制隔离银行法人实体和其他银行业务法人实体，建立起有效的防火墙。国际金融稳定论坛被升级为金融稳定委员会（FSB），旨在加强对全球系统性重要银行的监管，防范系统性风险和道德风险。

为了应对国际金融危机的冲击，中国政府制定了积极的财政政策，出台了"四万亿"经济刺激政策和十大产业振兴计划，经济增长从依靠出口更多转向依靠投资和内需拉动。这对于经济稳增长和保就业起到了积极的作用，但也带来了较快的杠杆率上升过程以及资产价格的快速上涨。宏观杠杆率从 2008 年底的 141% 上升到 2016 年底的 254%，平均每年上升 14%。国有企业的资产负债率从 2008 年的 57.4% 攀升至 2016 年的 61.3%。① 地方

---

① 巴曙松. 稳住杠杆率上升的斜率是更为现实的政策取向 [J]. 中国金融家，2017（8）.

政府融资平台、房地产企业以及以钢铁、煤炭等能源行业为代表的产能过剩行业负债增长迅速。2015 年至 2018 年，中国住房按揭贷款余额翻了一番，2015 年按揭贷款余额（包括公积金贷款）只有 13 万亿元，到 2018 年底已经突破 26 万亿元。

与宏观杠杆率快速上升相对应的是，银行业金融机构资产翻番。根据银保监会的统计数据，2008 年到 2011 年，四年里银行业金融机构的贷款余额增加 31.8 万亿元，超过 1978 年改革开放以来一直到 2007 年贷款余额的 27.8 万亿元。2007 年底，银行业金融机构资产总额 52.6 万亿元；2011 年底，银行业金融机构资产总额 113.3 万亿元，四年里资产翻番。①

当中央政府看到经济出现持续过热时，抓紧进行了宏观调控，收紧了银行信贷。但不少企业的融资大多是短贷长用，普遍存在期限错配，因此，企业被迫将融资需求转向了"影子银行"，甚至是较高利息支出的民间融资，由此带来了"影子银行"在过去几年里的持续繁荣和全民泛金融化的兴起。但是，企业的利润并不足以持续支撑"影子银行"和民间融资的高成本。近年来，"影子银行"的陆续违约、不少网络借贷平台（P2P）和第三方理财平台的持续"跑路"与借贷企业在无奈之下的强制"市场出清"紧密相关。

这场国际金融危机冲击了中国偏外向的经济增长方式，给实体经济带来了较大冲击。幸运的是，相对于发达国家而言，中国金融机构购买的次贷相关金融产品数量有限，虚拟经济没有受到过多传染和危害。这场金融危机表明，流动性短缺可能是系统性的，因为流动性可能在几天内蒸发，且流动性高度依赖于环境，这一刻流动性还很充足，下一刻它就没了。

第二节 现实的困境

我们比想象中更接近下一次金融危机。

——吉姆·瑞卡兹（Jim Rickards），《货币战争》作者

---

① 数据来源于银保监会。

负利率时代：银行盈利能力堪忧

负利率并不是突然出现的偶然事件，它经历了一个从低利率到零利率，再从零利率到负利率的演变过程。自 20 世纪 80 年代开始，无风险到期收益率（以国债的实际收益来衡量）出现了持续的下降。

实际上，观察过去世界主要经济体的利率走势可以发现，每一次经济危机的爆发都伴随着利率的急剧下行。2008 年国际金融危机的冲击使得全球总需求大幅萎缩，将全球利率中枢拉至极低的水平，后危机时代全球经济周期问题与结构问题交织，经济增长乏力，使得利率一直维持在低水平区间，部分欧洲国家和日本甚至实施负利率政策，来刺激经济增长。从这个角度来看，负利率现象是全球大危机的产物，是这场大危机熊熊烈火燃烧之后的余烬。目前主要经济体经济动能衰减，使得利率中枢进一步下移。

负利率债券于 2010 年小规模出现，在 2014 年欧洲央行引进负利率政策之后规模迅速扩大，到 2014 年 8 月已经攀升至 5000 亿美元。随着欧洲央行继续降息和 2016 年日本央行加入实施负利率政策阵营，全球负利率债券规模急剧膨胀，2016 年 7 月创下新高，金额接近 12 万亿美元。之后，负利率债券规模有所回落。从 2018 年 9 月开始，欧元区和日本等地区经济下行压力增大，叠加中美贸易摩擦升级推升避险需求，欧元区和日本国债收益率快速下行，负利率债券规模再次急剧攀升，2019 年 9 月初超过 17 万亿美元。2019 年 9 月和 10 月，全球市场风险偏好改善，全球国债收益率有所回升，目前负利率债券规模回落至 13.4 万亿美元的水平。其中，负利率债券中以国债为主，占比达 85.3%。从国家分布来看，日本、法国和德国是负利率债券规模最大的三个国家，根据 2019 年 8 月底的数据，这三个国家的负利率债券规模分别为 7.3 万亿美元、2.3 万亿美元和 2.1 万亿美元，占全球的比重分别为 43.1%、13.6% 和 12.4%。

从 2014 年 6 月开始，欧洲央行引入了负利率政策，首次将存款利率降低到 -0.1%。日本则在 2016 年 1 月对新增超额准备金实行负利率，即商业银行存放在日本央行的部分资金利率为负。随后，丹麦、瑞士等国银行也相继将存款利率降到零以下。2019 年 9 月 12 日，欧洲央行再次决定，将存款利率下调 10 个基点，从 -0.4% 下降至 -0.5%，这意味着，一个人在欧盟的银行存款 1 万欧元，一年后，自己只能取回 9950 欧元。

2019 年 8 月 15 日，丹麦的日德兰银行推出了世界上首例负利率按揭贷款，利率为 -0.5%。贷款负利率意味着，银行借钱给贷款人使用，贷款人还的钱比借的钱还少。

> 这种利率逐步降低的趋势，正好是与发达国家经济增长减缓、实体经济投资收益下降相一致的。
>
> ——阿代尔·特纳，英国金融局原主席、《债务和魔鬼：货币、信贷和全球金融体系重建》作者

总体上，当前负利率政策的正面效果大于它的负面影响，其对于刺激经济增长和推升通胀起到了积极的作用。但是，在负利率环境下，中央银行对商业银行存放在央行的准备金支付负利率（征收利息），这增加了商业银行的成本，压缩了银行净利差，造成银行盈利能力恶化。同时，贷款利率大幅下降，银行放贷意愿减弱，盈利能力下降。

经济学人智库全球首席经济学家西蒙·巴普斯特（Simon Baptist）表示，如果利率长期保持在零以下，欧洲银行在 10 年内将无法全部保持盈利，银行合并、破产及商业模式巨变都有可能会发生。

2019 年 9 月 12 日，欧洲央行推出刺激经济增长的“货币政策大礼包”，不仅在负利率基础上下调存款利率 10 个基点，更启动自 2016 年以来新一轮量化宽松进程。如此一来，欧洲央行存款利率跌至历史新低，为 -0.5%。而对银行等贷款方来说，这也提高了它们为持有过剩现金支付的金额，侵蚀利润。

德国银行业协会主席汉斯·沃尔特·彼得斯（Hans Walter Peters）指出，2018 年德国银行业每年因负利率而付出的账单为 23 亿欧元，相当于该行业年度税前利润的近 10%。

虽然中国目前尚未出现名义负利率，但自 20 世纪 90 年代以来，已经经

历了多次阶段性实际负利率^①的时期，分别是 1992 年 10 月至 1995 年 11 月、2003 年 11 月至 2005 年 3 月、2006 年 12 月至 2008 年 10 月、2010 年 2 月至 2012 年 3 月。在上述四个负利率时期，CPI 最高值分别达到 27.7%、5.3%、8.7%、6.5%。从 2015 年 11 月开始，CPI 涨幅超过一年期存款基准利率，中国再次进入实际负利率时期。

此外，经过 20 多年的稳步推进，中国利率市场化改革已基本完成。在利率市场化和金融脱媒带来的直接冲击下，商业银行一直以来坚持的"存款立行"理念，以"存贷汇"为主导的传统业务经营模式，以息差为主要收入来源的盈利模式，面临巨大挑战。从图 1-1 可以看出，2011 年以来，中国商业银行净息差总体呈现出震荡下降趋势，2011 年商业银行净息差2.68%，2015 年缩减至 2.53%，2017 年进一步缩减至 2.06%，是近九年的最低点。

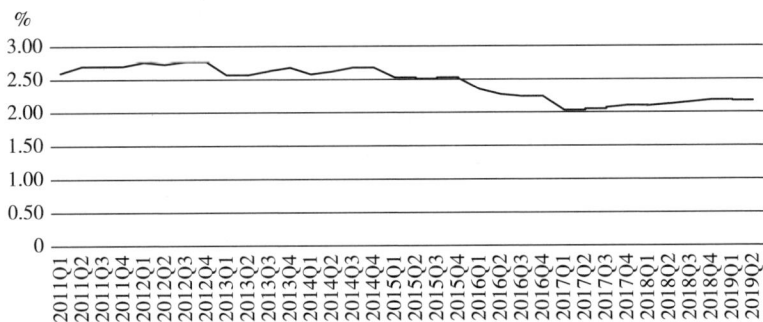

图 1-1 2011 年以来中国商业银行净息差

数据来源：银保监会。

除了利差收窄，中国商业银行盈利能力减弱趋势明显。2011 年到 2018 年，商业银行净利润增速从 36.34% 降至 4.72%，见图 1-2。

从趋势来看，危机过后十年，世界经济增速也没有恢复到危机发生之前的水平，叠加人口老龄化（劳动年龄人口增速放缓）、温和的劳动生产率

---

① 实际负利率指通货膨胀率高过银行存款率，物价指数（CPI）快速攀升，导致银行存款利率实际为负。

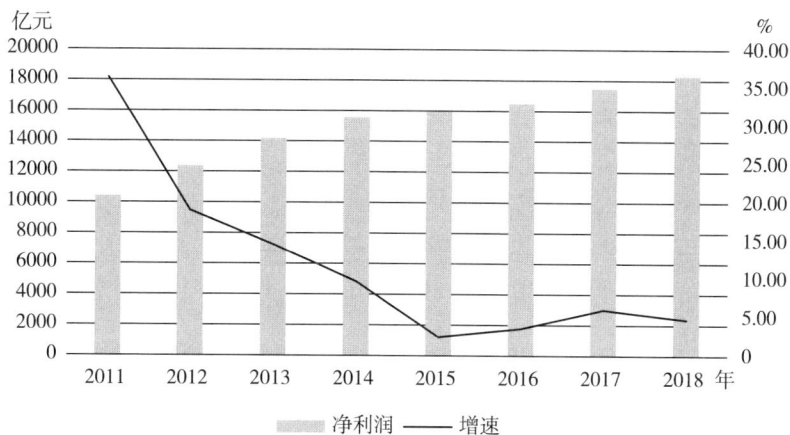

图 1 - 2　2011 年以来中国商业银行净利润及增速

数据来源：银保监会。

增速和贫富差距拉大等结构性因素，或使低增长、低通胀和低利率成为未来很长一段时期的常态。在负利率政策环境下，会引发恐慌和高度避险情绪，银行的盈利能力也面临很大考验。加上中国利率市场化进程已接近尾声，让市场在价格形成和变动过程中发挥决定作用，从而更好地指导金融资源配置，已成为金融市场化的重要环节。从风险来看，利率震荡导致波动性增加，这将对商业银行风险管理能力提出更高的要求。

经济增速放缓：不稳定因素增多

2008 年国际金融危机以来，由于危机的巨大破坏，过去 10 年全球平均经济增长率低于危机前 10 年的平均水平。2018 年全球经济 3.7% 的增长，是 2008 年金融危机后全球经济增长的最高点。从 2019 年开始，美国、欧盟、日本经济周期性下滑，贸易放缓幅度大于经济放缓幅度。

2019 年 6 月，世界银行预测，2019 年全球经济增速将为 2.6%，为三年来的最低水平。受英国脱欧、欧洲衰退和贸易不确定性的影响，全球经济增长甚至会比预期的更弱。根据联合国《世界经济形势和展望》（WESP）2019 年中期报告，2019 年和 2020 年全球 GDP 增速目前预计将放缓至 2.7%

和2.9%。

2019年10月15日，国际货币基金组织（IMF）发布最新一期《世界经济展望报告》，下调了2019年和2020年的世界经济增长率预期，将2019年的世界经济增长率下调至3.0%，相比2019年4月《世界经济展望报告》下调0.3个百分点，这也是自2008年金融危机以来世界经济增速的最低水平。2020年的世界经济增长率则调至3.4%，相比4月预测下调0.2个百分点。其中，发达经济体2019年和2020年的经济增长率预计将放缓至1.7%，新兴市场和发展中经济体2019年和2020年经济增长率分别放缓至3.9%和4.6%。贸易壁垒不断增加，贸易和地缘政治相关不确定性加大，部分新兴市场经济体面临宏观经济压力以及发达经济体生产率增长缓慢和人口老龄化等结构因素共同导致世界经济增长乏力的局面。

金融与经济紧密相关，两者共生共荣。银行业是与国家GDP增长相关性最高的行业，经济增速放缓必然冲击银行业。IMF的一份研究显示，如果全球出现重大经济下滑，那么存在违约风险的企业债务将升至19万亿美元，约为八大主要经济体总债务的40%。

从中国的情况来看，随着经济进入"新常态"，经济增长速度由高速增长进入中高速增长阶段，从图1-3可以看出，2012年以后，中国GDP增长速度明显放缓。此外，经济增长动能从要素驱动、投资驱动转向创新驱动，经济结构调整和产业转型升级已经刻不容缓。2019年三季度，GDP同比增

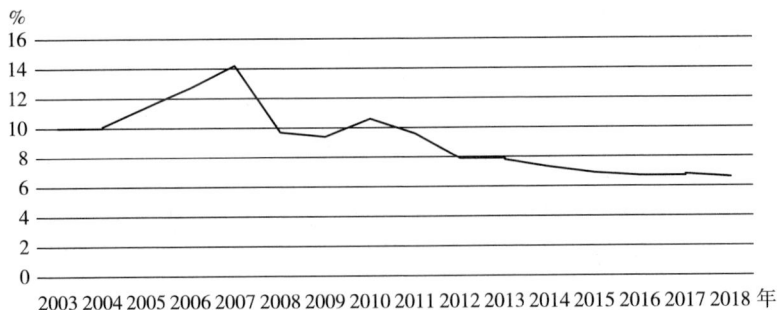

图1-3 2003—2018年中国GDP增速

数据来源：国家统计局。

速降至 6%，这是自 1992 年以来的最低增速。在 IMF 的《世界经济展望报告》中，预计 2020 年中国经济增速将不超过 5.8%。

中国是典型的间接融资模式占据绝对主导地位的国家。在这样的金融结构中，银行作为信用风险管理者，其风险管理的主要职能就是选择合格的借款人，在微观上依赖于较低的违约率、合理的资产负债比率和充足的担保品以保证本息安全，在宏观上依赖于全面繁荣的经济顺周期、较大的固定资产投资和经济保持快速增长的基本面环境。过去 30 多年，中国经济的持续快速增长和"人口红利"的巨大释放也使得土地和房屋等抵押品资产价格迅速增值。[①] 在经济高速增长时期，商业银行顺周期扩张特征明显，银行业金融机构资产规模迅速扩张，2003 年至 2013 年，银行业金融机构资产规模年均增速达 18.26%。从 2009 年到 2013 年，中国银行业在五年时间里贷款余额增加了 44.59 万亿元，远超过去 60 年贷款增量的总和。截至 2018 年底，银行业金融机构资产总额已高达 268 万亿元，其中，大型商业银行与股份制商业银行资产总额为 145 万亿元[②]，在金融体系中占据绝对主导地位。

银行业规模的快速扩张，本质上是经济高增长在金融领域的反映，是一种水涨船高现象。中国银行业贷款增长与融资规模增长高度同步，存贷款规模曲线与经济总量曲线基本平行，经济总量增长带动融资需求增长成为银行规模扩张的主要支撑。随着经济进入换挡期，商业银行也必然进入自身发展的"新常态"：整体规模增长放缓、融资需求结构型低迷、负债成本有所上升、盈利能力面临持续挑战、部分区域和行业信用风险加大。

2010 年至 2013 年，中国上市银行的总资产增速分别为 18.2%、16.7%、14.8% 和 9.3%，净利润增速分别为 33.3%、28.9%、17.4% 和 12.8%，均呈逐年下降趋势。2016 年，37 家上市银行营业收入增速仅为 1.35%，较 2015 年下降 8.67%，净利润增速为 3.65%，同比增长 0.8%。

---

① 苏薪茗. 转型向未来：中国资产管理行业发展与监管 [M]. 北京：中国金融出版社，2018.

② 数据来源于银保监会。

这就要求银行业不能延续过去的思维模式，而应主动适应经济增速的新常态，既要避免过于追求快速增长，又要保持一定的增长速度，努力实现速度、质量和效益的有机统一。

为了摆脱 2008 年国际金融危机的影响，中国向经济注入大量资金，影子银行获得发展，地方政府债务增加，中国利用信贷资金实现了大规模基础设施建设。这些措施帮助中国 GDP 在危机情况下仍在增长，但与此同时，也带来杠杆率的快速上升和坏账的积累。

经济高速增长时期，企业面临的市场环境十分有利，普遍能够实现盈利，居民收入也能保持一定的增长速度，整个社会的资金流量较为充沛，偿债能力也较强。在这样的环境中，商业银行一方面能够实现资产规模的快速扩张，另一方面还能够保持较高的资产质量。再加上前些年股改上市时，大幅度剥离不良资产，整个银行业不良贷款率一度降至 1% 以下，远低于欧美银行业 3% ~4% 的不良贷款率。

"新常态"之下，经济增速趋缓。经济转型、宏观调控方式转变将会影响商业银行的信贷风险控制机制。在以往以投资拉动为主的发展模式下，企业普遍存在"过度投资"和"过度融资"的现象，而银行则存在"过度授信"和"过度注重抵押担保"的现象。"新常态"下，过去大量投资形成的生产能力出现过剩，仅靠企业投资形成的资产作为风险防范手段已经不能有效管理信贷风险。与此同时，一些创新企业既没有资产抵押，也没有担保人，但不乏有一些企业有很好的成长性。这就要求商业银行改变风险管控模式，注重对企业第一还款来源的把握。[①]

结构调整过程中一些客户经营出现困难，前期隐藏的部分风险也容易暴露出来。2015 年，中国启动去杠杆计划——"三去一降一补"，即"去产能、去库存、去杠杆、降成本、补短板"，逐步开始化解以高杠杆和泡沫化为主要特征的各类风险，以降低过剩的工业产能和非金融企业的高杠杆率，淘汰落后产能和有偿债困难的低效率企业，将其占用的信贷资源释放出来，引导金融资源更多配置到新兴产业部门、高效率企业特别是民营企业，以

---

① 张立洲，刘兰香. 中国式投行 [M]. 北京：中信出版社，2018.

支持实体经济的结构化升级。

在去产能的过程中，一旦大量"僵尸企业"进入全面破产清算阶段，必然会发生大规模的债务违约，银行信贷业务质量面临挑战。各种矛盾冲突和风险事件可能会更加频繁，"两高一剩"、房地产、影子银行等领域的金融风险可能会继续发酵，银行业资产质量将承受较大压力，守住风险底线将成为商业银行面临的一大挑战。

随着经济增速逐步放缓，银行业的经营环境、竞争格局、业务模式和风险状况都在发生深刻变化。信用风险、流动性风险和市场风险的不稳定因素增多，给银行风险管理带来新的挑战。

严监管周期：银行资本管理能力亟待提升

国际金融危机以来，新出台的监管法规以及开出的罚单掀起了一波风险职能的变革浪潮，包括资本、杠杆、流动性和融资要求更为具体严苛，风险报告标准、合规行为标准均有所提高，压力测试成为监管工具之一。以美国为首的欧美各国出台了一系列法案来规范金融机构的行为，并给予政府最大限度干预银行的权力。

中国在国际金融危机之后，经历了多年的金融自由化与金融创新大发展的时期，各类金融机构快速发展，资管业务、金融同业业务、影子银行、金融综合化经营（金控集团）等领域的各类创新层出不穷，在增加金融机构业务多样性和竞争力的同时，也对金融机构自身的风险管理和金融监管形成了挑战，带来了跨行业、跨市场、跨区域的风险传递。主要表现在表内业务表外化、贷款业务投资化、同业业务套利化、银行资金脱实向虚。此外，机构跨界扩张，一些金融机构追求多牌照、全牌照，一些企业控股了不同类型的金融机构，成为野蛮生长的金融控股集团，抽逃资本、循环注资、虚假注资，以及通过不正当的关联交易进行利益输送等问题比较突出。业务跨界套利，表现为不合理的影子银行，体现为交叉投资、放大杠杆、同业套利、脱实向虚等一系列问题。

从2016年开始，中国进入严监管周期，监管机构开始对比较突出的风险点进行精准拆弹，如房地产、地方政府债务、僵尸企业出清以及表外金融乱象。2017 年初，监管机构组织开展了"三三四十"等系列专项治理行动，即"三违反、三套利、四不当、银行业存在的十个方面的问题"，重点针对同业、理财、银信合作、票据、信贷等领域。

针对银信通道业务占比较高、资金流向难以控制等问题，银监会于2017 年 12 月出台《关于规范银信类业务的通知》，对银信类业务中商业银行和信托公司行为进行了双向规范。2018 年初，银监会发布《商业银行委托贷款管理办法》，对委托资金来源和资金投向都作出了限制，结束了一直以来对委托贷款缺乏统一制度规范的状况。

从 2018 年 4 月起，酝酿了两年多的资管新规（《关于规范金融机构资产管理业务的指导意见》）及其配套办法相继出台，资管行业迎来史上最严格监管制度。资管新规旨在破刚兑、去杠杆、去通道、禁止资金池、限制监管套利，它的出台开启了资管统一监管时代。

长期以来，中国高储蓄率为银行业带来了稳定充足的资金来源，银行体系的流动性风险相对较低。近年来，金融市场环境发生了重大改变，利率市场化改革的完成、互联网金融的不断发展使得银行客户分流、资金来源萎缩，银行融资越来越依赖批发性、非存款类工具。在此背景下，期限利差作为盈利的主要途径，推动银行不断加大资产负债的期限错配程度，导致流动性风险开始增加。近几年同业业务的快速扩张以及期限错配加剧使得商业银行流动性风险不断上升，金融去杠杆导致金融市场流动性紧张进一步加剧。

为了应对潜在流动性风险上升，银保监会于 2018 年 5 月发布《商业银行流动性风险管理办法》，根据风险状况的发展变化，在充分考虑近几年流动性风险方面出现的新情况、新问题的基础上，对《商业银行流动性管理办法》进行了修订，以流动性管理为手段引导银行资金脱虚向实、回归本源。

整体来看，近几年监管重点在于表外业务、理财业务、非标业务的去杠杆，表内业务借助期限错配加杠杆的行为开始受到约束，监管机构将通过不断提高监管专业化与精准化程度防范银行业流动性风险，引导银行"增投贷""去同业"。

从金融监管模式来看，为了缓解金融监管中存在的交叉监管、监管空白等问题，减少金融机构监管套利，同时也更好地适应中国金融业混业经营的发展趋势，国务院金融稳定发展委员会于 2017 年 11 月正式成立，强化人民银行宏观审慎管理和系统性风险防范职责，落实金融监管部门监管职责，强化综合监管与监管协调，突出功能监管和行为监管。2018 年 4 月，银监会、保监会职责整合，组建银保监会，并将拟定银行业、保险业重要法律法规草案和审慎监管基本制度的职责划入人民银行，即人民银行负责审慎监管，银保监会负责行为监管。上述改革标志着中国已形成新的金融监管体系。

金融严监管是当前中国宏观经济金融政策的基调之一，有利于防范化解金融风险，推动金融业健康稳健发展，但也对银行盈利和资本管理能力带来挑战。在严监管约束下，以高速发展为特征的金融扩张周期迎来分水岭，进入以严监管和去杠杆为标志的金融新周期。

"数字经济" 时代：互联网企业分流银行业务

当今世界正处在数字经济与工业经济交汇更迭的过渡时期，跨越发展的新路径正在形成，数字化转型是大势所趋。2018 年，美国数字经济规模达到 12.34 万亿美元；中国是全球第二大数字经济体，规模达到 4.73 万亿美元。[①] 当前，以物联网、大数据、云计算、人工智能为代表的信息革命，推动着中国经济的新旧动能转换，也推动着传统金融的变革和新金融的创新发展。[②] 信息技术和金融的深层融合不断打破现有金融行业的边界，金融科技正在以迅猛的势头重塑金融产业生态，金融风险出现新特征，主要表现在金融准入门槛降低、客户范围增大、金融交易更加高频化、金融风险的预测和识别变得更加困难。

在数字经济的推动下，银行业务办理模式和风控模式由传统人工模式

---

① 数据来源于中国信息通信研究院发布的《全球数字经济新图景（2019 年）——加速腾飞重塑增长》。

② 刘勇，李达. 开放银行：服务无界与未来银行 [M]. 北京：中信出版社，2019.

转向大数据模型控制。例如，互联网贷款业务具有"高并发、高敏捷"的特点，需要构建专门的网贷业务系统平台，支持互联网贷款业务7×24小时服务、业务秒级审批处理、高并发率、产品快速更迭等业务特征。银行通过整合合作方提供的数据或信贷评估结果、掌握的外部征信数据以及可匹配的内部数据，扩大数据源，并形成各类数据的交互验证规则。在此基础上设计特征变量，再利用高效算法进行数据分析，建立反欺诈模型和评分模型，对客户进行画像和风险评估。

以芝麻信用、京东小白信用为代表的评价体系已经渗透到日常互联网消费的各个领域，成为用户信用评价的标准，以一种更直观的形式来替代晦涩又不易取得的个人征信报告。

已获得的公开资料显示，以海量数据为基础的阿里系蚂蚁借呗、腾讯系微粒贷不良率均低于1%，而以宜人贷、Lending Club为代表的纯互联网金融平台贷款不良率为8%左右。显然，宜人贷、Lending Club这样的纯互联网金融企业中，在场景层面更类似于传统金融业，场景主要的构成是贷款人和借款人，信息不外乎资金交易、贷款记录等有限信息。信息越少，越容易被扭曲，因此在单一场景下信息所勾勒的贷款人扭曲程度显然会高于复合场景。在复合场景下，数据可以告诉我们一个人除金融相关信息外的重要信息，比如消费习惯、兴趣爱好、做不做慈善、是否近期有跳槽迹象等显示个体金融行为趋势的信息。阿里和腾讯就利用这样的优势积累了大量除了支付行为以外的核心信息。因此，蚂蚁借呗、微粒贷都能以最低的成本、飞快的速度放贷、收贷，在良好用户体验的基础上保证不良率处于低位。从目前互联网金融的成本水平和风险评价控制体系来看，一旦放闸恐怕会对传统银行消费信贷业务带来很大冲击。

传统银行在长期经营过程中，已经积累了有关客户资金及交易行为的海量信息数据。但互联网科技类公司凭借在场景数据方面的优势，通过打造基于海量数据的风险评价模型，抢夺了银行个人消费信贷市场。可以预见的是，对于更为复杂的公司金融业务，拥有大量行业场景数据者将带来公司金融业务风险管理革命。利用大数据分析监测客户信用风险，将是未来信用风险管理一个不可阻挡的趋势。

当然，互联网金融的发展在提升金融服务效率的同时，也带来了不同以往的金融风险。近两年比较典型的就是P2P网络借贷平台频频爆雷。P2P网络借贷出现于2006年，由于投资门槛低、投资灵活，其迅速发展成为面向小微企业、个体经营户、中低收入群体的新型投融资平台，拓宽了金融服务的目标群体和范围，其行业规模也实现了快速发展。截至2019年9月末，P2P网贷行业累计成交量为8.84万亿元，P2P网贷行业正常运营平台合计贷款余额为6099.48亿元。①

P2P平台虽然规模发展较快，但发展过程并非一帆风顺，平台鱼龙混杂，风险频发，部分平台异化为非法或变相吸收公众存款，实质上承担了商业银行的信用中介职能，由"信息中介"衍化成"信用中介"。P2P网络借贷业务异化后，出现了迅速蔓延的"连锁雷区效应"，给金融秩序和社会安全带来巨大风险。

从金融监管来看，金融科技的发展和新型金融风险出现也倒逼监管改革。2008年国际金融危机以来，世界各主要经济体的政策调控引起了金融监管改革的热潮，近十年来监管改革实践中面临的监管复杂性和较大合规成本，将金融机构乃至金融行业推至前所未有的压力边缘。目前全球范围内金融行业需要耗费800亿美元满足合规要求，预计这一数据将在五年内上升至1200亿美元。同时，金融科技的快速发展使得全球范围内金融业务的关联度迅速提高，各国金融监管框架的差异也增加了跨国性金融机构的合规成本，以监管科技为新兴技术框架的统一化和标准化原则有助于解决国别间的金融监管差异和冲突。因此监管科技的迅速崛起是满足新兴市场需求和应对新一轮金融监管改革的理性反应。从监管视角看，利用科技手段履行监管职责是其内在需求。借助新的监管科技手段，监管机构可以采用基于风险和数据的监管方式，直接获取被监管者数据，避免了以往依赖金融机构提供数据的局限，降低了"监管俘获"风险，可以更加充分利用和分析金融数据，更有效地监管各类金融市场参与者。

---

① 数据来源于网贷之家发布的《P2P网贷行业2019年9月报》。

下一场金融危机：警惕明斯基时刻

1982 年，海曼·明斯基（Hyman Minsky）发表 Can "It" Happen Again?（《它是否会再次发生》）一文，这里的"它"指的是20 世纪30 年代美国的大萧条事件。他在文中主要表达了一个观点：债务扩张主要经历三个阶段，对冲性融资、投机性融资、庞氏融资。第一阶段处于经济繁荣时期，投资者倾向于承担更多风险，于是会加大投资。而随着经济向好的时间不断推移，投资者承受的风险逐渐加大，信贷大肆扩张，企业面临收支不平衡。紧接着第三阶段，债务人的现金流既不能还本也不能付息，只能不断拆借，直到这种状况持续不下去，债务全面爆发，资产崩溃的时刻突然来临。"明斯基时刻"即这一资产价值崩溃的时刻，持续的稳定本身会破坏稳定，正是"明斯基时刻"的精髓。

也就是说，经济好的时候，投资者倾向于承担更多风险，随着经济向好的时间不断推移，投资者承受的风险水平逐渐加大，直到超过收支不平衡点而崩溃。正所谓"你所看到的辉煌，正是即将崩溃的前兆"。

明斯基时刻萌芽于任何增长型的经济体中，茁壮成长于量化宽松过程中，结束于系统性金融风险爆发引起的金融危机。在经济增长时期，人们对于未来经济环境、薪资、投资回报持有较高的增长预期，这使得人们更倾向于投资和消费，投资促进产出，消费消化产能，看起来会比较美好。但美好的预期利润会带来更高的投资，高的投资就带来高的借贷需求，在这个过程中，投资者决策就需要对比银行贷款的利率和预期收益，人们对

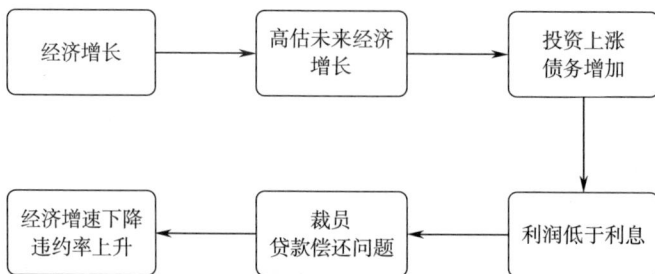

图 1-4　经济持续增长时期的债务增长过程及后果

未来过高的增长预期会带来高估的预期利润，本不该借出的钱流入了市场，但如果投入的产出价值低于银行贷款的利息，那么投资者就会出现亏损，企业没有利润就会裁员降薪，从宏观上来说就会出现经济增速的下降，失业率增加。

为了应对这种情况，政府会寻找解决办法，最直接的方法就是降息，可以使得企业在利率下调后获得正收益，自然就不会出现裁员和贷款偿还问题，也就间接缓解了经济增速和失业率的问题，这也是美国总统特朗普压着美联储降息的一个原因，下调利率是对经济增长和失业率具有极强刺激作用的货币政策，不仅带来实际的偿还问题，更深层次的是人们对未来的预期会随着降息变得更加乐观，这是很危险的。

大经济体遇到经济下行压力时基本都会选择量化宽松来刺激经济，这短期内会得到市场高涨的响应，投资消费能力迅速增加，表现出来的经济数据就是货币供应量 M2 增速与 GDP 增速出现背离，货币的供应又是建立在债务信用上的，这导致企业和居民的负债率在量化宽松环境下快速积累，债务违约风险就慢慢变得不可忽略，很多企业、家庭的收入（现金流）只能满足贷款所产生的本息。

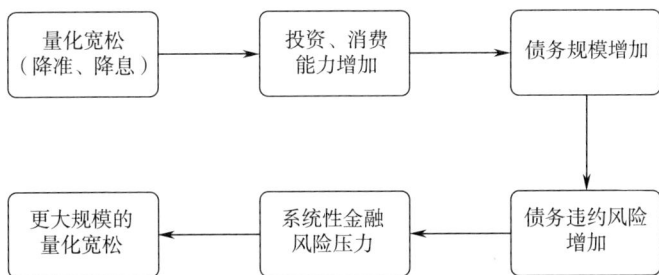

图 1-5　量化宽松货币政策下的债务积累过程

为了保证社会经济体不出现大规模的债务违约风险，只能允许借更多新钱还旧的本息，导致债务规模越来越大，这个时候，即使降低利率对于经济体也于事无补。

虽然各个国家系统性金融风险的风险点不一样，但全球有一个共同取向，就是要防止资产泡沫剧烈调整造成的风险。这些资产泡沫可能在股市、楼市，也可能在影子银行。金融危机十年以来，全球增加了约29万亿美元的公司债券，新兴经济体的公司债券增量远高于发达经济体，这是全球金融的潜在风险。

当前，中国的金融风险主要表现在宏观层面的金融高杠杆和流动性风险、微观层面的金融机构信用风险，以及跨市场、跨业态、跨区域的影子银行风险。高杠杆是宏观金融脆弱性的总根源，在实体部门体现为过度负债，在金融领域体现为信用过快扩张。高负债在经济波动期就是一个潜在风险，这也是明斯基提及的道理，但经济是个复杂整体，很难找到明斯基时刻准确的触发点。

> 如果经济中的顺周期因素太多，使这个周期波动被巨大地放大，在繁荣的时期过于乐观，也会造成矛盾的积累，到一定时候就会出现所谓明斯基时刻，这种瞬间的剧烈调整，是我们要重点防止的。
>
> ——周小川，中国人民银行原行长

德意志银行断臂求生：百年老店重组

德意志银行（以下简称德银）是德国乃至欧洲最大的全能银行，在世界范围内从事商业银行和投资银行业务。2018年7月19日，《财富》世界企业500强排行榜发布，德银位列第223位。

2020年就是德银成立150周年了，但在2019年7月，德银宣布，将以重组方式缩减投资银行业务规模，关闭全球股票交易业务，回归传统银行业务。同时，将在2022年以前裁减1.8万个工作岗位，预计业务重组成本将耗资74亿欧元（约合572亿元人民币）。放弃30年来一直追求成为全球最顶级投行的战略，是德银数年来最根本性的一次转型，砍掉投资银行业务，无异于断臂求生。

作为世界上最主要的金融机构之一，德银曾经成功抵御了2008年国际金融危机和2010年欧债危机的冲击，曾是危机期间全球少数维持AAA级评级的银行之一。但在全球银行业复苏之际，德银良好的发展态势反而开始逆转。近几年，德银多次因违规被监管机构处罚。2015 年，因涉嫌参与操纵利率，德银向美国和英国监管机构支付了 25 亿美元的罚款。2016 年，美国司法部向德银开出 140 亿美元罚单，称其在金融危机期间住房抵押贷款支持证券（MBS）违规。2017 年，美联储对德银罚款 1.57 亿美元，称其外汇监管不力和"沃尔克规则"（该规则旨在隔离自营交易和商业银行业务）合规项目存在缺陷；同一年，美联储因其反洗钱监管不力，再罚 4100 万美元。2018 年 6 月，纽约监管机构指责德银操纵外汇市场，罚款 2.05 亿美元。

在经历一系列经营失败和涉案丑闻之后，德银经营状况每况愈下。2015 年至 2017 年连续三年出现亏损，其中 2015 年亏损 67.9 亿欧元；2016 年亏损 14 亿欧元；2017 年亏损 7.5 亿欧元。2018 年虽然扭亏为盈，但盈利仅为 2 亿多美元。

德银的危机，根本原因在于偏向投行业务的发展战略使其更加推崇高杠杆经营模式，一味追求高风险的金融创新和投机活动。美国联邦存款保险公司（FDIC）副主席托马斯·霍恩曾称，从杠杆率来看，德意志银行是全球跨国银行中最糟糕的。2016 年二季度财报显示，德银杠杆率为 3.68%，接近《巴塞尔协议 Ⅲ》规定的 3% 底线。此外，德银的衍生品交易规模过大，风险较为集中，其衍生品规模曾在 2013 年巅峰时超过 75 万亿美元，占其全球资本的近四分之一，是当时德国 GDP 的 20 倍。即便 2015 年末减持至 46 万亿美元，仍占到全球衍生品交易总和的 12%，相当于当年德国 GDP 的 14 倍、欧盟 GDP 的 2.9 倍。

从监管来看，系统重要性金融机构跨境经营风险处于盲区，传统金融监管体系对金融机构跨境经营风险防范的局限性也在德银危机中暴露无遗。传统金融监管指标对金融机构跨境经营风险反应滞后。德银跨境经营风险相继爆发的时期，该行主要监管指标表现正常，一级资本充足率甚至呈小幅上升趋势，即便是杠杆率指标也未突破监管底线。这是因为传统金融监管指标大多反映的是金融机构处于正常状态下的运营状况，属于事后性观测指标，而非压力情形下或是事前预测性指标。这也是为什么德银能够通过德国监管要求却无法通过美国压力测试的主要原因。

此外，母国监管者注意力多在国内而非海外，对金融机构跨境经营风险重视程度不高。无论是国际性的巴塞尔协议，还是区域性的欧盟银行指令，均推崇母国并表监管为主的原则。但由于维护国内金融体系稳定被视为传统金融监管的第一要务，母国监管者注意力多集中在国内而非海外，对跨国金融机构有效监管往往落后于其跨国经营。

"冰冻三尺，非一日之寒"，德银的危机，显然不是黑天鹅事件，其衍生品风险敞口问题早在 2013 年开始就被广泛关注，德银的股票也从 2013 年起一直在下跌。2016 年，德银美国分部未通过美联储压力测试，被 IMF 标记为全球最危险的、可能向全球输入系统性风险的银行，对德银的股价和融资能力带来极大打击，陷入恶性循环。

德银陷入危机对中国银行业具有重要的警示作用。德银投行业务 20 多年缺乏制衡、内控虚设、快速扩张，让德银的不良资产剧增。虽然德银在 2013 年以后不断缩小衍生品规模，但其数量仍然庞大。国内商业银行受到较为严格的监管，因此持有金融衍生品敞口规模较小，但衍生品风险仍不容忽视。金融危机之后，对衍生品更严格的监管要求使得银行不得不持有更多的资金用于交易，融资和资本成本增加也意味着此类交易的运营成本大幅上涨，利润可能转化为亏损。

此外，随着近年来中国企业"走出去"步伐加快，中国金融机构国际化进程不断推进，银行的境外机构数量逐渐增多，覆盖了世界主要国际金融中心，全球化布局步伐加快。在获得更广阔国际市场空间的同时，银行跨境经营风险已经开始显现，应加强对境外业务经营发展环境和风险形势的分析评估，充分认识跨境业务的复杂性和特殊性，加强对业务所在国家或地区政治经济形势、金融市场走势和金融监管环境的跟踪研究，结合自身经营特点、比较优势和风险管理能力制定境外业务发展规划。

包商银行被接管：中小银行信用风险暴露

包商银行成立于 1998 年 12 月，前身为包头市商业银行，2007 年 9 月 28 日经中国银监会批准更名为包商银行，成为区域性股份制商业银行。2019 年 5 月 24 日，中国银保监会发布公告称，鉴于包商银行出现严重信用风险，为保护存款人和其他客户合法权益，对包商银行实行接管。这是1998 年海南发展银行被关闭之后，国内第一起银行被接管事件。

从中国人民银行公布的情况看，包商银行被接管的核心因素是股权问题引发经营风险。包商银行的大股东是明天集团，该集团合计持有包商银行89% 的股权，包商银行的大量资金被大股东违法违规占用，形成逾期，长期难以归还，导致包商银行出现严重的信用危机，显示其公司治理层面存在严重问题。

由于资金紧缺，包商银行对同业资金高度依赖，同业负债占比偏高，业务调整压力大。截至 2017 年二季度末，未包括同业存单的同业负债占比达 32.24%，其中，同业及其他金融机构存放款项占比为 29.9%，较 2016年末大幅上升 12.1%。而存款占比则由 2014 年末的 58.4% 持续下滑至 2017年二季度的 42.8%。

2017 年以来，包商银行各项经营指标显著承压，信用风险突出，资本充足率已突破监管红线。截至 2017 年三季度末，其资本充足率为 9.5%，已无法满足 10.5% 的监管要求；核心一级资本充足率为 7.4%，也低于7.5% 的监管要求。资本充足率要求作为银行业监管红线，其指标意义重大，从包商银行案例来看，持续增加的信用风险和资产质量压力首先侵蚀利润，银行难以进行内源性资本补充，而包商银行为非上市城商行，且主要股东均为明天集团关联公司，一旦股东集中出现问题，外源性资本补充难度同时加大。低于监管红线的资本充足率将从各方面显著影响经营。

在包商银行的接管处理中，对于个人客户及 5000 万元以下的对公和同业客户本息全额保障，但 5000 万元以上的本息，则通过协商形式确定保障金额，预计平均保障比例在 90% 左右，打破了同业刚兑预期，虽然短期可能会引发对市场流动性的担忧，但长期来看有利于机构风险的市场化出清，也有利于金融供给侧改革。

包商银行被接管，是因为实实在在的信用风险，而不是流动性风险。虽然包商银行事件是个案，但在当前国内外经济复杂多变的大环境下，银行信用风险管理普遍面临挑战。经济全球化趋势面临贸易保护主义的严重挑战，新兴发展中国家与老牌发达国家之间的矛盾日益突出，单边主义盛行，贸易战硝烟弥漫。

经济的不确定性直接影响金融领域。大环境的任何风吹草动，都可能引发金融领域的蝴蝶效应。面对外部环境的不确定性，商业银行是否已经做好应对风险的准备？答案显然是不确定的，尤其是中小银行，应对风险的能力面临更大考验。

从国内经济环境来看，在全球经济下行、国内结构性矛盾突出以及中美经贸摩擦升级的背景下，当前中国经济下行压力有所加大，部分企业呈现出利润增速回落现象，给未来一段时期的银行信用风险管理带来较大挑战。过去，经济高速发展掩盖了一些矛盾和风险。现在，伴随着经济增速下调，各类隐性风险逐步显性化，地方政府债务、影子银行、房地产等领域风险正在显露。长期以来在经济结构调整过程中，银行积累了大量传统行业资产，因此，传统行业的产能过剩和行业衰落，将推高商业银行的风险资产比重。在化解严重过剩产能矛盾的过程中，如果处理不当，就有可能使得产能过剩行业坏账成为金融风险的引爆点。从图1-6可以看出，中国商业银行信贷资产质量恶化趋势正在呈现，2018年银行业不良贷款有所回升。

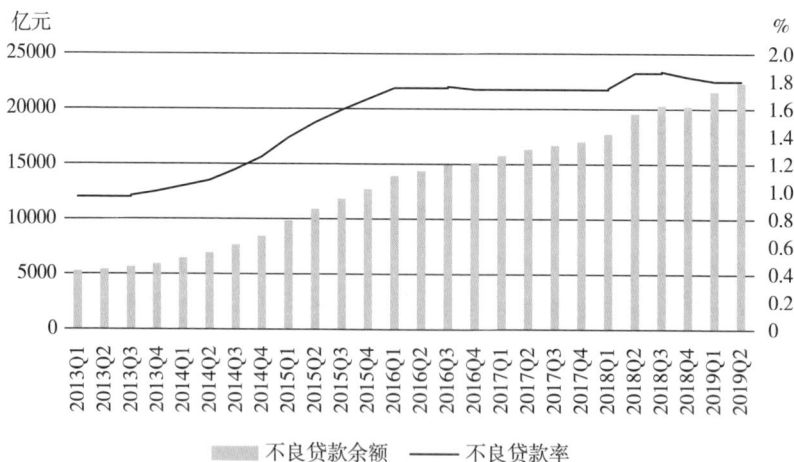

图1-6 2013—2019年中国商业银行不良贷款余额及不良贷款率

数据来源：银保监会。

　　中国商业银行目前还没有经受过全经济周期的考验，泡沫破裂和经济衰退严格意义上说也没有出现过。改革开放以来，商业银行只适应了经济增长的上行周期，银行在下行周期的风险管理能力有待时间检验。包商银行问题暴露虽然具有其特殊性，但也反映了部分中小银行过去的发展模式蕴藏的风险逐步暴露。

　　从当前的外部经济环境来看，"黑天鹅"从四面八方浮出水面。中美贸易摩擦曲折反复，全球经济面临衰退风险；日韩贸易战正酣，东北亚自贸区再度搁浅；英国新首相强力脱欧，欧洲民族主义高涨，欧盟一体化岌岌可危。

　　无论是黑天鹅、灰犀牛，还是明斯基时刻，对于商业银行而言，前瞻性金融警戒是必要的，需要高度重视、审视相关领域的金融风险。尤其是对部分领域的非理性繁荣，要保持高度警惕。

　　下一场金融危机，永远比我们想象的更近。

第二章　未来银行的发展方向

作为经济社会中融资、支付等金融服务的重要组成部分，未来银行的发展必然是遵循经济社会发展规律并与其发展进程相匹配，以科技为手段，以数据为驱动，服务于新的消费形态。在这一过程中，银行不断创新和变革，提高自身的竞争力和应变能力，平稳应对成本压力与竞争挑战。特别是对于客户来说，未来银行应当以客户体验为中心，提供以在线化、智能化为基础的，全渠道、无缝式、定制化的数字化服务，满足客户快速变化且不断提高的预期。

第一节　数字化转型

在如今的数字化时代，消费者获取信息和决定的方式已经发生了翻天覆地的变化，为了保持自身的竞争力，我们也必须不断创新。

——高博德，星展银行首席执行官

数字经济已经成为一种新的经济社会发展形态，快速增长的数字经济在成为全球经济体系中不可或缺的重要内容的同时，不仅推动了产业界和全社会的数字化，更扩展出新的经济发展空间和行业业态，促进了经济的可持续发展与产业创新，特别是通过推动包括银行业在内的传统产业的数字化增长、升级和转型，促进了整个社会的转型发展。

银行的数字化转型浪潮不可逆转

麦肯锡调查显示，发达国家58%至75%的消费者在线购买银行产品，方便、快捷、多渠道的数字化体验成为客户选择银行的重要衡量标准。美国电商亚马逊自推出第一个金融产品 Amazon Pay 后就一发不可收拾。如今，亚马逊的金融业务版图已经不亚于任何一家大型综合银行。数字化科技可以从根本上对商业银行原有业务模式进行重塑，互联网巨头天生具备数字化基因，携技术跨界金融业，带来效率和规模的大幅提升。

在这一背景下，大数据、云技术、区块链和人工智能等新金融技术的快速发展，给传统银行带来重大的转型契机。金融科技的快速兴起改变了整个金融业。银行业正面临巨大的外部不确定性和激烈竞争，银行正向客户长尾化、产品场景化、渠道全时化、风控智能化、数据资产化、平台开放化等新型模式转变。

如今，数字化早已渗透于银行内部几乎所有的业务，深深植根于银行战略体系的土壤，其所带来的成本优势、收入优势和明显提升的客户体验格外引人关注，众多银行摩拳擦掌，通过升级技术和经营模式提升效益，蓄力迎接数字化转型浪潮。这从蚂蚁金服、微众银行、网商银行等通过大数据、云计算、人工智能等技术运用而进行传统信贷及支付服务，且发展迅猛的事实中也可窥见端倪。

特别是在消费金融具有极大发展潜力及前景的情况下，传统银行进行数字化转型更为迫切。在未来的消费金融发展中，基于各种场景的大数据、移动互联、云计算、人工智能等金融科技的应用将无处不在，如果没有数字化的生存能力，传统银行将寸步难行。消费金融时代，"上云"已成中国金融机构最主要的数字化发展目标之一。

在经历了电子银行、网络银行、移动银行后，银行业已经全面步入4.0数字化时代，传统银行的数字化转型迫在眉睫。

什么是数字化银行

数字化银行是银行数字化转型的目标，数字化银行的本质含义就是在流程、数据、分析、IT 和组织结构（包括人才和文化）上开展协同调整。数字化本质上是一系列面向客户的科技创新，包含大量的科技能力，例如，移动互联网、社交化、AI 人工智能、机器学习、人脸识别、指纹识别、语音识别、图像识别、VR/AR、IoT、数字孪生、区块链……这些技术融入银行服务与应用中，使得银行能够通过数字化的技术手段，提供最佳的客户体验、释放客户端与生产端的信息不通畅和不对称，解决了传统技术带来的需求瓶颈、最大程度地满足了群体性需求，甚至激发了新需求和创造了新的商业模式。麦肯锡的研究发现，数字化业务已逐渐成为传统银行的重要收入来源，国际领先银行在基于移动端和互联网平台的业务模式创新上不断推陈出新。

按照蚂蚁金服副总裁刘伟光的观点，建立一套完善的数字化银行体系，需要具备六大数字化银行平台。

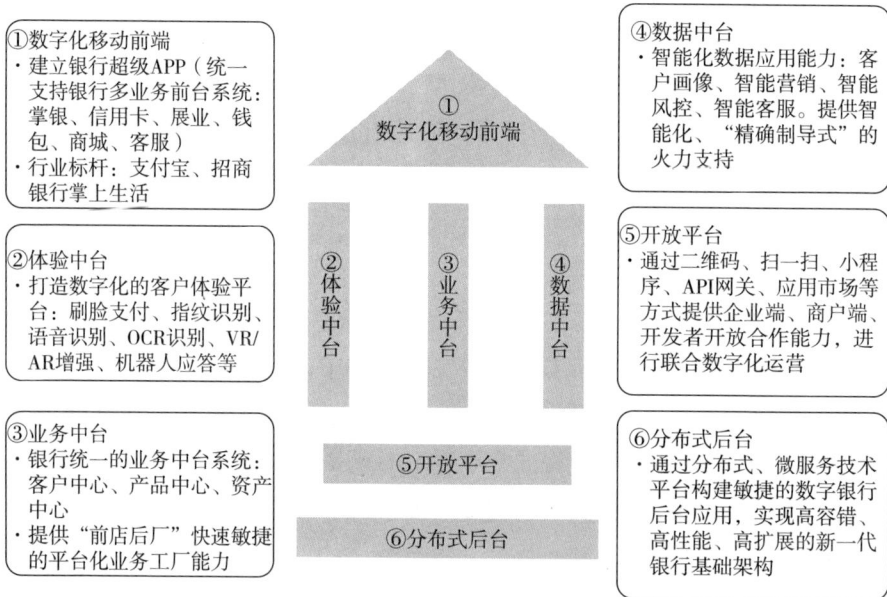

①数字化移动前端
·建立银行超级APP（统一支持银行多业务前台系统：掌银、信用卡、展业、钱包、商城、客服）
·行业标杆：支付宝、招商银行掌上生活

②体验中台
·打造数字化的客户体验平台：刷脸支付、指纹识别、语音识别、OCR识别、VR/AR增强、机器人应答等

③业务中台
·银行统一的业务中台系统：客户中心、产品中心、资产中心
·提供"前店后厂"快速敏捷的平台化业务工厂能力

④数据中台
·智能化数据应用能力：客户画像、智能营销、智能风控、智能客服。提供智能化、"精确制导式"的火力支持

⑤开放平台
·通过二维码、扫一扫、小程序、API网关、应用市场等方式提供企业端、商户端、开发者开发合作能力，进行联合数字化运营

⑥分布式后台
·通过分布式、微服务技术平台构建敏捷的数字银行后台应用，实现高容错、高性能、高扩展的新一代银行基础架构

图2-1 数字化银行平台体系

数字化移动前端。建立最佳客户体验的银行"超级APP"，统一支持银行多业务前台系统：掌银、信用卡、理财、信贷、展业、钱包、支付、商城、客服、生活场景等。

体验中台。打造数字化的客户体验平台：刷脸支付、指纹识别、语音识别、OCR识别、VR/AR增强、机器人应答等。

业务中台。银行统一的业务中台系统：客户中心、产品中心、资产中心，提供"前店后厂"快速敏捷的平台化业务工厂能力。

数据中台。智能化数据应用能力：客户画像、智能营销、智能风控、智能客服。提供智能化、"精确制导式"的数据火力支持。

开放平台。通过二维码、扫一扫、小程序、API 网关、应用市场等方式向企业端、商户端、开发者开放合作能力，进行联合数字化运营。

分布式后台。通过分布式、微服务技术平台构建敏捷的数字银行后台应用，实现高容错、高性能、高扩展的新一代银行基础架构。

数字化转型需要做好哪些工作

银行数字化转型是一个系统工程，必须上上下下、里里外外进行全方位变革。

第一个层次是数字化战略和顶层设计。首先，银行董事会、高管层应当就数字化转型达成一致共识，把数字化转型上升到银行战略的高度，保障其能够持续推进。其次，银行应当系统地研究数字化转型的需求和方向，在此基础上进行适合自身数字化转型的顶层设计，明确数字化转型的步骤和实施路径，制定蓝图规划。最后，银行应当建立或者明确推动数字化转型的组织机构，健全配套的资源和保障机制。

第二个层次是流程、机制和能力建设。数字化转型涉及银行的所有领域和各个岗位。银行需要根据数字化转型战略实施的计划安排，有序地推进各个领域、各业务条线的数字化流程、机制和能力建设。其中，前台的数字化流程、机制和能力建设应当以提升客户体验为中心开展。比如，银行通过整合自身资源和渠道打造一个超级 APP，建立全业务、全渠道、全智能、定制化的服务通道，实现对客户端对端的随时随地随需的服务。中后台的数字化流程、机制和能力建设应当围绕提高工作效率、支撑前台工作开展。比如，借助物联网、大数据、人工智能等技术，推动各项业务在后台的操作层面实现直通式处理，大幅减少人工干预、减少差错，提高对前台工作的支撑，通过效率提升改善客户体验。根据德勤对国际领先银行的观察，通过数字化实现银行开户全线上化，极大地节省了客户时间，提高了客户满意度。

第三个层次是数据和 IT 基础建设。这是数字化转型的重要基础，是决定一家银行能够实现的数字化的"木桶短板"。其包括数据管理和应用能力、数据合作能力及 IT 基础三个方面。银行数字化转型需要打通前端数据来源，完善数据标准和数据治理，建设数据处理和分析建模的系统平台，提升敏捷开发能力、能够支撑数字化转型的数据安全管理能力，中远期还需要具备数据资产管理的能力。

星展银行数字化转型：像亚马逊一样思考

星展银行（DBS）是亚洲领先的金融服务集团，总部位于新加坡，也是新加坡上市公司。星展银行实现了很多新加坡银行业的"第一次"，给新加坡银行业带来全新的面貌。然而，星展银行并不是从一开始就如此荣誉满身，反而曾一度因其官僚作风盛行、反应迟钝而"享有盛誉"。2009 年 11 月，在银行业从业 20 余年并曾有着互联网公司创业经历的高博德（Piyush Gupta）掌舵星展银行，出任 CEO，成为星展银行发展的重要转折点。

高博德表示："随着数字化革命的发展，智能手机的普及、数据的大爆炸、共享经济的兴起，客户行为模式发生了巨大的变化。客户需要的是新形态的银行，银行业早已从根本上被重新定义了。"他下定决心要扭转这种局面，随后进行了卓有成效的数字化转型。星展银行年报显示，星展银行 2017 年收入和利润均比 10 年前翻了一番，而市值翻了三倍达近 750 亿新元，成为全球前 40 家最具价值银行之一。星展银行数字化转型成功的秘诀在于：

顺势制定发展战略。2009 年决定转型之后，星展银行便制定了阶段数字化转型目标：第一，核心业务的数字化；第二，与客户融为一体，让银行变得隐形；第三，转变成一家拥有 2.2 万人的初创企业。星展银行高层称，星展银行目前处于第二个阶段。

以客户为中心打造全渠道银行的一体化体验，提升服务效率和体验。调整不同渠道之间的战略定位，改变网点的功能。存款、转账等操作在线上进行，网点的服务人员将会进行服务方向的调整，比如会多做一些像理财、贷款这类较复杂的业务指导。

推动企业文化改革和人才培养转型。从审计、合规、后台、呼叫中心到销售团队，星展银行的每个员工都在重新构思客户旅程、完善业务流程、促进数字化转型。为了保障员工持续学习、增强员工的业务能力，星展银行给员工发800美元学习费用，但是要求学完后教给10个人。这一项目目前已经成为一个成功的项目。

第二节　场景化融入

银行不再是你前往的一个地方，而是你使用的一种服务。
——布莱特·金，《银行4.0》作者

金融服务场景化已经成为趋势，未来银行所提供的服务将绝大部分基于场景化需求，如儿童储蓄、小额即时消费等微粒化的场景。这些场景在业务规模、风控、流程、客户感知等各个方面有着不同的需求，其中部分场景化服务还需要与合作伙伴无缝对接集成，并受到外部环境因素的显著影响。因此，在未来银行，数字科技必须具备场景化的能力，适应不同场景下对数字科技在弹性、可靠性、可融合性等方面不同的需求，以此支持未来银行金融场景化发展、获取长期客户。

客户改变是场景化融入的动力

在收入倍增、城镇化等宏观政策的推动下，金融在客户生活中的渗透程度将持续加深，客户的金融需求日渐强劲，复杂度也会不断提升，并将逐步形成一批具备鲜明属性和特色的客户群体，例如消费中产、养老一族、城镇新兴中产阶级等。除了新客群的涌现外，互联网、移动互联网的普及以及数字化新时代的兴起已经深刻改变了客户的金融意识和行为，包括自主获取信息并决策、认知和决策过程更为复杂、自主选择接受服务的时间、自主选择接受服务的渠道等。

客户行为的上述改变必将导致整个金融行业发生改变，包括金融服务的生活化、金融服务覆盖客群的下沉、金融服务地域覆盖的拓展等。金融服务的生活化是指金融服务和产品深度嵌入人们日常生活的方方面面，在客户既有的消费体验中无缝提供金融服务，例如，使用手机应用打车后直接通过手机进行支付并分享红包、查看电影排期并直接团购电影票、购买大型耐用消费品并直接分期支付等。引用布莱特·金（Brett King）的《银行3.0》一书的观点来说，就是"银行不再是你前往的一个地方，而是你使用的一种服务"。

金融服务覆盖客群的下沉同样显而易见。传统商业银行最关注的几个客户群包括家庭金融资产在600万~800万元人民币的私人财富管理客户、家庭金融资产在50万元人民币以上的贵宾客户以及至少达到5万元人民币银行理财门槛的理财客户。传统的银行网点和客户经理体系均围绕这些客户展开。但互联网金融的出现使得金融服务所覆盖的客户群真正下沉到那些广泛存在却长期受到忽视的普通大众家庭，比如中国民生银行于2014年2月上线的直销银行，其客户的户均管理资产额不到2万元人民币，而支付宝这样推崇真正的"草根"经济的产品，其户均余额更是只有约5000元人民币。

金融服务地域的拓展。一般来说，传统基金公司在渠道拓展方面通常只关注北上广深以及部分东部沿海发达省份，基金理财在三四线城市及农村地区几乎还是一片空白。而新兴的网络货币基金产品则完全打乱了传统的地域布局。余额宝统计数据显示，截至2013年底，40%的余额宝账户来自三四线城市。

在这些改变下，"以客户为中心"的理念将真正深入人心，从而形成一种"个人经济"，并将个人金融的重要性和活力推至前所未有的高度。

找准客户生活的主场景

前文在谈及客户改变中提出了"金融生活化"概念，这个概念是指金融不是独立存在于人们的生活中，而是嵌入众多的生活场景中，让人感受不到金融的存在，可它实际上又无处不在。因此，互联网金融版图的扩张实际上依靠两个维度的扩展，一是扩大目标客群，二是占领客户的生活时间。扩大客群的方法有很多种，比如地域的扩张、年龄层的扩张、财富层的扩张等。而占领客户的生活时间则需要占据尽量多的应用场景，即流量入口。波士顿咨询"数字化新时代3.0"研究显示，占据用户上网时间流量最多的是娱乐、沟通、信息获取和电子商务这四大类活动。互联网巨头们对客户时间的争夺也紧紧围绕这几大领域展开。

与此同时，传统金融机构也逐步意识到，它们所熟知的金融产品开始与场景合为一体，单纯依靠产品本身来实现差异化已变得越来越困难。只有将产品与场景以及客户需求紧密结合，才能被客户所接受。因此，传统金融机构纷纷加强对场景的布局，比如建设银行和工商银行建立电商平台；民生银行发力社区银行；光大银行打造移动端的生活服务平台；平安集团向二手车和房产交易进军，并建立起开放的万里通积分平台。

然而，场景之争还远远不止于此。在未来对场景的争夺战中，关键是要找准客户生活的主场景，并以此作为核心应用的切入点。这种主场景既有可能是线上的，也有可能是线下的，它不一定占据客户最多的时间，但往往连接的是客户最核心的需求。美国心理学家亚伯罕·马斯洛于1943年在《人类激励理论》一文中提出需求层次理论，将人类需求从低到高分为五个层次，分别是生理需求、安全需求、社交需求、尊重需求和自我实现需求。也就是说，当人的基本生理需求得到满足后，安全、情感、尊重、自我实现这些需求就会浮现出来，而未来对场景的争夺很大程度上其实就是找准不同客户的核心需求，使其成为连接客户的主应用，并在此基础上叠加其他的辅应用。正如领英（Linkedin）的联合创始人，同时也是硅谷著名的天使投资人雷德·霍夫曼（Reid Hoffma）所说，"一款好的产品及运营，一定能迎合人性七宗罪中的其中之一"。因此，未来对于场景的争夺实际上考验的是金融机构在心理学和社会学层面对客户的理解，以及金融机构真正践行"以客户为中心"的力度。

场景化中的银行新模式

作为生产者的"非捆绑式银行"。银行作为产品工厂向生态系统中的其他成员提供金融产品，这些成员凭借与客户之间的业务关系，负责分销这些产品，银行提供银行业务执照并拥有雄厚的资金。在墨西哥市场中处于领先地位的 BBVA 与优步宣布建立联盟，BBVA 的"银行业务即服务"解决方案支持企业连接到核心数字化银行业务平台，通过该平台访问转账、身份验证、开户以及发卡等 API。此次与优步联盟，BBVA 将推出一种全新的金融体验，通过第三方平台提供服务，让优步司机、合作车主及其家人从中受益。通过使用优步的应用，优步的司机、合作车主以及他们的家人可以非常便捷地创建与国际"司机合作伙伴借记卡"关联的数字账户，几分钟内就能收到营业所得。

作为分销商的"隐形银行"。银行借助自身的客户洞察和分销资源，销售来自生态系统的产品。差异化优势在于和客户之间建立了全渠道关系。业务模式包括"技术支持"、合作关系和贴牌等。英国的 Starling Bank 是一家向传统银行发起挑战的新兴企业，只在数字化移动渠道开展往来账户、商业银行、借贷和货币转账业务，成立以来已获得超过 3 亿美元的资金，其宗旨是打造面向 21 世纪的银行业体验——一站式安全地提供最好的金融产品。Starling Bank 扮演服务分销商的角色，发布了一整套完整的开放式 API，支持与各个领域的企业整合，将金融服务合作伙伴整合到 Starling Marketplace 中，将提供投资和抵押贷款解决方案的金融科技公司与提供养老金和保险服务的机构连接起来，在复杂的市场领域以创新方式为客户提供全方位的服务。

作为市场的"生活方式银行"。此类银行借助深入的业务关系，在基于平台的生态系统中将客户和其他利益相关方联系起来。这样的银行就成为产品和服务的市场，例如，根据小额客户的生活方式提供定制的产品和服务。星展银行着手建立全面的开放银行业务战略和生态系统，在数字化方面投资超过 2.8 亿美元，其目标是打造顺畅无忧的银行体验，将银行业务融入客户的日常生活中。通过分析 500 多个员工和客户旅程，星展银行重塑了客户体验和员工体验，确定了能够带来最佳数字体验的生态系统，其指导原则是利用数字技术和创新，将银行业务无缝融入客户的生活之中。

第三节　平台化协作

> 一个成功的平台往往需要做好几件事，一是选择平台战略的企业需要有能力积累巨大规模的用户；二是需要提供给用户有着巨大黏性的服务；三是需要有合作共赢、先人后己的商业模式。
>
> ——孙陶然，拉卡拉公司创始人

平台是指连接两个或多个特定群体，为其提供行为规则、互动机制和互动场所，并从中获取盈利的一种商业模式。在平台变革兴起之前，大多数公司的商业模式可以被称为线性价值链，线性价值链是一步步创造和传递价值的过程，它是简单单向的过程，企业制造商品，投入市场，售卖给顾客。而在平台之中，企业、顾客、平台本身都进入一个多变的关系网之中，价值不再是企业到客户的单向流动，不同的角色在不同的时间会利用平台的资源与其他人进行连接和互动。拉卡拉公司创始人孙陶然在《平台战略》一书的序言中指出，一个成功的平台往往需要做好几件事，一是选择平台战略的企业需要有能力积累巨大规模的用户；二是需要提供给用户有着巨大黏性的服务；三是需要有合作共赢、先人后己的商业模式。成功的平台商们正在纷纷践行以上准则。

首先，在积累用户方面，一些平台通过社交圈的扩散实现用户数的快速增长，另一些平台商则通过导航的方式汇聚多方产品和服务。自2011年底成立以来，融360一直是国内金融导航网站的领跑者，通过与2000家银行、小贷公司、典当行等机构开展合作，提供贷款、理财、信用卡等多项金融产品的搜索、比价、推荐及咨询服务。

其次，在建立客户黏性方面，一些平台商通过实现差异化、个性化的服务以及对服务的整合来增强客户黏性。平安一账通是差异化服务的代表，它通过一个账户一套密码的单一登录实现了跨银行、保险、投资等多个账户的金融服务，并提供了整合的资产负债汇总，帮助客户全面查看和管理金融资产。个性化服务则主要体现在产品推介和定价的个性化上。传统金融的一个思维定式是：个性化的产品和服务由于成本高昂，只能被用来服务高端客户，而长尾客户只能获得标准化的产品和服务。但随着大数据的应用和普及，个性化不再为高端客户专属。例如，亚马逊的推荐系统能够根据客户的人口属性、搜索、浏览、收藏和交易记录推算客户的需求和偏好，并向其推荐合适的产品。支付宝与余额宝的搭配是服务整合的典型范例。支付宝本身是一个具备多种支付、缴费、转账功能的支付账户，而余额宝则在既有的账户和流程中嵌入了理财业务，确保客户在原有的便捷体验下获得更丰富的产品和服务。

平台的优势

借助规模化消除了 gate keeper，使得其规模化更加有效。比如，传统的出版行业，编辑在上千本书里选择几本投放市场，这是一项靠直觉和猜测的劳动密集型工作。而亚马逊的平台允许任何人出版书，依靠实时顾客反馈来判断哪些书会成功、哪些书会失败。在这个案例中，市场反馈取代了编辑这个 gate keeper 的角色，平台系统成长得更加迅速和高效。

平台开发了价值创造的新来源。爱彼迎相比于传统酒店的运营模式而言，提供了一个允许所有人向客户提供房间的平台，它的规模增长比任何一家传统酒店更加迅速，因为这种增长不再受资金使用和固定资金管理的限制。

基于数据的工具创造了社群反馈回路。传统的公司依赖控制的机制，靠编辑、经理、监管者来保证质量和市场互动的形成，成本高效率低。而平台可以汇集社群观众对内容质量的反馈（如豆瓣）或者顾客对市场供应方服务的评价（如淘宝），随后的市场交互变得越来越高效。

网络效应——获得高速用户增长的关键

网络效应指的是一个平台的用户数量对用户所能创造的价值的影响，积极的网络效应指的是一个巨大的、管理完善的平台社区所有的，为每一个平台用户创造重要价值的能力。鉴于供应规模经济促成了工业时代大公司的产生，今天的大公司则是得益于需求规模经济，且以网络效应的形式表现出来。社会网络的效率、需求聚集、应用程序开发和其他现象促使规模越大的网络越有价值，以此驱动着需求规模经济。与价格效应、品牌效应不同的是，网络效应可以创造良性循环，这一良性循环会建立一个长久的用户网络，这一现象称做"锁定"。一个有效的平台能够迅速轻易地进行网络扩张，利用平台上的人群增加价值。谷歌战胜雅虎就是一个鲜明的例子。谷歌的网页排名算法考虑了网页之间的关联程度，站在用户的角度进行思考，使得算法能有效匹配双边网络，不仅算法处理网页的规模远高于员工，而且将工作量由公司内部转移到外部，这个时候雅虎还在使用员工编辑层次数据库的模式，显然无法适应网络用户的指数级增加。

平台体系结构——设计成功平台的原则

设计平台的时候应该先设计生产者与消费者之间的核心交互，即价值的交换——能够在第一时间将多数用户吸引至平台。核心交互有三个关键要素：参与者、价值单元、过滤器。比如 Facebook 上，你的整个社交网络会创造出状态更新、评论、图片、链接等，所有这些价值单元都会加入平台。你的动态信息算法以你之前与某些内容发生的交互为基础，充当一种过滤器，来决定某个价值单元是否会向你传递。设计平台时，首要任务就是确定核心交互，然后去定义参与者、价值单元以及过滤器来完成核心交互。为了拥有更多有价值的核心交互，平台必须发挥三个关键功能：吸引、促进、匹配。要将生产者和消费者吸引至平台，以便使核心交互在他们之间发生。平台要通过提供方便且易于联系和交换的工具与规则来促使交互完成。另外，平台还要通过利用相互之间的信息，有效地匹配生产者和消费者，让他们互惠互利。精心设计平台，让大部分用户都能便利、满意地互动是很重要的，但在平台上为偶然与意外留下空间也很重要，因为用户自己会在平台上找到创造价值的新方法。

颠覆市场——平台如何改变传统行业

我们已经看到网约车公司是如何利用网络效应、从传统出租车行业手中一步步抢占市场份额的。网约车带来的改变也许只是铺天盖地打破现有局面的序幕，这种对市场的搅动也许会最终颠覆整个出行行业。未来，网约车平台的模式与自动驾驶技术的组合会进一步颠覆这个市场，甚至延伸到行业之外。平台世界的崛起正在重构我们熟悉的三大业务过程：创造价值、价值消费以及质量控制。平台对价值进行重构以开发新的供应源；通过赋予新的消费行为来重构价值消费；通过社区驱动的内容管理来重构质量管控。

盈利化——获取网络效应创造的价值

一家良好的平台能够从以下四个方面创造附加值：提供价值创造、提供市场、提供工具以及提供内容管理。盈利化指的是从创造出的附加值中获取一部分收益。平台公司的内在价值主要在于其创造的网络效应。但是要将网络效应进行盈利化又是一项挑战。网络效应通过创建自我强化的反馈回路来吸引用户，而这一反馈回路则可以发展用户基础。在这一平台上的供应商所提供的更高的价值创造会吸引更多的顾客，而更多的顾客反过来会吸引更多的供应商，从而进一步进行价值创造。然而，向任何用户收取费用都可能减小他们加入平台的动力。想要在双边市场定价所涉及的复杂因素中实现正确的平衡并不容易。将一个平台进行盈利化的技巧包括收取交易费、收取用户增强型接入费用、向第三方供应商收取社区准入费以及收取增强型内容管理的订阅费。

毫无疑问，平台模式在过去二十年间改变了整个经济和市场体系，更将是未来最重要的商业模式。在传统银行业，信息化建设关注的是信息系统的建设而不是使用，强化的是信息系统的功能特性而不是数据共享，这造成了不同业务系统、流程系统、产品服务之间硬件基础设施、功能的重复建设，以及形成数据之间的孤岛。网络协同与数据智能是未来商业竞争必须拥有的双螺旋，它们同时也是建立未来银行及其生态的重要因素和关键手段。

在网络协同范式中，随着越来越多不同类型客户、合作伙伴的聚集，协同网络上开始产生更为丰富的互动，相关的独立决策主体之间自然地发生协同，因为通过网络技术的采用，这些独立决策主体之间协同的方式可以得到扩展，协同的成本能够大大降低，产生新的价值，同时形成新的网络结构，从而最终形成一种高速、高价值、高度自驱的网络协同范式。

网络协同必然通过一个平台来实现，数字科技为了支持网络协同，必须要具备平台化的能力，运用其能力而非具体的技术代码，借助云平台实现对未来银行中的所有生态参与者赋能普惠，满足包括开放银行在内的未来银行生态圈的需求。

第四节　生态化拓展

技术不会为商业提供价值，从来就不会（除了产品内包含的技术）。相反，技术的价值来源于与众不同的经营方式，因为技术让这种经营方式得以实现。

——乔治·韦斯特曼，美国数字经济专家

中国商业社会存在千业万态的商业生态系统，包括电商、行业服务、供应链、开发者和其他金融实体。未来银行的关注点之一就是向开放生态转型，实现业务模式的变革和生态化的价值链，从而让未来银行的服务渗透到各种场景中去。但这种生态的联合创新共赢并非简单的泛化生态，而是与关键的生态领导者实现高价值的业务互通与生态创新共赢。

零售方面，随着消费者对无缝式客户体验越来越期待，未来银行必须通过跨界、跨渠道合作将金融服务嵌入客户的衣食住行等生活场景中，通过提供平滑、无缝的综合服务满足客户的需求，提供更好的客户体验，同时借助增加与客户在生活、工作中的触点，积累客户行为、需求等数据资产，避免未来银行成为单纯的支付或融资"网关"。

对公方面，打造金融平台生态圈同样重要，这意味着未来银行可以借此参与到各个产业链条中去，在与对公客户及其产业链上下游公司的合作过程中，熟悉行业特质、识别核心企业、构建行业风控模型，并在数据与科技驱动的战略引导下，为客户提供全方位的金融解决方案，既能够树立对公业务的品牌优势与专家形象，也能够融合到数字经济发展的浪潮之中。

无缝式客户体验、交叉获客与销售、客户体系的打通只是未来银行与大型科技或消费生态圈的领导者合作的第一步；第二步是生态圈中数据的打通，双方可以基于各自的行业经验、资源优势，以数据为基础，以数字科技为手段，创造出新的金融产品和金融服务，或在客户体验的极致化、风控的全面转型等方面起到积极作用。

生态整合型银行

生态整合型银行的核心特征是构建以银行为中心的生态系统，充分整合自身与外部的产品、服务、渠道、后台等，实现金融与非金融的融合。客户是生态系统的核心，因此谁把握了客户资源，谁就主导了整个系统。这类银行通过核心平台的建立连接了客户和生态系统中的不同参与者，如基础设施提供商、产品提供商、服务提供商、数据分析商等。

日本乐天株式会社（Rakuten）就是生态整合型金融提供商的典范，其主要业务包括互联网服务、互联网金融和其他业务三大板块。其中，互联网服务的核心是电子商务购物平台，以及电子书、旅游等；互联网金融包括网络银行、网络券商、信用卡、电子货币、人寿保险等；其他业务则包括乐天通信、乐天棒球队等。在乐天生态系统中，核心的基础平台，即客户导流的入口是电子商务；而打通整个生态系统"任督二脉"的则是乐天的信用卡支付和其独有的 Super Points 会员积分体系。

乐天株式会社于 2004 年和 2005 年通过收购信用卡贷款公司"AOZORA卡"和信用卡发卡公司"国内信贩"建立起信用卡支付业务。在第三方支付并不发达的日本，信用卡占据电子商务七成的交易量，拥有信用卡业务就等于掌握了主要的资金流向和大量的交易数据。

乐天的 Super Points 会员积分体系则被认为是日本最成功的会员积分体系之一，每 10 个人中就有 8 个乐天会员。每一个乐天会员的 ID 都能够实现跨业务板块的积分获取和积分兑换，例如网络购物的积分可以用于乐天旅行的订票或乐天银行的手续费支付。统一的会员体系也能够帮助乐天积累大量活跃、真实的客户数据，实现更精准的客户分析和服务。支付体系与会员积分体系的结合使乐天完美地掌握了生态系统内的资金流和信息流，也成为整个生态系统繁荣的关键。虽然乐天株式会社的起始点并不是银行或金融业务，但依托于集团生态系统，乐天金融在过去10年间也实现了高速发展。乐天证券、乐天信用卡和乐天银行等业务均在日本国内占据互联网金融市场的领军地位。

对传统银行来说，建立或参与生态系统，从封闭到开放，这绝不是一个容易的过程，因为开放对银行来说可能意味着失去控制，意味着分享客户数据，意味着各种潜在的风险。因此，生态整合型银行更有可能率先出现在从互联网行业、从实业进入银行业的民营银行身上。因为它们通过电商、社交等核心平台天然地汇聚了大量客户资源，占据了众多生活场景，并已经建立起较完善的生态系统。但与此同时，传统银行中也不乏生态系统理念的践行者。

例如，浦发银行自2010年以来，逐步将"移动金融领先银行"确立为其在"互联网＋"时代的奋斗目标，并逐步形成了以"人性化、场景化、社交化"的创新理念和"生态系统"思维为基础的移动金融战略。通过与中国移动和上海地铁的跨界合作，浦发银行首次将手机卡、银行卡、地铁支付卡三合一，用户使用手机就可以轻松购物、坐地铁。通过与微信的合作，浦发银行率先推出"微支付""微融资""微汇款""微通知"等服务，建成了集开户、理财、融资、支付、互动、生活服务于一体的全能微信银行。对浦发银行来说，通信运营商、移动端制造商、卡组织、电子商务企业都是金融生态中重要的参与者，只有与其开放共享、合作共赢，才能建立一个生机勃勃的生态系统。

跨界的生态系统整合

在"互联网＋"时代，临近产业或者毫无关联的产业会突然进入某一个市场，抢夺用户，这种"跨界商战"或"覆盖战争"使得行业内个体的生存愈加艰难。这种覆盖战争爆发的根源在于机构个体都受限于自身基因传统，无法成为全能型机构，因此必须通过参与或建立生态系统，拓展能力和优势的边界。

生态系统有三个关键元素区别于传统业务模式：第一个不同是以客户需求为中心而非以产品、服务为中心，平台生态系统引入的不同参与者能够围绕客户需求提供不同的产品和服务，使得客户的核心需求和衍生需求在同一个生态系统中得以满足；第二个不同是平台生态系统以数据平台为支柱，客户及交易信息会在平台中存储和共享，使得生态系统的参与者能够精准捕获客户需求，并充分利用已有数据简化客户交易操作、提升客户体验；第三个不同是平台生态系统由多个不同类型的公司/服务商组成网络，通过这些机构间的竞合共同完成满足客户需求的目标。对于生态系统的构建者来说，构建生态系统的根本目的在于吸引新客户、挖掘原有客户的新需求，扩大企业业务规模或业务范围，进而实现企业盈利、品牌双提升。为实现这些目的，有几种方式：

一方面，通过平台引入或发展全新的业务线、产品、服务来吸引客户，保持高频率的客户沟通互动，以提升客户忠诚度并获取更多客户数据。

另一方面，利用平台获取的客户数据，进行数据挖掘，对客户进行筛选并迁移到其他业务线、产品、服务，实现精准的市场营销和客户迁移，提升单个客户贡献度。

同时，通过客户在平台的行为数据记录，为其他业务贡献大量的非金融数据，如客户家庭/健康信息、社交信息等，这些记录具有非常高的数据及业务价值，可为客户分析、产品设计、业务拓展提供极高价值的输入。

生态系统对于传统金融机构来说是一个全新的概念，也是一种全新的经营方式。为成为生态系统的整合者，银行需要完成以下工作：搭建核心平台，并在此基础上促进多元化；完善生态系统的机制与规则；建立"先人后己"的商业模式。

首先，银行需要搭建核心平台。银行需综合考量内部核心竞争力和外部市场需求，明确核心平台应构建于什么样的业务之上，以及银行在生态系统中担任什么样的角色，即做什么、不做什么。基于核心平台，还需促进生态系统的"物种"多元化，明确与谁合作，以及它们在生态系统中将发挥什么样的作用。成为生态系统中的领导者或参与某个商业生态系统，将使银行所拥有的资源超出其所在的机构和组织的边界。因此，通过核心平台连接客户和生态系统中不同的参与者，如基础设施提供商、产品提供商、服务提供商、数据分析商等，协同应对"跨界竞争"或"覆盖战争"，构建多元化发展，是解决资源有限、能力受限的竞争困境的有效方法。

余额宝成功的关键在于实现了电商的客户体验和金融产品专业性的完美结合；万达与腾讯、百度的合作是为了利用三方资源和数据，打通线上线下的联动体验；平安万里通与外部300多家主流电商和15万家实体商户合作，是为了激活以积分为核心的生态。这些无一不在印证一个核心的商业逻辑，即生态系统的成功需要核心企业和外界多元的"互补性产品"的彼此支撑和配合。

其次，银行需要完善生态系统的机制与规则。生态系统中的机制与规则是其有效运转的关键。生态系统与传统商业环境的区别在于，这个系统拥有一套精密规范的机制系统，有效鼓励多方参与者之间的互动，解决各方参与者在复杂交错的竞争、协作和交易行为中所产生的利益分配与纠纷问题。

技术规则。即在技术层面提供统一的技术规格规定、开放接口，按照规则解决技术摩擦。例如，在银行与数据公司的合作中，势必需要完善信息系统对接的技术规范，并建立严谨的数据分享和使用规则，确保有效应用数据的同时，保护客户的隐私和信息安全。

利益分配和纠纷解决机制。例如，苹果与其大量的零部件供应商、影音图书内容提供商、应用开发者、合作运营商之间均有完善的分润机制，确保生态系统中的所有参与者均能实现共赢。而在系统自治和纠纷解决方面，淘宝网则通过完善的买家和卖家评级制度、评价体系、投诉机制等促进平台的稳定自治。

最后，生态系统整合者需要建立"先人后己"的商业模式。尤其在一个生态系统建立之初，整合者往往需要出让部分利益，吸引加盟者和强大的合作伙伴。例如，索尼曾经早于亚马逊推出电子阅读器Reader，但最后却无疾而终。最大的原因是它没有像亚马逊一样牺牲部分利润，出售低于成本价的电子书籍，增加消费者对电子书的使用依赖度，同时建立数字版权管理系统，保护加入电子书阵营的出版商，让他们获得比以往更好的保障。

生态系统的生命力和繁荣不能仅依赖核心平台自身的成熟，还要依赖系统中不同参与者的成长和发展，而作为整合者的核心平台则肩负着帮助其他参与者共同发展的责任。例如，阿里巴巴通过创建淘宝大学，向平台上的卖家提供开店指南、营销推广、物流管理、交易信用、客户管理、供应链和企业创新等各方面的课程，帮助卖家提升商业管理能力；同时通过小额贷款向卖家提供业务发展所需的资金。这些措施通过对卖家的帮助和培养，引导商家端的良性竞争，创造了良好的市场秩序，由此也促进了买家端的信心和整个电商生态的繁荣。

第五节　敏捷化组织

真正的敏捷是一件很有价值的事。因为时间是衡量事业的标准，如同金钱是衡量货物的标准。

——弗朗西斯·培根，英国哲学家

当今世界市场正处于 VUCA（波动、不确定、复杂与模糊性）的环境中，企业为了在竞争中生存，需要更加敏捷，有关"敏捷组织"的讨论和课题应运而生。银行业同样面临着诸多挑战，包括瞬息万变的环境带来日新月异的需求、颠覆性技术推陈出新、数字化和信息透明化进程加快以及人才争夺加剧。因此，敏捷化转型也是银行业凤凰涅槃的必经之路。

什么是敏捷化

敏捷诞生于互联网时代。作为一种创新组织形式，敏捷组织打破条线割裂、层级森严的传统组织架构，在稳定性与灵活性之间实现完美平衡。

"敏"是对客户需求的变化和提升，要敏感地去发现和感知，"捷"意味着对客户需求的应对要不断提升速度。其中的核心思想是快速迭代，不断试错。对错误容忍度的提升不意味着混乱，而意味着对快速迭代周期的把握，以及通过一些数据驱动和来自一线客户的反馈，来指导下一步迭代的能力如何加强。

为什么要推动组织敏捷化转型

营商环境的日益复杂催生了更加繁复冗杂的组织结构和规则，不少组织正快速接近这种方式的极限，令员工感到举步维艰。不能快速适应环境、作出改变的企业可能会付出巨大代价，曾经红极一时的行业巨擘诺基亚（Nokia）、柯达（Kodak）、摩托罗拉（Motorola）等曾是管理创新的领头羊，然而终究逃不过英雄迟暮的宿命。究其原因，一方面，这些企业决策层思想未能与时俱进；另一方面，传统组织模式赖以生存的旧世界早已经成为过去式，而它们未能及时变革。

敏捷组织是一种生命系统，它会在不可预知且瞬息万变的商业环境中逐步演化、蓬勃发展。敏捷组织既稳定又充满活力，一切均以客户为中心，并将这种理念贯穿于全部工作之中。对外，敏捷组织能灵活应对市场变化、技术创新、客户反馈和政府监管；对内，敏捷组织开放包容、结构扁平并持续演进，无须频繁颠覆，对企业运营中的不确定性和模糊性具有更强包容性，信心更足。只有这样的企业才有足够的优势制胜未来。

敏捷能为企业带来巨大价值。对企业来说，敏捷具备五大价值，即：聚焦于实现极致用户体验、提升生产率、提高员工满意度、加快决策流程和提高企业效益。敏捷转型能在客户、价值、生产效率以及内部流程等诸多方面给企业带来显著的正面影响。

以客户为中心：与传统企业相比，敏捷企业聚焦于极致用户体验，以实现客户旅程的端到端优化。荷兰 ING 银行在敏捷转型后客户满意度大幅提升。

提升生产率：敏捷组织释放出团队创新活力，通过技术革新和商业模式创新完成挑战性目标，提升经营绩效。

提高员工敬业度：敏捷组织能充分发挥员工主观能动性，激发工作热情。全球企业组织健康调研显示，70% 最健康的企业都属于敏捷组织。

增加企业价值：敏捷组织有效提升企业价值，加快实现股东价值最大化。敏捷组织以目标为导向，通过快速决策、充分授权团队以及及时吸收客户反馈，推动价值创造，减少不必要的资源浪费与内部成本。

加快决策流程：目标导向的决策流程和精简的层级结构大幅提升敏捷组织决策效率。企业在实践中对决策进行快速测试，并根据市场变化不断调整。敏捷组织可将决策速度提高三倍，并通过迅速有效的资源配置让决策落地。通过敏捷变革，国内某股份制银行将信用卡产品开发周期从23周缩短至9周。

麦肯锡将敏捷型企业分为两类——生而敏捷的互联网企业和转型敏捷的传统企业。观察国内外企业敏捷转型的成功实践，麦肯锡发现，敏捷模式可将产品开发速度提升5倍、决策效率提升3倍；已经开展敏捷转型的国内外领先银行则惊喜地看到斐然成效：对内员工服务意识提升、员工体验改善，员工净推荐值提升10~20分；对外客户服务体验改善，顾客净推荐值提升20~30分，税息折旧及摊销前利润（EBITDA）增长5%至10%。

表2-1　　　　　　　　　　国际企业敏捷化转型情况

公司名称	行业	生产率	客户体验	企业价值	决策流程	员工能力
ADP	美国人力资源管理	IT效率提升30%	创新视觉语言推广	股价涨幅24%营收同比增长8%	18个月建立端到端客户管理能力	
zalando	德国电子商务		快捷体验新时尚元素，评价提高	三年转型期股价上涨90%	三周设计冲刺	能够集中精力解决问题，工作热情提高
entel	智利电信	提升15%~20%		EBITDA提升10%	产品上市时间缩短82%	员工敬业度提升
Spark	新西兰电信	运营成本节省20%	顾客净推荐值NPS提升30分		产品开发周期缩短90%	员工净推荐值提升12分

资料来源：麦肯锡：《敏捷银行——打破边界，组织创新》，2019。

银行如何实现敏捷化服务

对一家银行而言，"敏捷"主要体现为前台的营销人员能够快速洞察客户需求，后台的体制机制能够及时响应客户需求，为客户提供专业的、有温度的金融服务。

敏捷转型对银行业来讲是一场比较大的挑战，需要打破部门壁垒和组织"孤岛"、优化和精简组织流程、提高绩效考核质效等，业务互动模式在原来更多的直线沟通的基础上，增加了横向协作，以及业务部门和 IT 部门之间经常性的互动。但敏捷转型并非意味着会带来混乱；相反，敏捷组织是既稳定又充满活力的一种组织模式。

麦肯锡观察走在敏捷模式最前沿的公司发现，只要循序渐进地调整运营模式和组织架构，IT 与业务人员就能在更广泛的层面上合作，也能更快地协作开发产品。在此过程中，企业需要遵循以下四条原则：

组织架构以产品为导向。围绕产品来分配 IT 资源，集业务领导、开发人员和组织内其他成员之力，组成稳定的端到端团队，专注于特定业务成果的交付。这种结构会颠覆传统的项目制，也不再需要"项目管理办公室"。比如，通过调整组织架构，某大型医疗器械制造商大幅缩短了产品上市时间。由于产品之间依赖度很高，发布一款新产品或一个新功能，可能会在业务部门与技术部门之间折腾 20 个来回。领导层发现这点后，意识到仅在单一业务团队或技术团队采用敏捷模式远远不够。2015 年，该企业调整了原有的产品开发权限，使得业务部门的敏捷组长能绕开组织层级，直接向敏捷团队下达指令。这些基于特定职能或业务主题的团体（或称"行会"）是敏捷组织内的重要平台，能让团队成员彼此交流知识，促进团队与职能部门之间的协作，持续推动绩效改善。

业务部门与 IT 部门加强互动。想要大规模推广敏捷模式，银行就要打破业务部门与 IT 部门之间各自为政的状态。事实上，多数银行都长期深受此问题困扰。银行可以指定具备专业知识和权威的优秀产品负责人为敏捷组长，让他们与 IT 人员合作，为产品功能做优先级排序，从而实现更加高效、紧密的合作。优秀的敏捷组长对产品有着深刻的理解，他们能接触客户、了解客户，并可全权作出决策。高效的决策流程能够消除开发阶段的瓶颈并提高生产力。

重新定义管理人员的角色与责任。在麦肯锡调查的企业中，约有一半都调整了管理人员的角色与责任，以凸显敏捷模式的优势。在瀑布模式下，项目经理需要协调各应用开发团队和数据库团队的一系列任务。而在敏捷模式下，任务的数量（以及对协调的需求）被降至最低，仅存的任务会由权责明确的敏捷组长或敏捷团队自行处理。同样，此前由项目经理负责的流程管理任务（如发现和解决依赖问题、任务分配等），则会由专注于产品的、自组织的敏捷团队负责。

调整预算和规划模型。IT 部门通常会逐年制定预算和工作计划，这通常会导致两种结果：各个技术项目之间存在矛盾和冲突、大量的返工和浪费。对想要大规模推广敏捷模式的组织而言，这种方法是非常不利的。有些企业打破了这种模式，总预算仍逐年制定，但会逐月或逐季度回顾工作路线图和计划，并持续对各项目的优先次序进行调整。了解到敏捷模式的精髓后，部分企业开始探索一种"风投式"的预算模型：先为最小可行产品提供初始资金，基于用户反馈改进后，再重新投放市场，后续资金支持则视 MVP 的市场表现而定。

第六节　未来银行全景展望

本章前五节集中探讨了未来银行的五个发展方向，从不同侧面描绘了未来银行的特点。本节重点从全局的视角出发，描述未来银行的全景图，探讨传统银行向未来银行过渡的发展路径。

未来银行全景图

根据本章前面五节提出的未来银行发展方向，基于未来银行发展面临的挑战及关键要点，结合国内外领先实践及行业洞察，我们尝试着搭建未来银行全景图。未来银行应当主要包括价值、愿景与目标，生态战略，客户战略，组织与人，产品，风险管理，孵化，敏捷，子公司，资本市场十个模块。

价值、愿景与目标：面向未来极具变革性与开放性的商业环境，银行需要重新审视客户在其价值主张中是否处于中心位置，再造价值表达与价值传递的方式，把赋能更广泛的金融与非金融相关方纳入愿景，同时，结合自身禀赋与基因完成对商业环境的聚焦，以精准化的战略定位、精细化的战略目标助力精深化的业务模式的落地。

生态战略：在未来专业化分工趋势将持续演进，银行需要适时回归金融本源，以专业促合作，以开发换发展，以核心银行能力为圆心向泛银行能力拓展，通过核心银行生态的重塑，辐射影响全面的泛银行生态的变革。银行将跳脱出原有和客户交互的闭环式内向型生态，向孵化式的外向型生态不断延展。

客户战略：未来银行客户战略的核心在于重构客户关系，包括每一次交互，以及客户与银行彼此感知的重构。银行将比客户更了解客户自身，以无感、无界、无痛、无限的方式深度融入客户生活，颠覆客户对于银行商业形态的认知。新型的客户战略也将永久改变银行围绕利润传递构筑的传统价值链，让客户体验成为贯穿银行价值链脉络的血液。

组织与人：未来银行组织必须具备学习型的特征，时刻准备在外部复杂条件交汇形成的"完美风暴"中快速适应并保持平衡。银行将打破条线与行业藩篱，培育组织与个人跨界的终身学习能力，并持续将创新成就转化为配套的制度化建设，让组织变革成为组织发展的长效路径。

产品：未来银行塑造的金融产品将实现从内生型产品工厂向外向生态型产品融合的转变。未来银行的产品并没有改变金融业作为信用中介的本质，而是通过科技的加持和产品设计流程的重塑，进而在用户思维和业务形态上实现基于体验的效率革命。未来银行的产品将由数据与模型作为核心驱动，通过大数据的深度应用以及实时金融决策平台的支持，实现用户个性消费金融需求与金融产品服务、批量化的资金与资产的实时匹配和对接，全面覆盖广泛场景下的客户多样化需求。

风险管理：未来银行的风险控制将成为银行主要的竞争力，同时风控输出的商业模式也将日益清晰。未来银行利用金融科技的应用及自身基础设施数字化改造，强化信用中介定位，通过以大数据支撑的场景洞察和以体验设计为基础框架的信用体系，借助全新风控理念与工具，抢占高频、场景、生态的战略制高点，向社会各个场景输出风险管理的能力及客户信用的精准化应用。

孵化：未来银行业的数据、系统、业务等层面的开发将大幅提升商业环境的裂变速度，充分拥抱不确定性的孵化模式是应对高动态性的业态的绝佳选择。未来银行的孵化基础设施将对内外部创新者开放，资源与创意结合形成的领先成果也会反哺银行业务，并以模块化的形式外溢至生态内的其他相关方，推广标准、实现赋能。

敏捷：随着业务的快速发展和迭代，客户对于银行产品服务的实时性及随处性要求的加深，敏捷成为决定金融产品供给效率的核心因素，对于未来银行来说，敏捷能力将是标准配置和核心竞争力。开放银行的敏捷能力是由领导思维出发，通过重塑业务流程和发展新能力，并在绩效考核方面予以落实和固化，从而形成的敏捷能力，将通过 IT 或产品开发逐步向组织及业务的各个层面进行扩展。

子公司：子公司的组织形式是未来银行商业模式不断专业化、结构化细分趋势的体现。银行集团内部子公司除在价值链上协同合作之外，也将开展有序的良性竞争，通过银行内部的自我颠覆，培育应对快速变化商业格局的关键能力。子公司应率先充当母行的卓越中心，继而助力并推进母行成为行业的卓越中心。

资本市场：未来银行的创新生态的构建与业务创新的流程将和资本市场紧密结合。市场将见证传统银行的价值再造过程，实现对于银行市值的重新定位。从资本市场获得助推后，银行可进一步加大对于创新的投资与激励的投入，完成创新的良性循环。

未来银行的发展路径

从传统银行过渡到未来银行需要一个过程，这个过程可能经历几个明显的阶段。

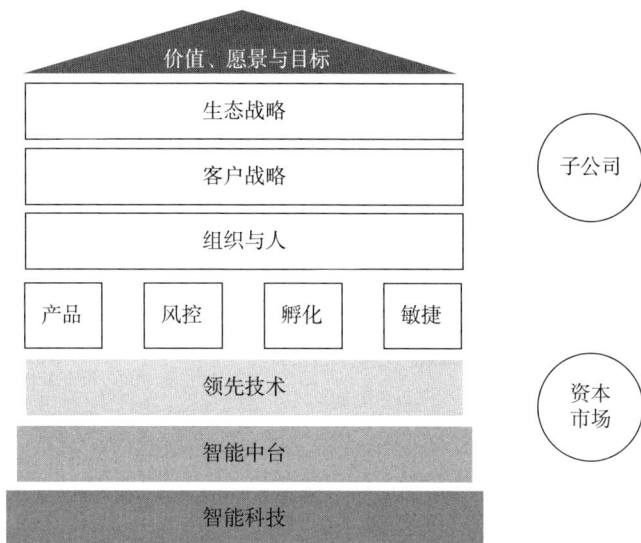

图 2 - 2　未来银行全景图

经典银行，即起点。特征主要是金融业务和服务的开展重度依赖网点的渠道及人工的处理，底层 IT 技术作为金融机构的基础设施。经典银行业务和客户规模的提升依赖网点和人工的规模与能力提升。

互联网银行，即银行近年发力的方向。银行通过应用移动技术，实现渠道升级和多渠道的协同，解决信息不对称的问题，通过线上化的方式获客及提供服务，一定程度上降低经营成本，提升客户体验和客户满意度。

开放银行，即未来银行的重要组成部分。在此阶段，银行在产品递交、风险定价、客户评估方式、产品后评价机制等方面进行了系统性的变革。银行能够借助 API 技术等构建"银行即平台"，通过附着于其上的商业生态系统，为商业生态提供模块化、系统化的金融服务组件。

泛生态，即开放银行的重要组成部分。在此阶段，银行一方面构建泛金融生态，实现生态内各价值环节点的资源对接和整合，引入外部资源助力内部变革；另一方面整合生态数据及资源形成跨行业解决方案并对外输出，赋能行业，实现不同业态的跨界融合。

本篇小结

本篇是全书的导入篇，一方面从历史的视角系统地梳理了第二次世界大战以后历次大的金融危机，分析了传统银行当前面临的困境；另一方面也对未来银行进行了前瞻性的展望。

传统银行转型迫在眉睫

第一章回顾了第二次世界大战以来对银行经营产生重大负面影响的历次金融危机。20世纪80年代美国储贷危机令几千家银行倒闭，90年代初日本房地产泡沫破裂导致银行业遭受重创，90年代末的亚洲金融危机使银行体系缺陷暴露，2008年美国次贷危机更是以百年罕见的迅猛之势导致市场流动性枯竭，多家大银行倒闭破产，金融危机大面积蔓延。

历史照见未来，这些危机事件时刻提醒我们，下一场金融危机，永远比我们想象的更近。当前，商业银行面临的现实困境与挑战不容忽视。在全球经济增长放缓、结构转型升级、宏观调控方式转变的背景下，银行业的经营环境、竞争格局、业务模式和风险状况正在发生深刻变化，商业银行必然面临规模增长放缓、融资需求结构型低迷、部分区域和行业信用风险加大等问题，信用风险、流动性风险和市场风险的不稳定因素增多，给银行风险管理带来新的挑战。为了应对经济下滑带来的负面作用，一些国家选择负利率这一非常规货币政策手段，虽然对刺激经济增长起到了一定的积极作用，但压缩了商业银行净利差，银行盈利能力下降。

综合来看，第二次世界大战后的历次金融危机背后的原因还在于部分银行自身没有做好风险管理，这些危机还不足以对整个银行业的存在构成根本性的威胁。但是，当前银行业面临的盈利空间持续压缩、跨界竞争日益白热化、各类风险管理难度加大、监管要求不断提高等问题，这些可能是对银行作为一个金融组织存在性的根本挑战。银行业如果不能很好地处理好这些问题，及时推进转型，那么很有可能成为21世纪行将消失的恐龙。

未来银行全景图已日渐清晰

第二章结合国内外领先实践及行业洞察，对未来银行进行了全景展望，并且着重指出了未来银行的数字化转型、场景化融入、平台化协作、生态化拓展、敏捷化组织五个重点发展方向。

数字化转型是未来银行顺应社会数字化变革的必然选择。社会的数字化进程不断加速，银行必须跟上这一趋势的步伐，不断地加强自身的数字化建设，实现从战略、顶层设计到各项具体业务应用，再到数据和 IT 能力的数字化变革提升，全方位地进行数字化改造和转型。

场景化融入是未来银行服务客户方式的变革方向，是未来银行获取客户、提升客户体验的必然选择。未来银行要实现银行无处不在，就必须融入客户日常的生产、生活场景，在客户进行生产、生活的同时，就能够得到金融服务，否则银行将难以与实现了场景化服务的互联网金融组织竞争。

平台化协作是未来银行建立新的竞争优势的重要方向。我们分析近年来快速崛起的组织不难发现，它们都是以平台化的形式迅速扩张的。比如，阿里巴巴的电商平台、腾讯的社交平台。平台能够快速聚集大量用户，产生规模效应和虹吸效应。未来银行也必须依靠建设自己的平台来黏住客户。

生态化拓展是未来银行业务拓展方式的重要发展方向。未来银行必须构建以自我为中心的生态圈，把客户、合作者等都有机地纳入生态圈，形成一个能够自我促进、自我完善、自我进化的生态系统，这个生态系统将成为未来银行最大的无形资产。

敏捷化组织是未来银行组织变革的发展方向。未来银行要实现对内、对外的敏捷化服务，必须要有敏捷化的组织作为支撑。通过组织架构、部门协调、数据、IT 等全方位的敏捷化组织改造，来保障未来银行不会因为组织效率的低下而被其他组织取代。

总体而言，传统银行到未来银行的发展，将沿着经典银行、互联网银行、开放银行、泛生态的路径快速演进，在这个过程中必然有很多银行因为跟不上步伐而被淘汰，因此银行必须在五个重要方向上积极进取，这样才能在未来的竞争中脱颖而出、笑到最后。

第二篇
未来银行风险管理的基本遵循

第三章　回归金融本源

个体上的种种性状都起源于生殖质内的成对的要素（基因）。
——托马斯·亨特·摩尔根，《基因论》作者

生物的进化历经亿万年的时间历程，但其变化的法则始终由基因的遗传规律支配着。人类作为芸芸众生中的一种仍然遵循着这个古老而坚固的遗传法则，基因古老的吟唱仍在左右着人类的发展，在探寻我们自身进化秘密的时候，基因是我们回顾过去、窥视未来的唯一法门。围绕着人类发展起来的人类社会也遵循着这古老的进化法则，所以我们在研究人类社会中某类事物发展的时候是否也可以借鉴这种"基因论"的思想？从事物的"基因"来研究它未来的发展，从而避免在漫长的岁月变化中丢失了事物的本质特征，被不断变化的表象所迷惑。回到本书的讨论对象——银行——本章将探寻在漫长的银行发展史中，支配着其进化过程的古老基因，无论银行的样子在过去或者未来如何变化，都是它的古老基因在不断变化环境中的表达。

第一节　探寻银行基因图谱

银行诞生——为信用而生

银行业古老而富有生命力，早在公元前 2000 年的巴比伦以及古代的希腊和罗马就出现了银行业的雏形——银钱业和货币兑换业。当时宗教在欧洲流行，宗教集会地常聚集了来自各国的朝拜者，他们需要将从自己国家

带来的货币兑换成当地的货币，这催生了早期的金融活动家。除了替他们兑换货币以外，早期金融家们还会替朝拜者们保管货币。

另外，他们还会为往来的客商提供异地支付服务，避免了客商进行异地贸易时长途携带货币的麻烦。此时的金融活动家在从事货币兑换、保管以及异地支付服务的时候发现，所有存款人并不会将所托货币同时提出，所以精明的银钱业主和货币兑换商开始将所收存款的一部分留于手中应对日常的提款需要，将其余部分贷放出去赚取利息。古老的银钱业主和货币兑换商逐渐将这种最原始的信用关系经营成为自己的主要业务，并不再向顾客索要保管费，反而向存款者支付利息来吸引更多的资金，贷款利率和存款利率的差额成为其主要利润来源。

而真正现代意义上的商业银行起源于文艺复兴时代的意大利。当时意大利是著名的国际贸易中心，威尼斯等一些中心城市出现了专门的货币兑换商，这些货币兑换商和他们早期的"前辈们"一样，也将经营期间手中多余的货币贷放出去，给暂时资金短缺的人提供流动性支持，这种最粗糙的信用中介行为中诞生了最早的现代商业银行。从银行的诞生中可以发现，其基因中就镌刻着"信用中介"这一遗传密码。

银行的功能——基因的性状表达

银行业发展至今历经几百年，能够长盛不衰除了与世世代代银行家们辛勤巧妙的经营分不开以外，最重要的是银行业在人类社会中扮演着不可取代的角色。银行的社会定位由其本身担负的基本职能决定，在现代经济社会中，银行一般被认为具有四个基本职能：支付中介职能、信用中介职能、信用创造职能、金融服务职能。

支付中介职能。支付中介是很好理解的商业银行的基本职能。在现代商业银行诞生前，其前身货币兑换商和银钱业就开始担任支付中介这一角色，给长途贸易商提供异地支付服务。在中国古代，最早的银号、钱庄也是为了提供异地支付服务而诞生的。在现代商业银行诞生后，为商品交易的货币结算提供一种付款机制一直是其履行的职能。在这里商业银行只是单纯作为支付中介，并不参与商品交易的其他环节。结算业务对银行来说，是存款和贷款的桥梁；对社会经济来说，结算业务加速了资金周转，节约了现金的使用。

信用中介职能。信用中介是商业银行最基本、最能反映其经营活动的特征。商业银行作为信用中介，将信用两端相互联系又各自独立的借贷行为勾连起来。第一个借贷行为是吸收存款，等于是存款人把钱借给银行；第二个借贷行为是把所吸收的存款贷给向银行借款的人。马克思巧妙地用两个"集中"总结了商业银行信用中介行为，第一个"集中"为借者的集中，意思是银行代表所有需要借款的人集中地向暂时有多余款项的人（即存款人）借款；第二个"集中"是贷者的集中，意思是银行代表所有存款人（即暂时有多余款项可以贷出的人）集中地把存款贷给需要借款的人。在这借者的集中和贷者的集中之间，银行成为信用中介。通过存款和贷款之间的利率差来获取收益，经过几百年的发展，存贷息差收入仍然是现代商业银行最重要的利润来源。

信用创造功能。商业银行的信用创造职能，是在支付中介和信用中介职能的基础上产生的。由于在支付结算时广泛利用支票以及转账结算的形式，商业银行利用存款发放贷款时，不以现金形式或不完全以现金形式支付给客户，而只是把贷款转到客户的存款账户上，这样就增加了商业银行的资金来源，最后在整个银行体系形成数倍于原始存款的派生存款。商业银行的信用创造功能决定了它在社会经济运行与发展中的举足轻重的地位。当社会上闲置资源较多且经济发展对货币资金的需求量较大时，商业银行通过信用创造向经济过程注入必要的货币资金，从而促进闲置资源的利用和开发、推动经济增长。商业银行通过信用创造功能对社会起着一定的资源配置调节作用。

金融服务功能。这也是从商业银行的支付中介和信用中介职能中派生出来的一个职能。商业银行作为支付中介和信用中介，同国民经济的各个部门、各个单位以及个人发生多方面的联系。同时接受宏观的调节和市场的调节，从而掌握了大量的宏观信息和市场信息，成为国民经济和金融的信息中心，能够为社会各方面提供各种金融服务。同时又由于社会生产分工不断细化和专业化，各类工商企业将自身的货币业务转交给银行代办，例如代发工资、代理支付其他费用等。在现代社会中，商业银行也在激烈的竞争中不断开拓自身的业务范围，与客户建立更为广泛的联系，不断深化对客户的金融服务程度。

但上述四个职能中，信用中介职能仍是银行最基本也是最为核心的职能，现代银行诞生的最原始的市场需求就是市场中对信用中介的需要。其他的功能本身也是围绕信用中介展开的，信用中介职能在现代社会中仍然是商业银行获取最多利润的职能。在后世不断变化的环境中银行的发展变化始终是"信用中介"这一古老基因进行的性状表达。

银行业务扩展的面纱——信用中介的信用发现

商业银行的早期形态从事的是基础的贷款发放业务。此时银行担任的信用中介角色是很直接的，直接对接市场上信用的两端，将资金盈余者的资金收集起来，给资金短缺者提供暂时的流动性。这种基本的经营模式以"商业贷款理论"为理论基础，银行家们强调商业银行经营的稳健，但受制于此时金融理论和实践的局限性，经营的信用范围限制于其风险可控的范围内。

此时的银行家们认为商业银行应保持流动性，只应对货物在生产的各个不同阶段给予资金融通，也就是商业银行只能发放流动资金贷款，而不能发放购买债券、不动产、消费品或长期的农业贷款。原因是这一类贷款最安全，因为这一类资金融通的商业票据的背后有着商品基础，银行发放了贷款，掌握了商业票据，一旦企业不能清偿，银行就可以处理其抵押商品，即可收回贷款。此时的商业银行的经营是粗糙的，资产负债结构单一，其资产负债两端只有贷款和存款。银行的盈利性受到一定损失，但信用风险在当时的技术手段下是可控的，对有货物的生产阶段提供资金融通是银行发现的最早可经营的信用。

20世纪初随着社会经济的发展，银行的规模也在发展，此时仍然只为有货物的生产阶段中的资金需求方提供流动性支持并不利于银行的扩张，也不能顺应当时的时代发展，此时银行家们意识到流动性并不取决于发放贷款的种类，而取决于银行持有资产的可转换性或可出售性。资产能否在二级市场转为现金、能否把资产转给他人成为银行新的信用判断标准。

当时银行业的危机表明，银行能否保持其资产的流动性，关键在于持有的资产能否随时在市场上变成现金，只要银行手中持有的资产能及时地在市场上变成现金，银行资产就有较大流动性。如果银行手中持有的资产具备下列三个条件——信誉高（如国家发行或政府担保、大公司发行的债券）、期限短、易于出售——银行就可以保持其资产的流动性。伴随着这一认识的出现，商业银行的业务扩大了，即除了短期放款外，还可以买卖短期证券作为投资，利息既多，又不影响银行的流动性。银行将资金相当一部分配置在需要款项时可立即出售的证券资产上，从而扩大了商业银行的资产范围，使商业银行在保证了一定流动性和安全性的基础上增加了盈利。

此时商业银行业务的扩张适应了资本主义经济的快速扩张和发展，在"可转让性理论"的鼓励以及当时社会条件的配合下，商业银行资产组合中的票据贴现和短期国债比重迅速增加。此时银行经营的信用不再仅仅局限于可见的资金短缺者，而进一步开始充当部分证券背后的资金短缺者的信用中介。

此时的商业银行的业务范围仍然主要是针对商业贸易领域，第二次世界大战以后发展起来的"预期收入理论"强调的是银行贷款偿还与未来收入的关系，这一理论的出现将零售资产业务带入了传统银行贷款政策中。商业银行发现无论是短期商业贷款还是可转让的资产，其贷款的偿还或证券的变现都是以将来的收入为基础的。因此，如果一项投资的将来收入能够保证分期付款，则银行即使发放长期的贷款，其流动性仍可得到维持。因此，商业银行开始对一些预期收入有保证的项目发放中长期贷款，如中长期设备贷款、住宅抵押贷款、个人消费贷款和设备租赁贷款等。面对规模庞大的消费市场，银行的业务规模迅速扩大。

进入消费市场可以视为银行业一次意义重大的进步，消费市场庞大的受众以及市场规模给银行带来了丰富的业务来源。但为什么银行业直到此时才开始大规模为消费市场提供中长期消费贷款呢？因为银行从借款人一般都有定期的固定收入这样的事实出发，得出结论：第一，借款人收入的多少和时间是可以预期的；第二，如果用每期收入的一部分归还贷款，不仅贷款的归还有了保证，而且贷款归还的数量和时间也同样是可以预期的；第三，如果分期归还贷款，那么长期贷款在期限内也能够经常带来流动性。这一系列结论为银行找到了更为广泛的市场中的可经营信用，也包括更为广泛的资产组合，如长期摊销贷款和消费贷款等。商业银行因此也在保持一定流动性和安全性的前提下，开始追求最大限度的盈利，大大地促进了零售资产业务特别是消费信贷业务的产生。

银行业务范围大爆炸——马科维茨投资组合理论

在 20 世纪中叶之前，商业银行主要开展的是简单的存、贷业务。1952年诞生了划时代的金融理论——马科维茨投资组合理论。马科维茨的投资组合理论主要讲了一个事，就是投资在很多证券上而不是单个证券上可以有效地对风险进行分散，当组合足够大时，组合中单个证券的个体性风险可以被完全分散掉，也就是俗话说的"鸡蛋不要放在一个篮子里"。

除了得到上述这一现在来看也是金融领域核心思想之一的结论外，马科维茨的投资组合理论还第一次将数学语言引入金融领域，将金融学放进一个量化的框架里，把上述结论用数学的形式描述出来，使得金融成为一门数据驱动的科学。其实在马科维茨提出投资组合理论之前，大众对于金融市场中存在风险是有意识的，但只是一种模糊感性的认识，马科维茨将这个抽象的风险概念转化成了可计算的量，创造了一套风险收益的一般性分析框架。简单描述马科维茨的投资组合理论，就是将证券的价格波动视做数学中的随机变量，期望收益率是这个随机变量的数学期望，风险是随机变量的方差，也就是收益率偏离均值的幅度。这种看似简单的数学描述却是革命性的，将金融市场中最核心的元素"风险"变成了可以用数字精确描述的变量，相应的各类金融资产可以进行定价，其风险也可以被描述以及计算。

这个理论的出现成为现代证券投资行业的起点，投资组合理论的方法哲学也不仅仅局限于证券投资行业，很快给整个金融行业带来革命性变革（马科维茨本人也因为提出这个理论而获得了 1990 年的诺贝尔经济学奖）。商业银行开始根据资产组合理论发展非传统银行业务，不断加大非利息业务，大力发展资金交易、现金管理、资产信托、财务顾问、代理结算、投资银行等非利息收入业务，改变传统的单一利息收入结构，实现银行收入结构的多元化以及优化转型。

根据资产组合理论，由各类创新型非利息收入业务所带来的业务品种的增加以及和传统业务的交叉销售，能够分散即降低银行风险，为银行的收入组合提供多元化收益。此时银行业不再仅仅拘泥于开展最为基本的传统信贷业务，而是开始进行横向、纵向的业务调整。横向调整是加强银行、证券、保险、基金间的业务合作，通过对相关业务领域的金融机构进行兼并收购、战略合作或者成立独资或控股公司等方式实现多领域业务经营。而纵向调整则是通过在银行内部开发新的多元化业务，拓展业务范围和种类。利用投资组合理论，银行的信用经营范围再一次扩大，所有的金融资产均可定价，风险均可计算，围绕信用产生的金融资产通通可以纳入银行的经营范围考虑之列，只要风险符合银行的风险管理要求，银行便可以开展相应的业务。

福兮祸所伏——期权定价理论

2008 年金融危机的余波在 11 年后的今天仍然还在，回看 2008 年的金融危机，其主角就是接下来要讨论的金融衍生品。2008 年发生的祸及全球的金融危机的导火索正是金融衍生品，主要是以房地产抵押贷款为基础的资产证券化产品。衍生品是如何诞生的，又是如何和银行联系在一起的？

最典型的衍生品为期权、期货等，这些金融工具提供的收益依赖于其他资产的价值，例如商品价格、股票债券价格、市场指数价值甚至贷款资产价格。这些产品的设立及发展要归功于哈佛商学院教授罗伯特·默顿（RoBert Merton）和斯坦福大学教授迈伦·斯克尔斯（Myron Scholes）。他们创立和发展了布莱克—斯克尔斯期权定价模型（Black Scholes Option Pricing Model），为解决新兴金融衍生品市场中衍生工具的定价问题奠定了基础，并于 1997 年获得了诺贝尔经济学奖。

期权的定价模型诞生后便迅速被市场捕捉，芝加哥期权交易所的交易商马上将此模型应用于刚刚诞生的芝加哥期权交易所，标准化的金融衍生品正式在市场上诞生了。此模型的诞生将原本无法衡量风险以及定价的金融衍生品的风险量化，成为可以真正大规模交易的金融产品，银行也开始纷纷将衍生品的交易纳入自己的业务范围。这一新的业务模式可以丰富主要靠利差生存的银行的利润来源，即商业银行靠提供相关交易来获取服务费收入，并且银行可以通过交叉销售和加强顾客间的关系来增加价值；同时对于存在较高财务危机的银行来说，可以进一步进行信用再发现，将自身的财务风险通过金融衍生品转移出去，把从市场中经营信用获得的风险与收益再次利用自身的中介功能甩出去，转手给高风险偏好者加快了市场中资源的配置和流通速度；再者，在金融市场中银行也同其他金融机构一样通过交易金融衍生品来利用金融商品的价格差异进行套利。

除了直接参与交易、投资金融衍生品扩展自己的表外业务以外，银行还通过提供金融衍生品的基础资产实现信用的再分配，将自身的贷款等资产打包重组、分解，出售给不同的风险偏好者，可以快速回收流动性并进行再次贷放。由此，期权定价模型的诞生不仅增加了银行的利润来源，同时也加速了银行业务的扩张。期权定价模型虽然带来了金融衍生品的发展，扩张了银行的业务范围和业务规模，但也因此在金融业界埋下了祸根。衍生品实现了金融资产的层层包装和嵌套，将不同类型的金融公司紧紧联系起来，使它们产生耦合效应，虽然加速了资金的流动，但也给风险在不同类型金融公司间传递打造了通畅的渠道，使单一的金融风险成为金融系统风险，这也是导致2008年金融危机的深层次原因之一。

总的来说，银行的业务范围扩张是银行不断地信用发现的过程。从商品抵押贷款到商业贷款，到零售消费贷款以及表外业务的开展，再到现在的衍生品业务，都是商业银行对金融市场中可经营信用一次次发现的过程。银行作为现代金融机构本身具有古老的基因，从诞生到现在经历的几百年中，其核心功能始终不曾变化，仍然是作为市场中的信用中介为信用两端的客户提供服务。

第二节　发现银行核心价值

银行价值链——风险识别与管理

信用作为一种借贷关系本身具有风险性，首先信用本身是以借贷双方的信任为前提的，在人类社会中，这是一种脆弱甚至天真的自发行为，这赋予信用本身很强的风险性。具体而言，就是因为信用交易的债权人能否按期收回本金和利息是不确定的，在很大程度上取决于债务人的信誉和能力、国家法律的完善程度以及社会道德规范。因此商业银行作为经营信用的特殊企业，也可以被视为经营风险的企业。商业银行的风险管理不同于其他企业，不仅要对可能对经营带来意外损失的风险因素进行识别和管理，而且要面对独特的信用风险，这是银行主营业务所决定的。

商业银行风险管理是银行业务发展和人们对金融风险认识不断加深的产物。最初，商业银行的风险管理主要偏重于资产业务的风险管理，强调保持银行资产的流动性，这主要是与当时商业银行业务以资产业务（如贷款）为主有关。20 世纪 60 年代以后，商业银行风险管理的重点转向负债风险管理方面，强调通过使用借入资金来保持或增加资产规模和收益，这为银行扩大业务创造了条件，但也加大了银行经营的不确定性。20 世纪 70 年代末，国际市场利率剧烈波动，单一的资产风险管理或负债风险管理已不再适用，资产负债风险管理理论应运而生，突出强调对资产业务、负债业务的协调管理，通过偿还期对称、经营目标互相替代和资产分散实现总量平衡和风险控制。

20 世纪 80 年代初，因受全球债务危机影响，银行普遍开始注重对信用风险的防范与管理，其结果是巴塞尔协议的诞生。该协议通过对不同类型资产规定不同风险权重，从而确定资本金分配，它虽然对银行风险的分析方法较为笼统，却是现代风险管理的里程碑，它以资本充足率为中心对风险进行分析和控制成为现代银行风险管理的基础。

20 世纪 90 年代以后，随着衍生金融工具及交易的迅猛增长，市场风险日益突出，几起震惊世界的银行和金融机构危机和倒闭案例（如巴林银行、大和银行等事件）唤起了理论界和金融业界对市场风险的关注。一些国际大银行开始建立自己的内部风险测度与资本分配模型。在计量市场风险内部模型的建立和应用过程中，一些大银行意识到，在新的金融经济环境下，信用风险仍然是金融市场中最为重要的风险并且愈加复杂，因而开始研究信用风险计量方面的问题，并着手建立信用风险的内部计量系统以弥补巴塞尔协议的不足。

银行面临的风险

前文不断阐述了银行业是一个高风险行业，银行面临的风险有很多，从很多角度都可以进行分类。

信用风险。信用风险是指借款人或交易对手不能按事先达成的协议履行义务的潜在可能性，源于信用活动和交易对手遭受损失的不确定性，或是由于债务人没有能力，或是由于债务人不愿意履行已签订的合约而给银行造成的损失。在实际经营中，信用风险涉及贷款、交易、投资、结算等多方面，是银行面临的最大风险。世界银行对全球银行业危机的研究表明，导致银行破产的最常见原因就是信用风险。信用风险一般是指在金融交易中交易对手或债务发行人违约或信用品质潜在变化而导致损失的可能性。信用风险也可分为广义的信用风险和狭义的信用风险。广义的信用风险是指由于各不确定因素对银行信用的影响，使银行业金融机构经营的实际收益结果与预期目标发生背离，从而导致银行业金融机构在经营活动中遭受损失或获取额外收益的一种可能性。狭义的信用风险是指由于借款人违约而导致的对银行贷款丧失偿付能力的风险，所以又称违约风险。从其内容来看，信用风险应该包括三个方面：借款人不能履约的可能性；违约发生后，银行资产被牵涉进去的可能性；风险敞口，银行未加保护、暴露在风险中的资产有多少。在现代的金融环境中，单笔业务发生违约很难再导致某家商业银行发生经营危机甚至倒闭，往往都是信用风险伴随着市场风险或者衍生出流动性风险从而给银行经营带来致命打击。在 2008 年国际金融危机中，印地麦克银行的倒闭就是市场风险带来信用风险最后引发流动性风险招致的恶果，当时美国房市和抵押贷款市场急剧恶化，给印地麦克银行的信贷资产带来大规模价值减值（简而言之就是贷款人还不上贷款了）从而发生严重亏损，招致客户的大规模挤兑最后导致破产。

市场风险。市场风险是指由于市场利率、汇率、证券或商品价格的不利波动而导致金融工具价值下跌给银行带来损益的可能性。它又可进一步细分为利率风险、汇率风险和市场价格风险。2008年的次贷危机在当时给银行业带来了不小的影响，倒闭或陷入困境的银行不计其数，雷曼兄弟公司破产，花旗银行也陷入需要被美国政府救助的境地。

操作风险。操作风险是指因交易或管理系统操作不当引致损失的风险，包括由于信息、通讯、交易程序、业务系统的中断，内部职员或外部人员的欺诈，组织汇报系统以及内部措施失效而产生的风险。当经营分散，金融商品复杂度增加以及对科技依赖性提高时，此种风险格外显著。操作风险并不是银行独有的风险，而是所有企业在经营过程中难以避免的风险，但银行独特的经营模式和业务的特殊性，以及复杂的业务流程和对人力的强调，使操作风险被放大。最著名的操作风险案例之一就是法国兴业银行的"巨额欺诈案"，一名在巴黎的交易员擅自设立仓位，并在未经许可的情况下大量投资于欧洲股指期货，该交易员利用大量虚拟交易掩藏其违规投资行为，同时利用在兴业银行工作的经验，轻而易举骗过了该行的安保系统，此举使法国兴业银行蒙受了49亿欧元（约合71.6亿美元）的巨额亏损。

流动性风险。流动性风险是指银行的现金供应在某一时点无法满足支取的需求而引起挤兑的风险。一家银行的流动性短缺会导致一种系统性的冲击。银行的流动性是指能够随时应付客户的提款，满足必要贷款的能力。商业银行为什么能够存在？这是因为所有的存款人不会同时要求提款，从而使它可以在保留部分准备金的前提下，资金用于贷放或投资。但存款人对资金市场上的信息是高度敏感的，一有风吹草动，就可能纷纷要求提款，特别是当存款未得到全额保险的时候。如果某一家银行因缺乏流动性而出现支付困难，当这一消息传开只会使它陷入更深的困境，因为会有更多存款人竞相赶来提款。当存款人对银行业的前景普遍感到悲观的时候，这种挤提还可能引发全行业的危机。1984 年芝加哥伊利诺伊国民银行倒闭案是银行历史上最为严重的流动性风险案件之一，芝加哥伊利诺伊国民银行在经营期间过度扩张商业贷款规模，其中很多贷款之后变为不良贷款，增速过快导致银行不得不依赖于"热钱"，如货币市场上的大额可转让存单和非储蓄型借款来融资。当货币市场投资者得知该银行的贷款组合出现问题的时候，"热钱"忽然离开，短短 60 天之内芝加哥伊利诺伊国民银行失去了100 亿美元的存款。最终，联邦存款保险公司（FDIC）出台了解救方案，"国有化"了该银行。

价值链的核心——信用风险管理

银行既有商业性，又有鲜明的社会性。银行以信用制度为基础吸收存款、发放贷款，所提供的金融产品和服务具有"公共产品"特性；银行广泛地服务于社会经济各领域，对社会公众利益具有重大影响；银行充当信用中介，能够引导各类生产要素尤其是资金配置的市场预期；银行处于社会信用链条中心，其破产倒闭将引发巨大的社会后果。因此，必须高度重视银行商业行为可能引发的社会后果。

另一方面来讲，信贷业务是商业银行主要的业务，商业银行作为信用中介直接以债权人或债务人的身份参与资金融通，将交易对手的风险内部化为商业银行自身的风险，增加自己的风险暴露，降低其交易对手（储蓄者、企业家）的风险暴露，从而缓解储蓄者与企业家之间的矛盾，促进储蓄向投资转化。因此对业务的管理过程，实质上也是对信用风险的管理过程。实现对信用风险的可控也是保证盈利的前提，可以说对信用风险的管理是商业银行价值链上的核心。

但是随着金融市场环境的变化、商业银行业务的创新、市场参与者及交易的多元化，银行的信用风险管理也面临新的挑战，主要是因为信用风险有了新的变化：金融产品的债务人或交易对手未能有效地履约或其信用状况出现恶化，导致该金融资产市场价值的下降，从而使得银行资产产生损失。交易对手的信用状况、履约能力等成为商业银行信用风险的新影响因素。

在今天的金融市场中，商业银行信贷资产的流动性日益增强，使得信用风险动态化。在传统信用风险概念产生、使用时期，信贷业务收入占到商业银行收入的绝大部分，其他业务没有开始发展或者极不发达，银行的信用风险主要来源于信贷业务。同时，信贷业务缺乏一个像股市或债市那样交易活跃的二级市场，使得贷款交易、转让无法顺利实施，资产的流动性差，因此银行贷款的现行市场价值也无法得到及时有效的确定。从贷款发放至到期日期间，贷款资产的价值均采用一成不变的账面值，无法体现借款人信用状况及贷款资产实际价值的波动，只有当资产出现不良后，才于资产负债表上作出适当调整。所以传统的信用风险是静态的概念。而在新环境下，随着资产组合、证券化、贷款出售、信用衍生产品的发展，信贷资产的流动性大大增加，不仅仅是借款人或交易对手的直接违约，任何信用事件指破产、债务加速、不能支付、拒付债务、延期偿付、重组等的发生均会即时地、充分地反映在贷款资产价值的下降及损失风险的产生上来，从而引起信用风险。此时的信用风险具有了动态的特性。

除了对传统信贷业务中蕴含的信用风险进行管理以外，随着金融管制的变化、金融产品创新步伐的加快，银行业务品种日趋多样化，银行也越来越多地面临着其他金融产品中所含的信用风险。尽管对大多数银行来说，贷款业务仍是其最重要的业务，也是最大、最明显的信用风险来源。但信用风险需要反映新的业务内容所面临的风险，如承兑、同业交易、贸易融资、外汇交易、金融期货、互换、债券、股权、期权、保函以及其交易的结算等。通过上述对信用风险内涵变迁的分析，可以观察到信用事件的发生会引起贷款资产市值的严重下降，从而导致银行发生较大的损失，其金额一般要远远大于该笔贷款获得的利息收益。因此，信贷资产收益与损失不对称的风险特征使得信用风险的概率分布向左倾斜即非正态分布，并在左侧出现厚尾现象。信用事件的发生是产生信用风险的直接原因，而信用事件的主体为交易对手或借款人，因此银行很难掌握其完全信息，对信用风险进行控制和管理。银行与其交易对手信息的不对称会引发道德风险，从而成为产生信用风险的重要原因。因此要通过建立完善的信用风险管理系统充分掌握信息、控制信用风险，通过合适的风险管理技术分散、转移、对冲信用风险。可见，信用风险是可以管控的，因此其带有明显的非系统风险特征。作为信用风险重要来源的贷款资产缺乏一个交易活跃的二级交易市场，因此，信用风险变化引起的贷款资产市值的变化难以得到有效准确的反映，信用风险的观察数据难以获得与积累，从而给信用风险的统计、计量带来一定的难度。

风险管理的武器——经典风险计量模型

银行作为经营风险的企业，如何利用强有力的武器来对风险进行有效管理便显得尤为重要。在很大程度上，对银行经营水平的考量，主要看它对风险的管理水平。在马科维茨将数学带入金融领域之前，对于风险的认定一直只有感性的认识和定性的描述，很少有人利用精确的数学语言去描述风险，银行家们对于风险的管理都只停留在对风险的感性认识上，仅仅靠自身经验来对市场以及银行经营面对的风险进行控制。对信用的风险分析多采用传统的调查研究方法，对受信者的偿还意愿和偿还能力进行分析，根据分析结果作出投资决策。偿还意愿考察的是借款人的主观愿望，即信用品质；偿还能力主要考察借款者的客观能力，即它的经济前景、盈利能力。这种方法得出的结果具有很强的主观性，调查者评判时易受感情和外界因素的干扰，导致不同的调查者甚至得出完全相反的结论。人力的局限性迫使银行业的业务规模不能进一步扩大。20世纪90年代以后，金融机构资产状况日益多样化，如信用衍生产品兴起，使信用风险管理更加复杂，金融机构迫切需要更有效的定量工具来辅助进行信用风险管理。风险计量模型的出现实现了银行对风险的可计量，从而实现对风险的科学控制。接下来介绍几种经典的风险模型，本节不会对模型进行更为具体的数学细节介绍，只对模型进行感性的描绘。

VaR方法。此模型是最为经典的风险计量方法。VaR方法的产生根源于20世纪90年代初发生的一系列重大金融灾难（如发生在美国加州橙县的财政破产、巴林银行倒闭等灾难性事件），这些事件给资本市场的共同教训是对金融风险的监督和管理不力导致巨大损失，同时也使人们进一步认识到传统的风险管理方法已无法准确定义和度量新形势下的金融风险。因此

1993 年 7 月 G30 集团在研究金融衍生产品的基础上，提出了度量市场风险的风险价值（Value at Risk，VaR）方法，VaR 又被译为在险价值或受险价值，并首次对 VaR 进行了详细介绍。它把银行的全部资产组合风险概括为一定时间内一定概率下交易资产的损失额。这个模型根据历史数据进行测算，银行可以计算出在给定概率下的最大损失值，即 VaR 值。利用 VaR 方法进行风险控制，可以使每个交易员或交易单位都能确切地明了他们在进行多大风险的金融交易，并可以为每个交易员或交易单位设置 VaR 限额，以防止过度投机行为的出现。VaR 方法衡量的主要是市场风险。

KMV 模型。该模型是 KMV 公司 1995 年创立的基于股票价格的公司信用风险模型，用于对上市公司和上市银行的信用风险进行预测，预测的结果值是"在未来的一定时期内，公司违约的概率是多少"，因此该模型又被称为违约预测模型。支持该模型的理论基础是布莱克—斯克尔斯期权定价模型。模型是从债权人的角度来考察公司的违约可能性，即当公司的市场价值低于某违约点时，公司就会实行破产或违约，无法偿还贷款。这相当于借贷人借入资金的同时，拥有了一份卖出期权，在未来偿债期限内，可以以借贷资产价值将公司出售给债权人。它突出的优点在于它是动态模型，因而对违约概率的预测更具有前瞻性，但解决实际问题方面的不足主要表现为：仅着重于违约预测，忽视了企业信用品质的渐进变化；未考虑信息不对称情况下的道德风险。

信贷矩阵/信用度量方法。1997 年 4 月初，以美国 J. P. 摩根财团为主的几个国际银行共同研究推出了世界上第一个评估银行信贷风险的证券组合模型（Credit Metrics）。该模型以信用评级为基础，计算某项贷款或某组贷款违约的概率，然后计算上述贷款同时转变为坏账的概率。该模型通过 VaR 数值的计算，力图反映出：银行某个或整个信贷组合 = 面临信用级别变化或拖欠风险时所应准备的资本金数值。该方法是基于借款人的信用评级、次年评级发生变化的概率（评级转移矩阵）、违约贷款的回收率、债券市场上的信用风险价差，计算出贷款的市场价值及其波动性，进而得出个别贷款和贷款组合的 VaR 值。在假定各类资产相互独立的情况下，每类资产信用风险组合的风险值等于该类资产的敞口分布与其信用等级变动或拖欠的变动率。即等于信用等级变动或拖欠变动率乘以贷款额。但该模型的准确性依赖于两个关键的假设：同一等级的公司具有相同的违约率；实际违约率等于历史违约率。事实上违约率的变化是连续的，而信用等级的调整是离散的。因此可能会造成同一等级公司的违约率的高估或低估，影响模型的准确性。

信用风险附加模型。此模型是瑞士银行金融产品开发部于 1996 年开发的信用风险管理系统，它应用保险经济学中的保险精算方法来计算债券或贷款组合的损失分布。该模型是一种违约模型，只考虑债务人对债券或贷款是否违约，并假设其与公司的资本结构无关且违约率是随机的（服从泊松分布）。这种模型从数学解释上复杂繁琐，但感性理解上是精简的，它只考虑违约风险而不对违约的成因做任何假设，因此相较于其他模型而言它的输入数据少。但它仍有不足之处：首先，由于忽略了信用等级的动态变化过程，因而计算时是假设每笔贷款信用风险固定不变，这显然与实际市场中的情况不完全符合；其次，在计算时需要对每笔贷款进行分组，为了便于处理而将同组的每笔贷款的风险进行了近似处理，从而导致高估投资组合损失的波动情况；最后，在计算时需要获取贷款违约率的波动情况，但却不能直接获得，需要利用其他模型从其他市场数据中获得，从而打断了模型的一致性，模型没有完成自我闭环。

随着数学理论和科学技术（主要是信息技术）的发展，越来越多的计量模型被发明出来用于银行业务的风险测度，除了传统的数学模型指导的计量模型之外，由于信息技术的发展，大数据、神经网络、机器学习等信息技术手段也被广泛运用到现在银行业务的风险计量中，在科学不断发展突破的今天，风险计量也在不断进化发展。

现代银行业历经百年发展，回望历史，银行的变化过程始终围绕信用发现这一基本功能。从最初的基本信贷业务到现在拥有广泛业务范围的综合性银行，每一次变化都是一次信用的发现过程，而植根于这些发现过程中的就是对风险管理的升级提高，只有当每次新的信用风险转换为银行可控的风险才能真正成为银行的可经营的业务。因此银行的核心是信用发现，银行风险管理的核心就是信用风险管理。

第四章　符合监管要求

　　金融监管的工作是很复杂的，美国也花了很长时间才建立起一个完善的资本市场。如果中国要使资本市场逐步健全起来，就要引进更多的战略投资者，以及让更多的银行进入并建立起自己的业务，股权投资目前对于中国经济而言，还是太微不足道了。

——亨利·保尔森，美国财政部前部长

第一节　金融监管主要模式

　　随着金融业混业经营体制的发展，金融监管的国际化标准和范围的变化引发了各国关于监管体制及结构的争论。由于各国国情不尽相同，其金融监管模式也有所差别，归纳起来，国际上金融监管的模式主要有三种。

统一监管模式

　　统一监管模式是指由一个统一的监管机构对辖域内不同的金融行业、金融机构和金融业务进行监管。这种监管模式的优势在于以下几个方面：

　　节约成本。统一监管不仅能节约人力和技术投入，更重要的是它可以获得规模效益，降低信息成本、改善信息质量。

　　改善监管环境。主要体现在提供统一公平的监管制度，避免不同金融机构由不同的监管者监管时，由于监管者水平和监管强度的差异，不同的金融机构或业务面临不同的监管制度约束；被监管者可以避免不同监管机构之间的监管重复、分歧和信息要求上的不一致，降低成本；对于一般消费者而言，明确的监管机构使他们在其利益受到损害时，能便利地进行投诉，解决问题，降低相关信息的搜寻费用。

适应性强。随着科技的快速发展和金融技术的不断提升，金融业务创新日新月异。在这样的外部环境下，统一监管能迅速适应新的金融业务，避免监管真空，降低金融创新所带来的新的系统性风险；同时可以避免多重监管，降低不适宜的制度安排对创新形式的阻碍。

责任明确。由于所有的监管对象由同一个机构进行监管，监管者的责任认定非常明确。

统一监管模式也有明显的缺陷：监管的垄断地位容易导致官僚主义。

分业监管模式

顾名思义，分业监管模式是将金融机构和金融市场按照银行、证券、保险等划分为多个领域，在每个领域分别设立一个专业的监管机构，进行分业全面监管（包括审慎监管和业务监管）。运用这种监管模式较为典型的国家有德国、美国、波兰、中国等。分业监管模式的优点在于：有监管专业化优势，每个监管机构只负责相关监管事务，有利于监管工作的精细化和专业化；有监管竞争优势，尽管每个监管机构的监管对象不同，但相互之间也存在竞争压力，能有效地避免监管垄断造成的道德风险。这种监管模式的缺点在于，如果各监管机构之间协作性较差，职责边界不清晰的模糊地带就容易出现监管真空；如果针对混业经营体制而实行分业监管，容易造成重复监管。

通过上述两种监管模式的对比，我们可以发现统一监管模式相当于金融监管领域的完全垄断；而分业监管模式相当于金融监管领域的垄断竞争。

不完全统一监管模式

不完全统一监管模式是在金融业混业经营体制发展下，对完全统一监管和完全分业监管的一种改进。这种模式可按照监管机构不完全统一和监管目标不完全统一划分。具体形式有：

牵头监管模式：在实行分业监管的同时，随着金融业混业经营的发展，可能存在一些处于监管真空或相互交叉地带的业务，为适应这种业务发展，几个主要监管机构建立及时磋商协调机制相互交换信息。为防止监管机构之间扯皮，指定某一监管机构为主或作为牵头监管机构，负责协调工作。该监管模式类似于一家银行同时有多个分行营销一个客户，其中一家分行作为主办行牵头负责客户的日常维护等工作。巴西是较典型的牵头监管模式国家：国家货币委员会是牵头监管者，在其协调下，中央银行、证券和外汇管理委员会、私营保险监理署和补充养老金秘书局分别对商业银行、证券公司和保险公司进行监管。

"双峰式"监管模式：指根据监管目标设立两类监管机构，一类负责对所有的金融机构进行审慎监管，控制金融体系的系统性风险。另一类机构对不同金融业务的经营进行监管。英国基于对危机教训的深刻反思推动了大刀阔斧的金融监管体制改革，彻底否定了其 1997 年将金融监管与中央银行分离的做法，将英格兰银行改造成集货币政策制定、宏观审慎监管、微观审慎监管于一身的"超级央行"。构建起审慎监管局作为英格兰银行的附属机构负责微观审慎，行为监管局作为对财政部和议会负责的独立机构负责行为监管的"双峰"监管模式。在此机制下，中央银行既直接承担"双峰"中的微观审慎管理功能，又以宏观审慎统筹"双峰"。

与统一监管模式相比，不完全统一监管模式在一定程度上保持了监管机构之间的竞争与制约作用；各监管主体在其监管领域内保持了监管规则的一致性，既可发挥各个机构的优势，又可将多重机构的不利最小化。与完全分业监管模式相比，这种模式降低了多重监管机构之间互相协调的成本和难度。同时，对审慎监管和业务监管分别进行，避免出现监管真空或交叉重复。另外，不完全统一监管模式具有分业监管模式的优点，其最大优势是通过牵头监管机构的定期磋商协调，相互交换信息、密切配合，降低监管成本、提高监管效率。

第二节 银行资本监管

在阐述资本监管要求之前，有必要简单介绍一下资本对于商业银行的意义。换句话说，商业银行为什么要对资本进行监管？资本的定义很宽泛，我们这里所说的资本是指企业会计学理论上的资本，即所有者投入生产经营，能产生效益的资金。对于任何企业或个体工商户来说，资本是业务正常经营需要投入的资金。比如，小王毕业后，向朋友借了 20 万元，加上自己的 30 万元积蓄，租商铺开了一家咖啡馆。小王投入的 50 万元就是咖啡馆的资本，其中自有资本 30 万元。此例中资本的主要作用是：在咖啡馆还没有稳定的客源和收入前，缴纳房租、进行装修、购买咖啡机、支付薪酬等，并承担生意失败的损失，在极端情况下可能血本无归。

从上述例子中可以看出，对于一般企业而言，资本是用来赚钱的，即体现了资本的逐利性。在资本有限的情况下，企业的资本分为两部分，一部分是企业自有资金，另一部分是通过筹集获得的资金。随着规模的不断扩张，在资本有限的情况下，工商企业就要通过各种渠道筹集资金，通过杠杆化经营获取利润。因此对于一般工商企业而言，资本意义更多地体现在逐利性上，抵御风险、承担生意失败的损失只是资本的附加属性。

商业银行的本质仍旧是企业，资本对于商业银行的意义同样体现在逐利性上。但商业银行与一般工商企业最大的区别在于，商业银行是资金的中介机构，它除了自有资金以外，更多的是通过吸收社会上闲散资金（存款）开展各类资产业务，在扣除资金成本和营运成本后从中盈利。因此，商业银行更多的是通过杠杆化经营来获取收益。

上游企业　　　厂商　　　批发商　　　零售商　　　下游企业

图 4-1　一般工商企业的链条式经营模式

这样的经营模式就会产生一个问题：对于一般工商企业来说，其经营面临的风险就是能否盈利，如果投资失败不能盈利就会导致血本无归直至破产；而对于商业银行来说，其面临的风险不仅仅是经营失败导致

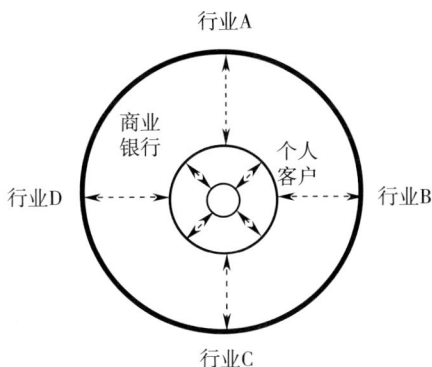

图 4 - 2　商业银行的辐射式经营模式

自身本金的损失，更大的风险来自高杠杆经营损失之后而无法兑付存款的风险，这是商业银行与一般工商企业最大的不同之处。其差异背后的原因在于一般工商企业的破产对社会几乎不会有太大的影响，顶多会对产业链上下游的企业产生一定的影响；而商业银行作为资金中介机构，有很强的负外部性。如果商业银行出现破产倒闭，可能会导致整个金融体系的崩溃，甚至会影响到国家的稳定。为了防止这种情况出现，商业银行就需要留存一定量的资本来抵补随时可能产生的风险。因此，对于商业银行来说，资本不仅仅体现逐利性，更重要的是体现吸收损失的能力。

明白了资本对于商业银行的意义后，接下来又会产生一个问题，即"商业银行需要留存多少资本来抵御风险？"如果资本留存太多，由于机会成本的存在，会导致资金浪费；如果资本留存过少，银行破产的概率就会变大。存款人知道银行是一个高杠杆化经营的企业，但并不知道银行在经营过程中承担多大的风险，所持有的资本是否能够覆盖风险。这时就需要一个权威部门介入，制定一个统一的规则，对银行经营面临的风险进行评估，并规定银行至少需持有多少资本来覆盖风险，这就是商业银行资本管理的核心问题，即商业银行业务经营过程中，在利用资本盈利的同时要评估自己承担多少风险，怎样在收益和风险之间有效平衡。

第三节　巴塞尔协议的精进

正如上节所述，由于商业银行具有太大的负外部性，一旦倒闭对社会产生的影响巨大。因此，需要一个权威机构，制定一个世界公认的同一规则来约束与监督商业银行的行为，保证整个银行体系运行的稳定。巴塞尔委员会就是这样一个权威机构。严格意义上来说，该机构虽然不是银行国际监管组织，但事实上已成为全球银行业监管标准的制定者。巴塞尔委员会正式成立于 1975 年 2 月，成立之初由美国、英国、德国、法国、意大利、卢森堡、比利时、荷兰、瑞典、瑞士、日本等国组成。中国于 2009 年 3 月加入巴塞尔委员会，这标志着中国将积极参与银行监管国际标准的制定。到目前为止，巴塞尔委员会成员国已扩充至 27 个，巴塞尔委员会成立的宗旨就是强化全球银行业系统的稳定性，消除各国银行对资本充足界定不一致导致的不平等竞争，促进全球银行业的有序竞争和平稳发展。为了实现这一宗旨，巴塞尔委员会制定了资本监管准则——巴塞尔协议，巴塞尔委员会先后颁布了《巴塞尔协议 I》、《巴塞尔协议 II》和《巴塞尔协议 III》。从 1988 年颁布《巴塞尔协议 I》到 2010 年发布《巴塞尔协议 III》，全球资本监管走过了 20 多年的历程，目前仍在摸索中不断前行。

《巴塞尔协议 I》：提出资本充足率和形成资本监管共识

国际银行业无序竞争引发的危机。随着国际银行业竞争的加剧，各国银行为了扩张市场份额大力发展业务，导致资本水平不断下降。这主要是由于当时国际上还没有形成一个统一的规则计量风险，并规定需要用多少资本来覆盖风险。比如同样一笔 100 万元的贷款业务，保守的银行认为需要用 15 万元的资本来覆盖这笔业务所面临的风险；而激进的银行则认为只需要用 5 万元的资本即可覆盖风险。这就导致了竞争的不公平性，同样的资本，激进的银行会用更多的比例去拓展业务，而只留存一小部分资本来抵补风险，这样下去就会形成恶性竞争，直至风险全面爆发。20 世纪 70 年代，赫斯塔特银行和富兰克林国民银行两家著名的国际性银行先后倒闭，随后的拉美债务危机爆发导致大量银行纷纷倒闭，促使各国监管机构开始全面审视银行的监管问题。

在此背景下，巴塞尔委员会颁布了《关于统一国际银行资本衡量和资本标准的协议》，即《巴塞尔协议 I 》，从此掀开了国际资本监管的重要一幕。该协议的最大贡献是提出了资本充足率的概念，制定了风险计量的统一规则。

提出了资本充足率的概念。《巴塞尔协议 I 》首次提出了银行资本充足率的概念，规定核心资本充足率不得低于 4%，资本充足率不得低于 8%。资本充足率的提出解决了商业银行资本管理的核心问题，即制定一个统一的计量规则，对银行经营面临的风险进行评估，并规定银行至少需持有多少资本来覆盖风险。

确定资本的定义与组成。按照吸收损失能力的强弱，《巴塞尔协议 I 》将资本分为两大类：核心资本和附属资本。核心资本是银行吸收能力最强的资本，包括永久性的股东权益和公开储备。附属资本主要包括资本重估等项，基于审慎原则，部分项目需要扣除或按一定比率计入。

表 4-1　　　　　　　　　　《巴塞尔协议 I 》资本构成

一级资本	二级资本
普通股或实收资本、永久性非累积优先股、资本公积（包括发行溢价及其他部分）、留存收益（包括盈余公积与未分配利润）	资产重估储备、未公开储备、混合资本工具、长期次级债务、普通（贷款损失）准备金

统一了风险计量规则。《巴塞尔协议 I 》对信用风险采用的计量规则是权重法：将资本分为表内资产和表外资产，根据债项的性质与债务主体的不同，将表内资产的风险权重分别赋予 0、20%、50% 和 100% 四个档次。对于表外资产，按照产品种类的不同，将信用风险转换系数也分为 0、20%、50% 和 100% 四类。

《巴塞尔协议 I 》为商业银行提供了一个相对公平的外部环境。《巴塞尔协议 I 》是现代国际银行业监管体系的一个里程碑，该协议解决了三个方面的问题：框定了资本供给的范畴，即哪些资本是合格的资本，能够吸收损失；统一了计量风险的规则，通过计量手段对商业银行经营过程中面临的风险进行量化；规定了最低资本供给，要求商业银行最少得拿出多少资本来覆盖经营过程中面临的各类风险。《巴塞尔协议Ⅰ》的出台对全球银行业的风险管理产生了深远的影响，主要影响有：

通过资本的约束促使商业银行强化资本管理。对于信用风险，由于不同的资产类型被赋予不同的风险权重，商业银行会主动根据风险权重配置信贷资产，以便确定和控制风险资产总量。

把资本要求变成了银行经营的国际规则和标准。这促使银行需要根据计量规则和资本充足率的要求保持充足的资本，否则将在国际竞争中受到制约和惩罚，给全球银行业的竞争创造了一个相对公平的环境。

《巴塞尔协议Ⅰ》只是对资本管理的一个初步尝试，还存在诸多方面的不足：

计量规则对风险的敏感度不够。《巴塞尔协议Ⅰ》采用权重法计量信用风险，对于同一类型的资产采用相同的权重，没有考虑资产的个体差异，风险评估的敏感性较差。

存在监管套利的漏洞。《巴塞尔协议Ⅰ》虽然注意到了表外业务的潜在风险，通过信用风险转换系数和风险权重确定了表外资产的风险权重。但随着金融新业务的推出和银行组织形式的更新，《巴塞尔协议Ⅰ》的涵盖范围和监管效果不尽如人意。资产证券化等金融创新将质量较好的资产转移至表外，从而减少资产的风险权重甚至规避资本监管，达到资本套利的目的，容易引发信用风险以外的风险。

全面风险管理问题。《巴塞尔协议Ⅰ》只对信用风险进行了计量，但随着银行业务的不断创新和复杂化，银行还面临着市场风险、操作风险、流动性风险等其他种类的风险，但《巴塞尔协议Ⅰ》并没有给除信用风险以外的其他类风险制定具体的计量规则，风险覆盖的范围和监管效果难以令人满意。

《巴塞尔协议Ⅱ》：构建全面风险管理体系和优化计量方法

20世纪90年代一系列金融大事件引发巴塞尔委员会思索构建全面风险

管理体系。

20世纪90年代，伴随着国际银行业的迅速扩张，金融市场自由化程度越来越高。加上新技术的广泛运用，金融衍生产品种类日益多样化，产品结构日益复杂化，银行业务逐渐由传统的信贷业务为主转变为交易业务为主，银行业越来越深地介入了衍生品种交易，或是以资产证券化和控股公司的形式来逃避资本金管制。商业银行面临的风险也由信用风险为主转变为信用风险、操作风险、市场风险等多种风险并存，风险趋于多元化和复杂化。1994年墨西哥比索危机、1995年巴林银行倒闭和1997年亚洲金融危机等一系列金融危机，对全球经济造成了强有力的冲击，理论界及监管层意识到《巴塞尔协议Ⅰ》的缺陷，认为其监管框架和基本内容已经不适应当前金融业的快速发展，开始着手探讨并谋求对1988年的资本协议进行修订。得益于计量技术的发展和监管实践的丰富，巴塞尔委员会于2004年发布了《统一资本计量和资本标准的国际协议：修订框架综合版本》，即《巴塞尔协议Ⅱ》。

构建三大支柱，引入资本管理高级法计量资本。《巴塞尔协议Ⅱ》最大的贡献在于建立了资本监管的三大支柱框架，即最低资本要求、外部监管和市场约束，这对国际银行业稳健经营和公平竞争发挥了重要的促进作用。

第一支柱：最低资本要求。第一支柱是对《巴塞尔协议Ⅰ》内容的扩展和衍生。仍然以资本充足率为核心，分子基本上沿用原有的范畴，分母则发生了较大的变化：扩大了风险加权资产的计量范围，由先前只计量信用风险扩充到信用、市场、操作三大类风险。在计量方法上做了修改，其中信用风险可以采用标准法或内部评级法。标准法类似于《巴塞尔协议Ⅰ》中的权重法，只是对不同资产的风险权重进行了微调；内部评级法是商业银行用自身内部评级模型得出的风险参数违约概率（PD）、违约损失率（LGD）、违约风险暴露（EAD）、期限（M）和相关性系数（R）作为输入变量，利用巴塞尔委员会给出的一套计量规则得出的风险加权资产。内部评级法分为初级内部评级法和高级内部评级法，两者的区别在于初级法中的输入变量只有PD可以由银行自身的内部评级模型来确定，其余均由监管机构给定，而高级法中的输入变量均可以由银行自身的内部评级模型得出。详细情况如表4－2所示：

表 4-2   《巴塞尔协议 II》信用风险加权资产的三种计量方法

风险参数	标准法	初级内评法	高级内评法
违约概率（PD）	不涉及	由银行确定	由银行确定
违约损失率（LGD）	不涉及	由监管机构确定	由银行确定
违约风险暴露（EAD）	不涉及	由监管机构确定	由银行确定
期限（M）	不涉及	由监管机构确定	由银行确定
相关性系数（R）	不涉及	由监管机构确定	由银行确定

操作风险计量主要采用基本指标法、标准法或高级计量法三种方法。基本指标法以银行过去三年的平均总收入为标准，乘以 15% 来确定操作风险所需要的资本准备。标准法在指标法的基础上，将银行的总收入分为不同的业务条线，对每个业务条线的收入赋予一定的风险权重。基本指标法和标准法均相对较容易，未将操作风险管理成效与资本计量进行联结，无法提供与鼓励银行采取较精细与复杂的操作风险管理方式。高级计量法克服了上述不足，采用规定的定量和定性标准，通过银行内部操作风险计量系统计算风险加权资产，操作风险高级计量法对银行风险管理水平和计量模型均提出了较高的要求，复杂程度也很高。

市场风险计量主要采用标准法或内部模型法。标准法的具体操作思路是：先分别计算市场风险所面临的利率风险、汇率风险、股价风险、商品风险，然后通过简单加总计算整体风险。而内部模型法要满足一定的要求，并经过严格的返回检验和监管当局的批准。当前，全球金融机构运用较为广泛的内部模型法是 VaR（Value at Risk）方法。

第二支柱：外部监管。第二支柱主要包括两个部分：一个是内部资本充足评估，另一个是监督检查。

内部资本充足评估是评估银行在经营过程中面临的除了第一支柱包含的三大风险之外的其他各类风险，如流动性风险、集中度风险、声誉风险、战略风险等。内部资本充足评估的目的在于通过内部评估程序度量除了三大风险之外的其余风险，确保银行资本的持有量能覆盖所有风险，保证银行健康平稳运营。而监督检查是外部监管机构建立一套监督流程对银行内部资本充足评估的结果进行检查，以保证银行内部资本充足评估结果真实可信，符合监管要求。

第三支柱：市场约束。市场约束的本质就是信息披露，其主要内容包括：将集团内部的风险管理和资本管理情况披露给所有的投资者和利益相关方，加大透明度。信息披露的频率应至少每半年进行一次，从市场角度保证银行的资本充足率符合法定要求。

三大支柱的内在逻辑。第一支柱资本充足率是从监管的角度去评估银行的资本是否覆盖了信用、操作和市场风险；第二支柱内部资本充足评估和监督检查是从银行自身的角度去评估自身所持有的资本是否覆盖了所有的风险，包括第一支柱的三大风险和除三大风险之外的风险。同时监管机构也要去检查银行的评估流程是否合规、所运用的方法是否合理。第三支柱市场约束是从投资者和所有利益相关方的角度，通过披露的信息去了解银行计量出来的资本是否合理，承担的风险到底有多大等。总之，三大支柱是从不同的角度来看银行的风险管理和资本水平到底处于怎样的水平。

《巴塞尔协议Ⅱ》促进商业银行积极构建自身的内评体系，进而搭建全面风险管理框架。

促进了风险管理思想的重大变革，《巴塞尔协议Ⅱ》构建了以三大支柱为核心的全面风险管理体系，要求覆盖的风险不仅仅是信用风险，还包括市场风险、操作风险以及第二支柱的其他类风险，实现了从过去单纯依靠资本抵御信用风险为主转变为以风险管理体系抵御风险，强调内部管理、外部监督、市场约束的有机结合，为商业银行提高风险管理水平提供了全新的理念和蓝本。

对银行风险管理技术水平提出了更高的要求。《巴塞尔协议Ⅱ》可采用高级计量法计量三大风险的风险加权资产，这对银行内部风控技术和管理水平提出了更高的要求。资本计量参数的确定需要银行构建自己的内评体系，同时对与风险管理相关的政策流程、基础数据、计量技术等方面有更高的标准和要求。

《巴塞尔协议Ⅱ》的局限性在于：对商业银行的流动性和交叉性风险应对不够，对收益覆盖风险的重要性强调不足。延续《巴塞尔协议Ⅰ》的基本思路，《巴塞尔协议Ⅱ》强调的仍然是资本充足率，只是计量规则更多考虑了风险资产个体的差异性，对风险更为敏感。但从银行的实践来看，要维持银行稳健经营，仅仅强调资本充足率是不够的，还要考虑风险收益水平，即银行收益对风险的覆盖能力。

对流动性风险管理的要求不够充分具体。资本充足率只是对抵补风险所需资本做了底线要求，更多的是强调资本的长期偿债能力，重点解决金融体系的稳定性问题。但一旦银行头寸短缺，资本流动性不足，短期偿债能力丧失，就有可能带来灭顶之灾，成为压倒金融机构的"最后一根稻草"，这从2008年次贷危机中可见一斑。因此，流动性风险管理对银行稳健经营十分重要。《巴塞尔协议Ⅱ》在第二支柱中虽然要求对流动性风险做内部充足评估，但对如何管理、计量、应对流动性风险等重要问题的规定相对简单。为了弥补这一缺陷，巴塞尔委员会在2008年9月25日发布了《稳健流动性风险管理与监管的原则》，提出了在银行流动性风险领域需要遵循的17条原则，涉及风险管理的治理结构、流动性风险的计量和管理、信息披露和监管机构的职责四大方面，但是这个文件仍然流于概念化，操作性不强。

对新兴金融工具引发的交叉性风险重视不够。随着金融市场的不断发展，金融工具的创新日新月异，证券化产品、表外融资工具、股权投资、衍生产品交易、投资银行业务等新兴业务领域的投资组合迅速增长，而《巴塞尔协议Ⅱ》对这些新兴金融工具的风险性认识不足，缺乏行之有效的约束手段。一旦某一环节出现问题，利用这些新兴金融工具开展的业务往往会引起信用、市场等多种风险并存的交叉性风险，最终形成的系统性风险会危及银行业的安全。

某些合格资本并没有较好的吸收损失能力。《巴塞尔协议Ⅱ》纳入的合格资本中，有些资本工具吸收损失的能力并不强，并没有起到抵御风险的效果。比如金融机构发行的次级债，在危机爆发时并不能吸收损失，2008年次贷危机就是一个很好的佐证。

《巴塞尔协议Ⅲ》：微观审慎监管与宏观审慎监管相结合

次贷危机引发巴塞尔委员会对《巴塞尔协议Ⅱ》的反思。正如大部分监管新规的发布都伴随着某些重大事件的发生一样,《巴塞尔协议Ⅲ》的出台是对 2008 年爆发的次贷危机的一次全方位反思,在延续《巴塞尔协议Ⅱ》三大支柱的基础上,对次贷危机中资本监管所暴露出来的问题进行了总结,在若干细节上进行了修订,以契合当前金融发展的趋势。

提升资本质量和引入流动性监管指标。《巴塞尔协议Ⅲ》仍然沿用《巴塞尔协议Ⅱ》的框架,从资本质量和资本要求等方面进行了一系列的改革,并引入了流动性、杠杆率等指标,对系统重要性银行单独增加了更高的资本要求。由于整体框架与《巴塞尔协议Ⅱ》有着较高的相似度,在介绍《巴塞尔协议Ⅲ》的主要内容时,我们着重阐述改进的相关内容。

微观审慎监管。《巴塞尔协议Ⅲ》对资本的"质"和"量"均做了一定程度的修订以提升资本的质量和透明度,并将杠杆率作为资本充足率的一个有效补充,以便更好地发挥资本在吸收损失、提供流动性等方面的缓冲作用。

退潮时才知道谁在裸泳。次贷危机的爆发使得监管当局意识到以前定义的某些资本及资本工具并不具备良好的吸收损失的能力,属于滥竽充数的资本,这是次贷危机爆发后没能控制其影响范围的一个重要原因。为了及时弥补这一缺陷,《巴塞尔协议Ⅲ》修订了资本的定义,对资本结构进行了更细致的划分,并严格资本扣减。

表 4 – 3　　　　　　　　　《巴塞尔协议Ⅲ》的资本重构

资本分类	资本细分	构成要素	备注
一级资本	核心一级资本	普通股	不包含类似债券的资本工具;
		资本溢价	不允许"金融创新";
		留存收益	删除扣减项:商誉、递延所得税、资产净
		累计其他综合收益和公开储备	额等
	其他一级资本	优先股	仅包含无限期的类似债券的资本工具
		其他无限期的损失吸收工具	包括诸如政府救助的例外资本工具;剔除创新混合债券工具
二级资本	二级资本	满足二级资本的标准工具	一般准备金不得超过标准法下信用风险加
		贷款损失准备金	权资产的 1.25%

《巴塞尔协议Ⅲ》按照吸收损失能力的强弱将资本分为一级资本和二级资本,取消了原来专门用于抵御市场风险的三级资本。一级资本吸收损失的能力最强,能够无条件地在持续经营的条件下吸收损失。一级资本又可细分为核心一级资本与其他一级资本,其中核心一级资本的主要成分必须是普通股,包括留存收益,所以核心一级资本又称为普通股权益资本。其他一级资本在定义上也较为严格,须符合发行并实缴、永久性的、受偿次序上次于存款人与债权人、发行至少五年后方可赎回等条件,保证了持续经营条件下吸收损失功能的发挥,也保证了一级资本的完整性。

二级资本主要在银行破产清算中起着保护存款人和债权人的作用,所以又被称为停止经营资本。二级资本主要基于"事后"考虑,即体现在清偿顺序的次级性上,将债务工具限定在发行期限在五年以上的不带有分红性质的次级债券上。

为了避免再次出现次贷危机中发生的资本质量低下、数量高估的现象,《巴塞尔协议Ⅲ》严格资本扣减,明确规定将商誉、现金流套期储备、递延所得税资产、与资产证券化销售相关的收益、预期损失准备金缺口、自身信用风险变化所导致的金融负债公允价值变化带来的累计收益和损失、固定收益类的养老金资产及负债、库存股八项扣除。

反思资本在"量"上的界定

《巴塞尔协议Ⅲ》中资本在"量"上的规定主要体现在对风险资产和资本充足率的规定上。例如在风险权重上,《巴塞尔协议Ⅲ》重新划分了资产类别,修订调整了银行类债权、公司类债权、零售债权等资产类别的风险权重,新设立了房地产类债权,修订了表外业务信用转换系数和信用风险缓释框架,内容更加细致复杂。

《巴塞尔协议Ⅲ》大幅度地提高了资本充足率要求,其中核心一级资本充足率由《巴塞尔协议Ⅱ》的2%提高到4.5%,新增的留存超额资本缓冲为风险资产的2.5%,且全部是普通股权益资本,因此新框架的普通股权益充足率需达到7%;一级资本充足率也由4%提高到监管要求的8.5%,总的资本充足率由原先的8%提高到监管要求的10.5%，宏观层面上逆周期超额资本计提的幅度为0～2.5%，对系统重要性银行还要求不少于1%的附加资本。由此可见，《巴塞尔协议Ⅲ》对资本的要求在"质"与"量"上都有很大的加强与提高。

表4－4　　　　　　　《巴塞尔协议Ⅲ》的资本充足率框架

占风险加权资产的比率	资本要求							附加宏观层面资本覆盖
	核心一级资本			一级资本		总资本		逆周期超额资本缓冲
	最低要求	留存缓冲	监管要求	最低要求	监管要求	最低要求	监管要求	幅度
《巴塞尔协议Ⅱ》	2%			4%		8%		
《巴塞尔协议Ⅲ》	4.5%	2.5%	7%	6%	8.5%	8%	10.5%	1%～2.5%

杠杆率作为资本充足率的补充。次贷危机中一个重要的特征是银行体系表内外过度杠杆化经营。在危机发生的时候，银行被迫降低杠杆率，资产价格的波幅、经济局势的震荡在去杠杆化的过程中被放大。因此，《巴塞尔协议Ⅲ》引入了杠杆率作为资本充足率的有效补充，并在数量上规定最低杠杆率为3%。

宏观审慎监管。次贷危机的多米诺骨牌效应导致了危机的迅速传播以及纵深范围的更大波及。当危机的浪潮退去时，宏观审慎监管的理念被提到了前所未有的高度，《巴塞尔协议Ⅲ》对宏观层面的框架进行了修订，提出了大胆、富有创造性的改革措施。

《巴塞尔协议Ⅲ》首次提倡建立资本缓冲来进行审慎管理。资本缓冲包括留存超额资本缓冲和逆周期超额资本缓冲。巴塞尔委员会设计的留存超额资本缓冲为风险加权资产的2.5%，应由核心一级资本满足，并建立在最低资本之上。当银行的资本充足率越是接近监管要求时，股份回购、分发红利等受到的限制也将越大。表4－5为《巴塞尔协议Ⅲ》中规定的单个银行不同的核心一级资本充足率所对应的收益留存比率。

表 4 - 5   单个银行最低资本留存标准

核心一级资本充足率	最低资本留存比率
4.5%~5.125%	100%
5.125%~5.75%	80%
5.75%~6.375%	60%
6.375%~7%	40%
大于7%	0

提出了逆周期超额资本缓冲。为缓解银行的顺周期性对实体经济震荡的加剧效应，巴塞尔委员会从宏观层面提出了逆周期超额资本缓冲。逆周期超额资本缓冲由普通股和其他能够完全吸收损失的资本构成，提取的比例为0~2.5%。同时，银行结合其自身的风险暴露情况，设定特定的逆周期超额资本缓冲。

提出了系统重要性银行的附加资本要求。为解决大型金融机构因"大而不倒"产生的系统性风险和道德风险，《巴塞尔协议Ⅲ》中规定了系统重要性银行的附加资本要求，附加资本不少于风险加权资产的1%。

建立流动性监管框架。《巴塞尔协议Ⅲ》的《流动性风险计量标准和国际框架》提出了加强流动性风险管理中两个衡量流动性风险的新指标：流动性覆盖率和净稳定资金比率。前者的核心思想是：在压力环境下，银行的流动性要能够至少坚持30天；而后者反映银行资产与负债的匹配程度，是流动性覆盖率指标的补充，鼓励银行减少短期融资的期限错配，增加长期稳定资金来源，增强流动性风险管理能力。

《巴塞尔协议Ⅲ》对商业银行的资本管理提出了更高要求，宏观的资本充足率和微观的流动性指标监管齐头并进。监管由单一资本监管转向以资本为核心的多维度监管。金融危机前的银行监管标准，主要以资本充足为主，在金融危机中暴露出很多弊端和不足。例如，资本工具吸损能力不足，对于流动性风险的约束不足，单一资本监管指标不能全面满足金融体系稳健监管的需求。针对这些问题，自2010年《巴塞尔协议Ⅲ》发布开始，监管改革框架逐步转向多维度监管。除了资本比率，还引入了杠杆率、流动性覆盖比率和净稳定融资比率等流动性标准，同时，监管压力测试也在扮演着越来越重要的角色。

对三大风险的实施标准更趋严格。信用风险内部评级法实施标准趋于严格。针对《巴塞尔协议Ⅱ》中信用风险内部评级法的计量规则较为复杂导致参数估计过程和结果透明度不高的情况，巴塞尔委员会进行了研究分析和定量测算，在兼顾风险敏感性的前提下，对内部评级法进行了适当简化，从而改善了内部评级法的可比性和适用性。具体而言，主要是针对低违约组合取消了内部评级高级法；同时，通过设定参数底线、强化建模标准以及更细致的披露模板等，来增强内部评级法的可比性及计算结果的可靠性，旨在进一步提升内部评级法的有效性，以在风险敏感性、可比性和简单性之间取得更好的平衡。

市场风险框架资本要求大幅提升且达标要求趋于严格。虽然市场风险的框架仍旧沿用标准法和内部模型法两套体系，但具体的计量规则和监管标准变化较大，资本要求大幅提高，对银行的信息技术系统要求更高。此外，修订后框架的监管审批更加严格和细致。例如，内部模型法将按交易台（即不同的交易组合）来进行监管核准，只有该组合的风险因子具备建模要求且满足量化检验标准，该类组合才能被允许使用内部模型法计算资本。否则，将一律使用标准法计算监管资本。

操作风险资本要求有所上升，对银行的大额损失更为敏感。根据银监会测算，若某银行的大额损失分别为 10 亿元、20 亿元和 50 亿元时，按新框架计算的资本要求将分别上升 5%、10% 和 21%（业务指标按 5000 亿元计算）。此外，新框架要求使用 10 年历史损失数据来计算调节系数，对资本要求的影响时间拉长。总体来看，操作风险损失对未来监管资本的影响更显著。

提出了宏微观并重的审慎监管要求。次贷危机证实了微观审慎监管方法存在一定程度的缺陷，VaR 等传统模型无法准确估计金融机构小概率事件带来的巨大损失。《巴塞尔协议Ⅲ》的核心内容之一就是确立了宏微观结合的审慎监管体系。该体系的基本理念就是通过设立超额资本缓冲来增强银行吸收不利冲击造成损失的能力，即宏观层面的逆周期资本缓冲要求、中观层面的资本留存缓冲要求以及微观层面的系统重要性银行附加资本要求。在重视提高资本质量的同时要建立起动态可持续的银行资本补充机制，完善和提高资本计量对风险的敏感性，发挥资本在银行管理和监管中的作用，确保银行业持续平稳经营。

《巴塞尔协议Ⅲ》对商业银行风险管理的实操性指导还有待进一步强化：

对于改进全球金融体系结构涉及较少。从历次金融危机来看，其产生的根源多数是因为虚拟经济对实体经济的过度偏离，这种偏离的产生是与当前全球金融体系的结构安排息息相关的，例如银行混业经营、对冲基金体系、结构化复杂衍生品、影子银行等极大地扩张了金融机构和借款人的财务杠杆。当前，《巴塞尔协议Ⅲ》还是主要围绕资本充足率来加强银行体系的监管，对当前金融体系的结构性改善涉及较少。巴塞尔协议应该跳出对资本的要求，向全面风险管理理念过渡。传统的对商业银行、投资银行、保险公司及其他金融机构分割监管，在面对日新月异的金融技术时，会逐渐失去应有的效力。

对系统性风险管理并未提出有效措施。《巴塞尔协议Ⅲ》的一项重要内容就是对系统性风险的管理，包括对系统重要性银行的约束措施。对系统重要性银行的监管会在一定程度上降低银行体系内的相互关联性，但也只是在微观层面的改进，并未触及根本的制度安排。同时《巴塞尔协议Ⅲ》中还未明确系统重要性银行的监管标准和要求，政策工具和框架也处于研究探讨中，监管措施并未做实。

未来金融监管趋势

《巴塞尔协议Ⅲ》监管的逻辑框架仍旧是以资本充足率为核心，只是在《巴塞尔协议Ⅱ》的基础上，规范了资本的标准，提高了资本的要求。从已经取得的改革成果、当前改革进程和下一步改革规划来看，近些年的国际银行监管改革呈现出以下特征和趋势。

大力加强宏观审慎监管和系统性风险防范。次贷危机的经验教训表明，金融监管不仅要关注微观个体金融机构风险，而且要关注宏观整体的金融体系风险。构建微观审慎与宏观审慎相结合的金融监管体系，防范由金融体系受到损害导致大范围金融服务中断造成的系统性风险，成为次贷危机后时代银行业监管的共识。《巴塞尔协议Ⅲ》不仅在微观审慎层面强化了资本和流动性监管标准，而且在宏观审慎层面从时间维度和跨业维度加强了对系统性风险的防范。

全面强化系统重要性金融机构的监管。在次贷危机中，一些大型金融机构的倒闭对全球金融体系和实体经济造成了巨大冲击。当前国际金融监管改革对系统重要性金融机构的监管主要包括：显著提高监管标准。全球系统重要性银行根据其重要性程度被划分为五个组别，组别越高对附加资本要求越高，最低级别要求1%的附加资本。加大监管强度。国际监管改革要求系统重要性银行应建立完善的风险偏好和具备稳健的风险管理文化，并在信息披露的频率、内容和范围上提出更高要求。各国监管当局更加关注系统重要性金融机构，采取更高的现场检查和非现场监督频率，以便及时发现存在的问题，采取相应的应对措施。建立有效的恢复和处置机制。对于系统重要性金融机构，新的国际监管规则明确了有效处置机制的关键要素，并对完善处置工具、制定恢复和处置计划、开展可处置性评估等提出一系列要求，从而把风险尽量控制在机构内部，避免传染到其他机构而引发系统性危机。

寻求兼顾简单、可比和风险敏感性的资本计量规则。《巴塞尔协议Ⅱ》和《巴塞尔协议Ⅲ》鼓励商业银行采用高级计量法计量风险加权资产，并以此为基础确定资本监管要求。虽然在风险评估的敏感性上较《巴塞尔协议Ⅰ》有较大的改善，但由于模型过于复杂，每家银行模型的差异导致PD、LGD、EAD等风险参数不一致，银行之间乃至国家之间的评估结果具有不可比性和实施的不一致性，继而可能引发竞争的不公平。因此，在风险敏感性与简单性、可比性之间寻找一个平衡点是未来监管改革的方向。巴塞尔委员会正在朝着这个方向努力，对风险加权资产的标准法和内部评级法进行改革，注重两者之间的互补，既对原先过于简单的标准法进一步细分资本类别和风险权重，增加风险敏感性，并突出其核心地位；又对原先过于复杂的内部评级法尽可能简化，并设定严格的限制条件和资本底线。

更加重视实施监管评估以促进监管有效性的提升。在完善银行监管国际规则的同时，国际监管改革也非常重视加强对各国实施监管新规则的监测和评估。为确保各成员国按规定的时间表有效实施银行监管新规，巴塞尔委员会建立了监管一致性评估机制，分为三个层次：第一层次是进度层面，即各国是否实施或准备实施相关国际规则；第二层次是制度层面，即国内规则与国际规则是否一致；第三层次是实施层面，如银行资本计量结果是否审慎、是否反映银行资产组合的风险、是否具有国际可比性。为确保规则实施的有效性，并监控各国金融体系的脆弱性，金融稳定理事会也会建立国家评估和专题评估两项机制。

第四节　从 FinTech 到 RegTech

随着互联网、人工智能技术的发展，云计算、自动化、大数据等金融科技风起云涌。这在给金融领域提供了诸多创新和效率提升的同时，也给金融监管当局提出了新的挑战：即如何将"创新侧"和"合规侧"有机结合起来，确保金融科技合规发展。因此，监管科技将成为未来金融领域的一个趋势。

所谓监管科技是指通过科技手段服务监管需求、提高监管效率。在监管科技中，监管科技公司、金融机构及监管机构各司其职，共同打造监管科技生态圈。监管科技的服务领域包括企业风险管理、税务管理、营运风险管理、区块链/比特币、量化分析、投资组合管理、反洗钱、交易监控、合规管理、网络信息安全等方面。

监管科技发展回顾

监管科技在国外起步较早且发展较为成熟，不少国家甚至专设监管机构负责加强监管科技的建设力度。欧美国家是推进监管科技发展的主力军，例如瑞士和荷兰的金融监管当局明确表示鼓励发展监管科技，以此加强合规管理力度并降低金融科技创新的监管成本和潜在风险。英国作为金融科技的先行者，在监管科技领域发展迅猛，值得中国借鉴。英国金融监管当

监管科技：科技服务于监管需求

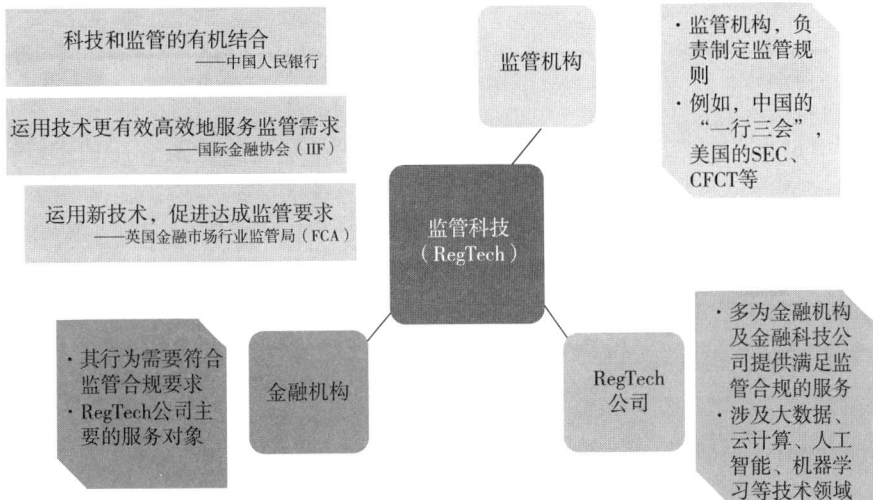

图 4 - 3　监管科技的主要构成

资料来源：根据公开资料整理。

局在近五年中大力推动监管科技行业的发展，使其在全球范围内吸引了大批投资力量（见图 4 - 4）。

美国的监管科技在交易监控、流程自动化、审计、反欺诈等多个领域进行了大量的尝试。在近几年中，市场上涌现出大量的初创公司，发力于各自业务板块。例如，Prevalent 公司致力于解决企业面临的网络黑客威胁问题，作为第三方风险管理公司，为用户提供自动化评估和持续性威胁防控服务，通过风险评估和持续供货商监控解决方案，帮助企业降低黑客威胁造成的损失；Confirmation 公司为客户提供安全高效的电子审计程序，减少财务报表欺诈，采用多种功能进行身份验证和授权，确保每个用户的真实性。

除了美国外，其他地区的监管科技企业也各具特色。葡萄牙的 Feedzai 公司通过机器学习帮助银行和企业发现并预防支付诈骗。爱尔兰的 Aqmetrics 为基金公司、资产管理公司、投资管理公司等提供数据管理、风险评估

里程碑	监管工作与监管机构的新规划布局	告别金管会模式，监管拆分和职责分工	监管创新：RegTech概念浮出水面	RegTech重要性升至国家层面，构造行业积极性	监管层明确自身对RegTech的需求，引爆业内热情	RegTech发展路径明确，商业环境利好
	2012	2013	2014	2015	2016	2017
事件法规	《金融监管新方法：改革蓝图》	《金融服务法案》	金融创新项目	2015年英国政府预算	《解锁监管报告》TechSprint会议	《FCA商业计划》《监管创新计划》
核心概要	·发布《金融监管新方法：改革蓝图》 ·英国的金融监管体制进行全面改革，监管机构的新设、拆分等工作提上议程	·英国监管主体——金融服务监管局（FSA）于2013年拆分为审慎监管局（PRA）和金融行为监管局（FCA） ·两者分别负责审慎监管和行为监管	·明确创新主旨 ·实施"监管沙盒"，在沙盒内检验新技术的实用性 ·机构合作和技术共享，发展并完善监管科技行业	·指定FCA和PRA共同推动监管科技发展 ·金融机构与金融科技参与规范意见征集 ·两年累计收到一百多家企业正式书面反馈	·监管科技公司将法规转为机器可读文本，形成数字化监管报告 ·监管科技公司为英格兰银行和FCA等监管部门提供数据存储和分析工具，并做到随时调取	·监管科技行业发展规划明确 ·监管科技减轻了监管合规成本 ·鼓励监管科技公司进入创新项目（享用监管沙盒环境检验技术），并开展业务

图4-4 英国监管科技的发展历程

资料来源：根据公开资料整理。

和监控、合规工作流程和报告服务等，提供高度整合式的合规与风险管理软件，多项需求一次满足，让客户清楚法规需求，并使遵守相关规定变得更容易。同时，不断改善客户体验，降低营运成本。印度的 Druva 公司致力于云数据保护和管理，且让云服务符合政府合规要求，为客户提供云技术架构管理，包括电子凭证、法律留存、档案等在内的各种数据，通过采集数据到云端防止数据外泄或删除，减少企业因数据外泄或不当删除造成的损失，同时提高生产力和节约成本。

中国监管科技展望

相较于国外的监管科技，中国的监管科技领域起步较晚，与领先国家相比还有较大的进步空间。中国可以利用后发优势，借鉴国外的先进技术和成熟管理经验，结合中国国情，打造一个良好的监管科技生态圈。

2017 年中国人民银行金融科技委员会成立，标志着中国监管科技已步入正轨。该委员会明确声明："强化监管科技应用实践，积极利用大数据、人工智能、云计算等技术丰富金融监管手段，提升跨行业、跨市场交叉性金融风险的甄别、防范和化解能力。"近几年，中国大型科技公司加强与监管机构合作，在这方面也做了相应的尝试。

监管科技的先行者——腾讯公司。腾讯公司近几年连续打造了多组与监管相关的产品条线。例如，鹰眼反欺诈系统，为用户累计挽回 10 亿元损失；神侦资金流查控系统，仅 3 个月就冻结了超过 6.5 亿元的欺诈资金；麒麟伪基站检测系统使区域伪基站案发率下降 70%；神荼网址反诈骗系统使区域网络诈骗案发率日均下降 50% 等。

腾讯公司还构建了腾讯金融安全大数据监管平台。该平台依托腾讯安全反诈骗实验室的灵鲲金融安全系统搭建而成，以微信、QQ 等社交平台以及腾讯安全产品条线等多年沉淀的大数据积累为基础，助力地区性金融监管，防范互联网黑产风险，为金融创新保驾护航。

2017 年底，腾讯先后与北京市金融工作局、深圳市金融办签订合作协议，共同打造地区性的金融安全大数据监管平台，实现对各种金融风险的识别和监测预警，保护金融消费者合法权益，助力地方金融监管，防控金融风险。

2018 年初，腾讯公司发布了"守护者计划"，借大数据监管平台之势，宣告其在监管科技领域的定位："负起社会责任，全面携手公安、工商、银行、运营商、互联网企业及网民。"

强强联合——中国人民银行清算总中心与华为公司签署战略合作协议。2019 年 11 月 4 日，中国人民银行清算总中心与华为公司签署战略合作协议，中国人民银行数字货币研究所还与华为公司签署了关于金融科技研究的合作备忘录。华为早就开始探索区块链领域。2018 年 4 月，华为发布了基于 Hyperledger 的区块链即服务平台——Blockchain Service。2019 年 4 月，华为在其全球金融峰会期间，联合银行解决方案提供商四方精创发布了面向金融行业的分布式开放平台解决方案"Fincube"，旨在帮助各种规模的银行客户更好地迎接"银行 4.0"时代的挑战，降低创新成本、全面优化技术。中国人民银行与华为公司的合作是中国践行监管科技的又一次全新探索。中国监管科技尚处于起步阶段，但监管科技势必将成为未来银行监管的一个重要领域。

第五章　更新理念框架

现代风险管理始于20世纪60年代，随后国际上相继涌现出一批旨在推动风险管理发展的专业组织或行业协会，研究产生了各种各样的风险管理理论和实务操作方法，在风险管理理论和实践中取得巨大成就。巴塞尔委员会（BASEL）和美国反虚假财务报告委员会下属的发起人委员会（COSO）是主导现代风险管理发展方向的最具代表性的国际力量。如果说 BASEL 是站在监管角度对银行风险管理提出底线要求，那么 COSO 则是站在企业管理角度给企业风险管理提出最佳实践标准。在企业内部控制和风险管理理论的演进发展过程中，COSO 具有举足轻重的作用，COSO 发布的报告中蕴含了许多崭新的国际内控和风险管理理念和思想，这些理念和思想从不同角度对全球各国、政府、企业和市场产生广泛影响，得到世界各国监管机构、国际组织和企业的广泛认可与采纳，其中的许多定义、理念、标准被吸收到立法和规则制定中，成为世界各国和众多企业广为接受的标准规范，用于指导企业风险管理实践。在过去的数十年间，随着风险类型的不断变化和风险复杂程度的不断演进，COSO 也与时俱进地数次更新升级了其报告，以进一步满足风险管理实践需求。因此，COSO 报告中的管理理念和思想不仅对过去，而且对现在甚至未来的企业风险管理都有着重要的借鉴意义。

第一节　COSO 报告发展历程

从发展历程看，COSO 的战略重心逐步从内部控制向风险管理拓展延伸，从关注解决财务报告中的舞弊、运营经营的流程控制及法律合规问题扩展到关注企业战略决策、绩效增长，使风险管理承担了更高层次的诉求，更深刻地融入企业经营管理之中。

COSO 的成立

20 世纪 70 年代中期，美国"水门事件"的发生使立法者和监管团体开始对内部控制问题高度重视。1977 年，美国国会通过了《国外腐败实务法案（1977）》，该法案包含要求公司管理层加强会计内部控制的条款。1978 年，美国职业会计协会下属柯恩委员会提出报告，建议公司管理层在披露财务报表时，提交一份关于内控系统的报告以及独立审计师对内控报告提出的审计报告。

1985 年，由美国注册会计师协会（AICPA）、美国会计协会（AAA）、财务经理人协会（FEI）、内部审计师协会（IIA）、管理会计师协会（IMA）联合创建了反虚假财务报告委员会（通常称 Treadway 委员会），旨在探讨财务报告中的舞弊产生的原因，并寻找解决之道。两年后，基于该委员会的建议，其赞助机构成立 COSO（The Committee of Sponsoring Organization of the Treadway Commission），专门研究企业内部控制问题。

提出《内部控制——整合框架》

1992 年 9 月，COSO 经过多年研究，针对公司行政总裁、其他高级执行官、董事、立法部门和监管部门的内部控制进行高度概括，发布《内部控制——整合框架》（Internal Control—Integrated Framework）报告，即通称的 COSO 报告。COSO 报告完整定义了企业内部控制，为公司管理层、董事会和其他人员提供了评价内部控制系统的规则。这些成果马上得到了美国审计署（GAO）的认可，美国注册会计师协会（AICPA）也全面接受其内容并于 1995 年发布了《审计准则公告第 78 号》。由于 COSO 报告提出的内部控制理论和体系集内部控制理论和实践发展之大成，成为现代内部控制最具有权威性的框架，因此在业内备受推崇。该框架作为在美国上市公司内控体系建设的指导框架，不仅得到了美国证监会的认可，而且在全球范围内被广泛采用和推广。该报告是国际内部控制理论发展的重要里程碑。

COSO 报告提出内部控制是由企业董事会、经理阶层和其他员工实施的，为营运的效率效果、财务报告的可靠性、相关法令的遵循性等目标的达成而提供合理保证的过程，有利于促进效率、减少资产损失风险、保证财务报告的可靠性和对法律法规的遵从。报告提出了内部控制五个互相关联的要素：控制环境、风险评估、控制活动、信息及交流和监督，包括如下目标：经营的效率和效果（基本经济目标，包括绩效、利润目标和资源、安全）、财务报告的可靠性（与对外公布的财务报表编制相关，包括中期报告、合并财务报表中选取的数据的可靠性）和符合相应的法律法规。

发布《企业风险管理框架》

COSO《内部控制——整合框架》实施十多年之后，人们在风险管理实践中发现，即使建立了完善的内部控制体系，仍然会出现风险损失案例，因此企业不能仅仅从某项业务、某个部门的角度考虑风险，必须从整合风险管理的角度创造价值并保障企业战略目标的实现。2001 年以来，美国爆发了安然、世通、施乐等公司财务舞弊案，由此促使美国《萨班斯—奥克斯利法案》（Sarbanes Oxley Act）的出台，该法案要求上市公司全面关注风险，加强风险管理。与此同时，COSO 也意识到《内部控制——整合框架》自身存在一些问题，如过分注重财务报告，而没有从企业全局与战略的高度来关注企业风险。正是基于这种内部和外部的双重因素，新框架必须出台以适应发展需求。

COSO 从 2001 年起开始进行全面风险管理的研究，在 2003 年 7 月完成了《企业风险管理框架》（草案）并公开向业界征求意见。2004 年 10 月，COSO 在《内部控制——整合框架》的基础上，结合《萨班斯—奥克斯利法案》在报告方面的要求，同时吸收各方面风险管理研究成果，正式颁布《企业风险管理框架》（Enterprise Risk Management Framework，ERM 2004），该框架拓展了内部控制的范围，更加关注企业全面风险管理这一更为宽泛的领域，将风险管理纳入企业的各种活动之中，并将战略目标引入风险管理。

ERM 2004 拓展了内部控制的框架，将内部控制与企业风险管理相结合，提出了一个更为广泛的风险管理框架。该文件认为企业风险管理是一个由企业的董事会、管理层和员工共同参与，适用于企业战略制定和企业内部各个层次和部门，用于识别可能对企业造成潜在影响的事件，并在企业风险偏好范围内管理风险，从而为企业实现目标提供合理保证的过程。ERM 2004 要求管理者在整个企业范围内，而不是仅仅从某项业务、某个部门角度识别管理风险。

ERM 2004 有三个维度：第一个维度是四个企业目标，包括战略目标、经营目标、报告目标和合规目标；第二个维度是八个全面风险管理要素，包括内部环境、目标设置、事件识别、风险评估、风险应对、控制活动、信息与沟通、监督；第三个维度是四个企业层级，即整个企业、职能部门、业务单元、附属机构。三个维度构成了一个紧密的立方体，风险管理八个要素为企业的四个目标服务，企业四个层级都要坚持同样的四个目标，每个层级都按照八个要素进行风险管理。

相对于 1992 年内部控制报告，ERM 2004 增加了风险组合观念、战略目标、风险管理部门、风险偏好、风险容忍度以及目标制定、事项识别、风险反应等内容，标志着 COSO 报告的范畴由内部控制拓展至全面风险管理。

修订《内部控制——整合框架》

1992 年版《内部控制——整合框架》发布 20 多年后，现代企业面临着信息技术化、全球化、商业运营、公司治理等商业和运营环境的巨大变化。COSO 于 2010 年启动对 1992 年版内部控制框架修订的项目，于 2011 年 12 月发布征求意见稿，于 2013 年 5 月正式发布 2013 年版内部控制框架。

2013 年版内部控制框架是 1992 年版的升级版，2013 年版框架保留了内部控制的核心定义及五个要素，将原框架中的基本概念性内容演变为具体原则，扩大了财务报告的目标类别和报告范围，将财务报告以外的其他外部报告，包括非财务报告和内部报告，都纳入了框架范围。它对各类组织完善和提升其内部控制的效率和效果产生重要作用，帮助企业更好地进行经营决策和组织治理。

发布《企业风险管理——融入战略和绩效》

在 2004 年版《企业风险管理框架》（ERM 2004）实施十多年时间内，经济化、信息化、全球化浪潮已经席卷全世界，新的风险也层出不穷。利益相关方更加关心风险管理对企业价值的创造，尤其是在战略的制定和执行中风险管理价值的体现以及如何增强风险管理和企业绩效之间的协同关系等问题。2008 年国际金融危机后，COSO 也意识到更新风险管理框架的必要性，从 2014 年开始着手对 ERM 框架进行更新，并于 2016 年 5 月发布征求意见稿。征求意见稿对原有框架进行了大刀阔斧的改革，最新版《企业风险管理——融入战略和绩效》（ERM 2017）最终于 2017 年 9 月正式发布。

第二节　ERM 2017 重塑风险管理理念框架

ERM 2017 相比十多年前的 ERM 2004，有了颠覆性的变化，为基于风险视角的企业管理理念提供了系统、科学的理论支撑，有望成为下一代全球企业管理理念变革的推动器。

ERM 2017 的主要理念变化

将"风险"定义为影响企业目标实现的可能性。ERM 2017 将风险定义为：事项发生并影响战略和商业目标实现的可能性。

与 ERM 2004 只强调"风险是带来负面影响的事项"不同，ERM 2017 将风险的内涵扩大到对"正面"和"负面"影响兼顾，同时定义了"事项"是一个事项或一组事项，强调了风险不是一个单维度的影响，需要从多维度、组合的层面来看风险。企业组织通过考虑所有合理的可能性（包括风险的积极和消极方面），可以识别组织当前和未来的机会以及与机会相关的风险挑战，运用风险管理增加积极成果和优势，同时减少负面意外和相关成本损失。COSO 对风险影响的双面性的强调，是近年来企业组织对风险管理认知逐渐全面和深刻的写照。

将"企业风险管理"定义为一种文化、能力和实践。ERM 2017 将企业风险管理定义为：组织在创造、保持和实现价值的过程中，结合战略制定和执行，赖以进行管理风险的文化、能力和实践。这与 ERM 2004 将风险管理工作视为"一个流程、程序"相比，有了颠覆性的变化。

ERM 2017 对企业风险管理定义的变化，反映了风险管理不是一个孤立的体系，不能独立于企业管理体系之外，它不再是企业内的一个单独的功能或部门，而是将文化、能力和实践整合应用于企业，促进企业风险管理与业务活动和流程相结合，从而支持改进企业决策并提高绩效。这种变化是一种进步，从企业管理活动的实际出发，将风险管理工作从独立的视角向整合的视角重新定位。

重新检视了风险管理文化的角色。ERM 2017 最突出的变化之一，是强调了文化在整个企业风险管理工作中的重要性。ERM 2017 提出，建立一个所有员工都接受的企业文化，对于企业抓住机遇和管理风险以实现战略和业务目标至关重要。文化包含道德价值观、理想行为以及对主体风险的理解。在风险治理背景下，风险管理文化为风险识别和评估营造了一个大环境。风险管理文化影响着组织战略的选择和执行、组织员工的决策和行动，以及组织员工识别、评价和应对风险的方式。ERM 2017 采用了风险光谱来描述风险管理文化对战略业务的影响——风险激进的组织更倾向于接受追求战略和业务目标时所需承担的不同类型和更大数量的风险。

风险厌恶　　　　风险中性　　　　风险激进

图 5 - 1　风险光谱图

资料来源：The Committee of Sponsoring Organization of the Treadway Commission（COSO）. Enterprise Risk Management—Integrating with Strategy and Performance Executive Summary.

从"控制体系"发展为"管理体系"。ERM 2004 虽然较 1992 年 COSO 报告拓展了内部控制框架范畴，将内部控制和风险管理相结合，但 ERM 2004 仍然是在 COSO 内部控制报告基础上的升级和扩充，风险管理与内部控制的重合度非常高，这导致了近年来企业在风险管理实践中对内部控制和风险管理概念和界限的混淆。

ERM 2017 澄清了对风险管理和内部控制关系的误解，认为企业风险管理远不止内部控制，还涉及其他主题，如战略制定、企业治理、与利益关联方的沟通、绩效评估等。风险管理的原则适用于组织的各个层面、贯穿企业各项职能。就像 ERM 2017 将企业风险管理定义为一种文化和能力一样，风险管理是存在于组织和员工意识范畴、贯穿于业务流程、对战略绩效发挥作用的管理机制。

正是由于对风险和风险管理相关理念进行了重新界定，ERM 2017 相较ERM 2004 来说，风险管理由"控制体系"变成了一个真正融入企业管理的"管理体系"，如图 5 - 2 所示。

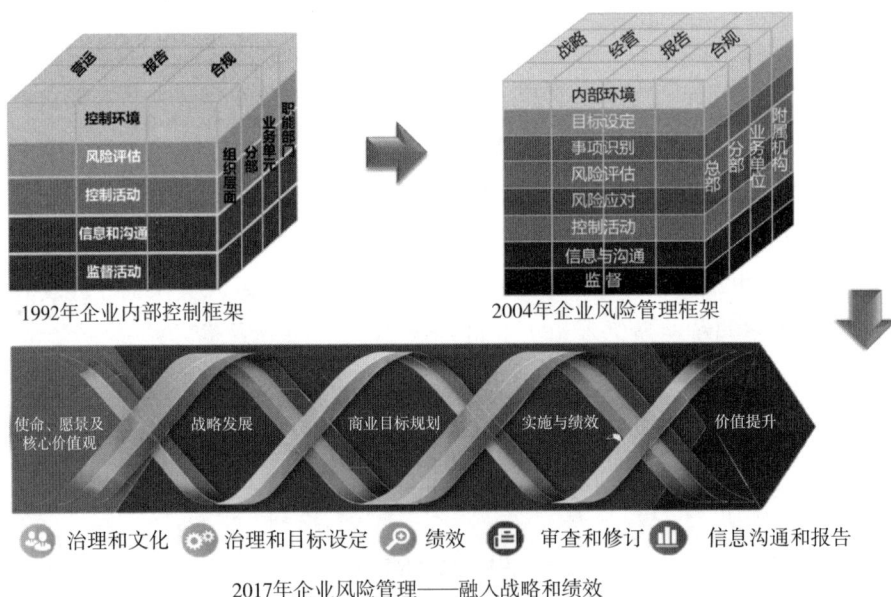

1992年企业内部控制框架　　2004年企业风险管理框架

2017年企业风险管理——融入战略和绩效

图 5 - 2　由"内部控制"到"风险管理"

资料来源：根据 The Committee of Sponsoring Organization of the Treadway Commission（COSO）发布的各项报告整理。

ERM 2017 用价值创造链条描述风险管理要素与企业使命、愿景和核心价值观的关系，以及如何通过战略制定和具体的业务目标影响企业绩效，认为风险管理不仅仅是组织的一个额外或单独的活动，而是要从企业使命、愿景和核心价值出发，嵌入企业管理活动和核心价值链，提升企业的价值和业绩。ERM 2017 实际上为企业管理提出了基于风险管理导向的管理理念，这种理念将成为主流并渗透到企业管理的各个方面。

强调风险管理和企业价值之间的紧密关联。根据 ERM 2017 的定义，实施风险管理的工作目标是为股东和利益相关方创造、保持和实现价值。实施风险管理并不是为了满足监管和合规要求，而是要从企业使命、愿景和核心价值出发，将风险管理定位为提升企业的价值和绩效的手段，强调将其嵌入企业管理业务活动和核心价值链，满足企业更高层次的需求。

这种理念突出了风险管理不是侧重在防止对企业价值的侵蚀和降低负面风险，而是应被视为战略设定和抓住机遇、创造和保持组织价值不可或缺的一部分，是动态管理组织整个价值链的一环。风险和价值之间的紧密关联，有利于风险管理帮助企业实现战略和绩效目标。

指出了风险管理应贯穿于战略制定、选择和执行的始终。COSO 在此次修订中将报告的标题更新为《企业风险管理——融入战略和绩效》，强调了风险和战略、绩效之间的协同关系。

ERM 2017 介绍了企业风险管理与战略之间的关系：战略是组织实现其使命、愿景并应用其核心价值观的计划。战略的制定可能会出现与组织使命、愿景及核心价值观不相匹配的情况、与业务目标不匹配的可能性。组织制定了一个具体战略后，同时承担了其对应的潜在风险，以及战略实施过程中固有的风险。

ERM 2017 认为企业风险管理不会创建组织的战略，但是会影响战略的发展。风险管理可以帮助组织避免战略偏差，确保其选择的战略有助于董事会层面实现既定的使命和愿景。通过评估所选战略如何影响主体的风险状况，可以揭示组织可能面临的风险类型和数量，帮助企业进行战略选择。因此，企业风险管理应与战略制定相结合，是实现战略和业务目标不可或缺的部分。风险管理应融入企业战略制定、选择和执行过程中。从企业使命、愿景和核心价值观出发，通过将战略和业务目标更紧密地与风险管理协同，有助于提升企业绩效（如图5-3所示）。

图5-3 企业风险管理与战略绩效

资料来源：The Committee of Sponsoring Organization of the Treadway Commission（COSO）. Enterprise Risk Management—Integrating with Strategy and Performance Executive Summary.

ERM 2017提出，当前企业风险管理应当与企业总体战略相整合，不仅要支持战略执行过程中的风险管理，而且在企业战略的计划阶段，就需要考虑战略不符合企业使命、愿景及核心价值观的可能性，并充分揭示已有战略的风险，积极应对执行战略、实现绩效目标过程中的风险。

增加企业风险管理和绩效的协同。就像ERM 2017标题所表达的那样，新框架强调了风险与绩效的协同关系，认为风险管理应成为设定商业绩效目标、实现绩效的一部分。

ERM 2017认为企业风险管理应增强识别影响绩效实现风险的能力，评估这些风险如何影响绩效目标的实现。通过明确计量不同绩效目标所需承担的风险量，对比组织承担的风险量与风险偏好的差距，协助组织更好地识别和发现业务发展机遇。ERM 2017通过"风险绩效曲线"对风险与绩效的关联关系给出了图形化的解释（如图5-4所示）。

横轴表示绩效（Performance），纵轴表示风险（Risk），曲线绘制了不同绩效目标下需承担的风险概况。竖线是目标线，指的是绩效目标设定的大小，绩效目标是根据风险偏好和所选策略确定的。横线表示的是主体的风险偏好，包含对风险类型和风险量的描述。虚线代表"可接受的绩效波

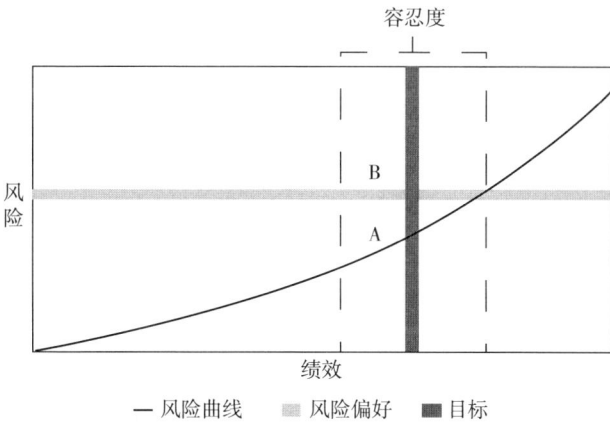

图 5 - 4 风险绩效曲线

资料来源：The Committee of Sponsoring Organization of the Treadway Commission（COSO）. Enterprise Risk Management—Integrating with Strategy and Performance Executive Summary.

动范围"，其与横轴的两个交点之间的距离则代表不同的绩效值。

风险绩效曲线说明了可接受的风险量和风险偏好之间的距离。越激进的企业，绩效目标和风险曲线的交点（A）与绩效目标和风险偏好的交点（B）之间的距离越小。

风险绩效曲线是 ERM 2017 的创新，它所表达的风险与绩效的关联关系，涵盖了战略和业务目标、绩效目标和可接受的浮动范围、风险承受能力和风险偏好、风险对达成战略和业务目标的影响程度等。它成功地将风险、风险偏好、绩效、目标绩效、绩效偏差等概念的关系综合地展现出来。

ERM 2017 的管理要素和原则

在框架展现方式上，ERM 2017 采用了国际文件惯用的要素加原则结构，包括五个风险管理要素和 20 条原则。这些要素和原则为企业评判风险管理是否有效提供了标准和依据。

ERM 2017 第一要素：治理和文化。主要包含五项原则：（1）实现董事会对风险的监督。董事会对主体的风险监督负有首要责任，明确董事会和

治理和文化	战略和目标设定	绩效	审查和修订	信息沟通和报告
1. 实现董事会对风险的监督 2. 建立运作模式 3. 定义所需的组织文化 4. 展示对核心价值的承诺 5. 吸引、培养并留住优秀人才	6. 分析业务环境 7. 定义风险偏好 8. 评估替代战略 9. 制定业务目标	10. 识别风险 11. 评估风险 12. 风险排序 13. 实施风险应对 14. 建立风险组合观	15. 评估重大变化 16. 审查风险和绩效 17. 改进企业风险管理	18. 利用信息和技术 19. 沟通风险信息 20. 报告风险、文化和绩效

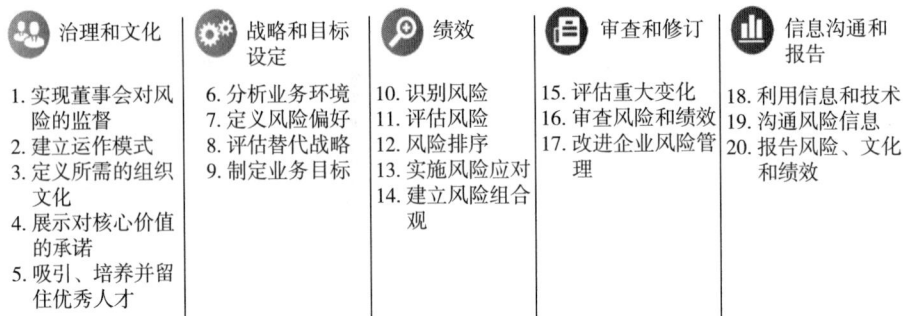

图 5 - 5 ERM 2017 五个要素和 20 条原则

资料来源：The Committee of Sponsoring Organization of the Treadway Commission (COSO). Enterprise Risk Management—Integrating with Strategy and Performance Executive Summary.

管理层对风险治理的责任分配。董事会要提出风险治理的整体战略和独立视角，并将风险管理的日常责任交给管理层或特定的委员会。（2）建立运作模式。在明确的责任分配下，组织应建立完整的运营模式和汇报体系，并随着组织的发展需要作出相应调整。（3）定义所需的组织文化。董事会和管理层要通过定义其期望的行为来将组织核心价值和对风险的态度具体化，建立一个所有员工都接受的企业文化。（4）展示对核心价值的承诺。组织应制定基调，建立员工行为准则并对偏离准则的行为作出回应。（5）吸引、培养并留住优秀人才。致力于培育与战略和业务目标相适应的风险人力资源。

ERM 2017 第一要素由 ERM 2004 的"内部环境"变为"治理和文化"，强调了公司的治理结构和文化氛围对风险管理的重要性。风险治理和文化组成了 ERM 2017 所有其他部分的基础，是整个企业风险管理工作最顶层的设计、总的原则和定位。公司治理机制从根本上确定了企业风险管理的基调，负有风险管理计划、实施和监督的重要责任，是企业风险管理工作能否顺利开展和取得预期成效的重要支撑，也促进了股东方、董事会与高级管理层对企业风险和业绩水平达成一致的期望目标。企业风险管理文化是企业在经营管理活动中逐步形成的风险管理理念、偏好和价值观，并且体现于经营决策的过程中。

ERM 2017 第二要素：战略和目标设定。主要包含四项原则：（1）分析业务环境。组织应考虑业务环境对风险状况的潜在影响。（2）定义风险偏好。组织应在创造、维护和实现价值的背景下定义风险偏好。（3）评估替代战略。组织应评估替代战略，并对其潜在影响进行风险预测。（4）制定业务目标。组织在确定协调和支持战略的各个层次业务目标时应同时考虑风险。

第二个要素由 ERM 2004 的"目标设定"变为"战略和目标设定"，增添了对战略的考量。ERM 2017 强调在战略规划过程中企业风险管理、战略和目标设定共同发挥作用，在战略和业务目标制定过程中考虑风险。企业风险偏好的确定应与战略保持一致，将战略作为识别、评估和应对风险的基础。

ERM 2017 第三要素：绩效。主要包含五项原则：（1）识别风险。识别影响战略和业务目标实施的风险。（2）评估风险。评估风险的严重程度。（3）风险排序。结合企业的风险偏好，对风险按照其严重程度划分优先次序，作为制定风险应对措施的基础。（4）实施风险应对。选择并实施风险应对措施。（5）建立风险组合观。开发和评估风险组合视图。

第三个要素包含 ERM 2004 中对风险的识别、评估和应对，并在此基础之上提出了区分风险优先次序和建立风险组合观。ERM 2017 建议组织在将风险进行排序的前提下执行风险应对，用组合、整体的观点去评价风险。将组织作为一个整体去衡量实现绩效目标所需要承受的风险，而不是将其视为一个个单独、分散的风险来考量。

ERM 2017 第四要素：审查和修订。主要包含三项原则：（1）评估重大变化。识别并评估可能严重影响战略和业务目标的风险变化。（2）审查风险和绩效。审视组织经营绩效和风险管理成效。（3）改进企业风险管理。组织应追求企业风险管理的不断完善。

ERM 2017 的第四个要素认为组织应该识别和评估可能对组织实现战略目标有重大影响的风险，在考虑风险的基础上审阅自身绩效，不断追求风险管理的改进。

ERM 2017 第五要素：信息沟通和报告。主要包含三项原则：（1）利用信息和技术。组织应该应用分类学来管理企业风险管理的相关信息，基于组织的规模大小、复杂程度将风险进行细分。管理层要依据内外部环境及时维护信息系统并作出调整。（2）沟通风险信息。运用沟通交流的渠道和机制支持企业风险管理。（3）报告风险、文化和绩效。在各个层级建立对风险、文化和绩效的报告机制。

与 ERM 2004 相比，ERM 2017 的第五个要素增加了组织应该升级信息系统，并利用信息技术支持企业的风险管理的建议，强调了运用数字化、信息技术对企业风险管理的重要性，同时要求组织在整体的不同层次中对风险、文化和绩效进行报告，报告的内容也体现了风险与战略绩效的协同。

ERM 2017 的关键词

从 ERM 2017 框架理念、要素和原则的变化来看，ERM 2017 的主要特点可以归纳为三个关键词：融入、贯穿、去风险化。

融入：ERM 2017 命名为《企业风险管理——融入战略和绩效》（*Enterprise Risk Management—Integrating with Strategy and Performance*），其中"Integrating"意为整合、集成、融为一体。从 COSO 对新框架的命名来看，ERM 2017 认为企业风险管理工作和企业战略与绩效是一个有机的、密不可分的整体，强调了从战略设置和绩效驱动两个方面考虑风险的重要性。这也与 ERM 2017 对企业风险管理的重新定义保持一致，即风险管理从一个看似单独的工作或流程发展到与企业战略和绩效相协同，真正融入企业管理工作中。

贯穿：ERM 2017 取消了原有的立方体模型，使用更加清晰的价值创造链条来阐述要素与企业使命、愿景及核心价值观的关系，以及它们如何通过战略制定和具体实施来影响企业绩效。强调了企业风险管理需要融入企业价值创造的整个过程，即在企业使命、愿景和核心价值观的初始阶段，战略及业务目标的执行阶段以及实施与绩效的提高阶段，都需要充分发挥风险管理的功能。

去风险化：ERM 2017 五要素不再一味强调风险视角下的企业治理及管

图5-6　ERM 2017企业风险管理框架

资料来源：The Committee of Sponsoring Organization of the Treadway Commission（COSO）. Enterprise Risk Management—Integrating with Strategy and Performance Executive Summary.

理要素，而是强调应该"跳出风险看风险"，直接从企业治理和管理的角度嵌入风险管理内容，提出从企业管理视角开展风险管理，使风险管理不再是一项额外或单独的活动，而是融入组织战略和运营当中的有机部分，实现了风险管理工作由"形"控向"神"入方向的转变，为风险管理工作真正融入治理与管理打下了基础。

第三节　ERM 2017 带来的启示

　　管理是一种实践，其本质不在于"知"，而在于"行"；其验证不在于"逻辑"，而在于"成果"；其唯一权威就是成就。

——彼得·德鲁克，管理学大师

　　我们对COSO风险管理理论的学习和研究，是为了将这种对风险管理的理解付诸实施，为未来银行各个层级的决策提供支持并且减少组织上的偏离。ERM 2017将风险管理定义为"一种文化、能力和实践"，强调了风险管理文化的重要性，以及风险与战略、绩效的协同，突出了风险管理的价值创造。未来银行风险管理可以遵循COSO给出的最佳风险管理实践标准，参照ERM 2017的五要素及20项原则，从文化、能力和实践三个方面着手，着重突出"融入、贯穿、去风险化"三个关键词，构建未来银行全面风险管理体系。

重点培育风险管理文化

ERM 2017 将风险管理第一要素体现在了文化上，可见在企业层面，风险管理文化这种"上层建筑"对于企业风险管理的重要性。未来银行风险管理首先应搭建好企业意识、文化层面的上层建筑。

发挥风险管理文化对组织战略绩效的重要作用。企业文化反映了企业的核心价值观，影响着组织的决策和员工的行动。具有风险管理文化意识的组织强调管理风险的重要性。风险管理文化约束管理层言行一致，切实履行风险管理的职责。风险管理文化支持组织战略和绩效目标实现，鼓励员工识别风险并及时传递风险信息，影响企业全体员工的行为标准，对基层员工参与并维护风险管理体系起到积极的引导作用。在风险面前，人人都是一道防火墙，企业的制度流程不可能没有缺陷和漏洞，如果全员具备风险意识文化，能主动地进行风险管理，是对制度流程缺陷和漏洞最好的补缺方式。

确立与企业核心价值观、战略和绩效保持一致的风险管理文化。作为企业文化的组成部分，风险管理文化是组织的核心价值观和对风险态度的具体化，它影响企业建立经营的边界和战略，包括如何识别风险、接受的风险类型以及风险管理方式。一个充分理解自身使命和愿景的组织可以制定出反映其自身风险状况的战略。

同时，商业银行的风险管理文化应与企业战略和绩效目标融合，不应是片面地规避风险或激进地追求绩效。一方面，战略导向和绩效目标设定应充分体现风险文化所蕴含的企业核心价值观，战略导向和绩效目标的设定与实施应充分考虑风险因素，不盲目背离企业愿景和核心价值观。另一方面，应强调风险的价值创造属性。商业银行必须主动"经营"风险，将风险管理从单个部门职能的理念转变为一种体现经营能力的文化理念，从"成本中心"的固有印象转变为"价值发现和创造中心"的精准定位。风险管理必须由被动控制转向主动管理，甚至是建立以风险管理水平为核心驱动的发展模式。这也是商业银行实现差异化发展、塑造核心竞争力的必要基础。

推动风险管理文化充分融入全员意识行为和企业战略绩效。对商业银行来说，风险管理文化应是融入企业组织和员工的一种意识认同和价值观。当企业风险管理形成一种无需警示、提醒，而是全员潜意识的自觉行为时，风险管理才能真正实现融入企业战略和绩效。

培育风险管理文化需要自上而下、覆盖全员地推动和自下而上地反馈与重检。风险管理文化要由董事会和高级管理层来塑造和推动，董事会和高管层应强化企业风险管理的重要性并确定相应的监督责任，通过制定战略计划、风险偏好、激励和监督制度、工作机制等方式遵循、贯通、体现风险管理文化理念。董事会和高管层首先应切实履行好自身的风险管理领导和监督责任，率先垂范，并充分参与到风险管理活动中。管理层要加强对组织面临的风险进行公开诚实讨论，不把风险视为负面因素，推动组织各层级理解风险管理对于实现战略和业务目标的重要性。

风险管理文化的传导要覆盖各层级机构、各岗位人员。风险管理的理念和意识应该渗透到企业管理的方方面面，鼓励透明、及时地传递风险信息。企业内部每个层级的人都对风险管理负有相应的责任。企业应努力实现风险管理理念全员认同、风险管理全员参与、风险管理责任全员共担。

ERM 2017 认为，组织应展现对核心价值的承诺，即应对偏离风险管理文化和员工行为准则的行为进行纠正。未来银行要强化整个组织的问责机制，确保各层级个体在风险管理方面职责明确并遵守行为准则，对偏离核心价值观的行为应采取规范措施。

最后，风险管理文化的执行情况应从基层自下而上地进行反馈，进而评估企业风险管理文化与战略和绩效的协同性，根据企业战略的调整与时俱进地进行重检和完善风险管理文化。

全面提升风险管理能力

根据 ERM 2017 对风险管理能力的定义，未来银行应集成以下风险管理能力：管理层对风险作出迅速响应、具有相关经验能力的人员、企业具有技术资源、对技术和风险管理工具进行必要投资以实现支持决策。未来银行需要从风险治理、风险管理人员、风险管理实现路径和风险管理技术几个方面来实现以上能力的整合。

构建职责明确、反应敏捷的商业银行风险治理架构。按照风险管理融入企业管理的要求，银行风险治理架构应体现三个原则：风险管理贯穿整个业务流程、覆盖所有风险、对风险响应敏捷。

明确组织各层面的风险管理职责。ERM 2017 重视完善风险治理，将治理体现在第一要素中，将董事会对风险的监督和建立运营模式列为前两项原则，强调了风险治理机制的基础性作用，明确了董事会和管理层对风险治理的责任分配。

董事会对风险监督负有首要责任，应提出风险治理的整体战略和独立视角。对处于快速转型与高速创新期的中国银行业来说，董事会与管理层协同至关重要。从公司治理分权制衡的角度来看，董事长和高管团队应该明确分工，两者的默契程度和分工协作效率是保证组织健康发展的关键。商业银行的董事会承担风险管理的最终责任，提出银行风险战略、风险偏好与风险策略，由风险管理专门委员会负责具体实施，董事会通过风险监督来支持管理层实现战略和业务目标。

在职能部门层面，结合 ERM 2017 关于风险管理融入企业管理的定义，未来银行要完善"三道防线"的职责划分。原来风险管理专职部门组成了银行风险管理的第二道防线，现在要将第二道防线的范围扩展到所有业务经营的支持部门。所有可以协助一线业务经营部门进行风险管理的部门都应该是风险管理的第二道防线，这正符合了从企业管理活动的实际出发，将风险管理工作从独立视角向整合视角转变的重新定位。

在运营模式方面，ERM 2017 提出，在明确责任分配下，组织应该建立完整的运营模式和汇报体系。符合 ERM 2017 对风险管理定义的运营架构，应是能保障风险管理充分融入管理决策的各个流程环节，各责任层面各司其职、相互协作与制衡，风险共享、报告流畅，风险响应迅速敏捷。

目前国内大多数商业银行已在董事会、高管层下设专门委员会来负责风险的日常管理，明确了各类风险的管理部门，但仍然存在风险管理效率低下、风险识别预警响应不迅速、风险共享不充分、风险管理未嵌入业务流程、各部门协同性差等问题。这要求银行在未来发展中对风险治理架构和风险运营模式进行完善，从架构上更好地保障风险管理的实施。

商业银行应通过明确责任、岗位制衡、规定动作、制定汇报路线等方式，探索采用模块化、集约化、自动化管理模式来提升风险管理的效率和敏捷性，使风险管理成为银行内部底层的、可复用的能力，实现全员风险主动探知与管理。

提升风险管理人员的专业能力。ERM 2017 第五项原则提出了"吸引、发展并留住优秀的个体"，认为组织要致力于培育与战略和业务目标相适应的人力资源，并在不同层面建立人力资源管理体系来吸引、培训、指导人才，评价和留住人才。这也是 ERM 2017 突出公司治理和企业管理视角的体现。

未来银行风险管理转型成功与否的关键在于风险管理人才的培养和管理。国内商业银行亟需提升风险管理人员，尤其是总行以下层级机构风险管理人员的专业能力。当前基层机构风险管理人员专业能力无法与全面风险管理体系、风险管理的数字化转型要求相匹配。商业银行需要加强人力资本建设，提升风险管理队伍的专业性。

未来银行应致力于根据战略和业务目标建立人力资本，建立培育风险管理人员队伍的机制流程：即从选拔风险管理人员、加强风险管理能力培训、评估风险管理人员能力、制定激励机制等方面加强风险管理专业队伍的建设。

建立与战略绩效同频共振的风险管理实现路径。ERM 2017 第三要素"绩效"，是对风险识别、评估、反应活动要素的整合，明确了完整的风险管理执行路径，强调了区分风险优先次序和建立风险组合观的原则，以保障战略和绩效目标的执行。

目前国内主要商业银行已初步建立了全面风险管理体系，但风险管理的程序仍然是按照贷前、贷中、贷后的职责来分类，未建立从风险识别、评估、反应、排序到风险处置的闭环式风险管理流程和机制。尤其存在风险管理机制融入业务流程不够紧密、风险反应滞后、风险管理被动、风险管理机控能力较差等问题。风险排序和风险组合观更是运用不充分，造成了风险管理和战略、绩效协同发展不足。如基层机构在面对风险、战略和绩效的选择时，经常存在"战略业务要求"、"风险最小化"、"收益最大化"之间的平衡难以把握的问题。通常情况是为了业务增长选择忽略风险控制，或者是为了风险控制而丧失业务机会，再或者是为了战略要求而牺牲绩效回报。

未来银行在风险管理流程设置和机制建设方面，要深化风险管理机制融入业务流程环节，建立风险识别、评估、反应、排序到风险处置的风险管理全流程管理闭环，提升机控能力，实现风险响应与战略绩效同频共振，而不是事后控制。

要从银行战略设计的源头加入风险考量，强化从企业的整体角度考虑风险，加强风险排序和组合风险管理，为战略决策提供最科学的依据，为业务经营提供最优的客户和产品选择方案，提升风险与战略和绩效的协同性，突出风险管理的价值体现。

为风险管理注入科技能量。高科技系统支撑下的风险数据收集和分析能力已成为银行风险管理的"必要条件"而非"充分条件"。ERM 2017 第18 个原则要求组织利用主体的信息和技术来支持企业的风险管理。ERM 2017 还对数据处理的能力、人工智能和自动化等因素对未来银行的影响趋势进行了展望，强调了信息技术、数字化、人工智能等技术对风险管理的重要性。

未来银行风险管理要坚持数字化转型，从提升风险数据改善、加强风险计量技术运用、完善 IT 信息系统、新技术导入等方面为未来银行风险管理注入科技能量。

高质量的风险数据管理能力是风险管理数字化转型的前提。银行要根据风险管理需求，将内外部的全量信息数据化，结合多种风险模型加以整合。同时，商业银行应充分运用风险计量工具，增加基于风险回报的价值分析，通过将客户、产品层面的风险调整后资本收益率（RAROC）、经济资本、经济增加值模型（EVA）测算要求嵌入业务流程，建立以价值最大化为导向的组合风险管理体系。将完善的风险数据及风险技术工具嵌入银行风险管理信息系统，构建一套覆盖全面风险和风险管理全流程、支持核心业务的、可随时调用的风险管理中台。

人工智能技术推动全面风险管理转型，从当前主要由人工主观判断的风控模式转向智能化、自动化的风险管理模式。通过运用人工智能，持续迭代风控模型、发现新的风险，获得智能风险控制的能力，提高风险管理的效率和响应速度。为银行业务提供数字化、自动化、敏捷的、可复用的、适用于多个场景和服务的风险管理支持，为银行战略和绩效的制定和实施提供前瞻性的可靠依据，提高银行风险管理的前瞻性和主动性。

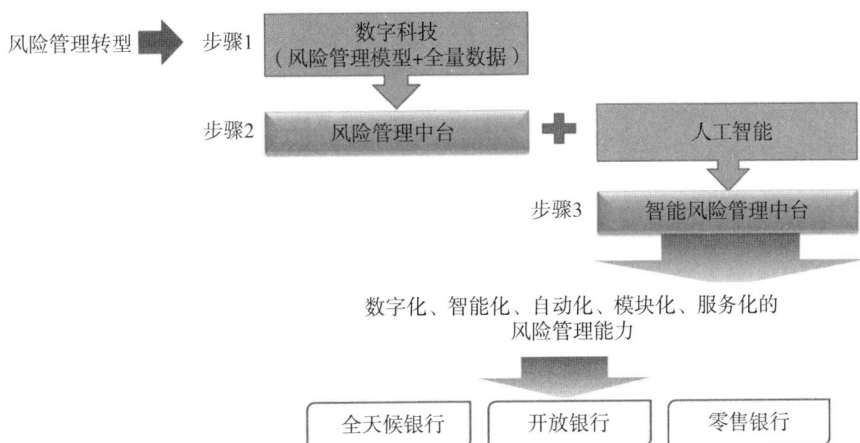

图5-7　未来银行风险管理数字化转型

资料来源：根据阿里云研究中心：《未来银行——DT时代中国银行业发展的新起点》相关内容整理。

将风险管理融入未来银行管理实践

风险管理不是静态的控制制度。ERM 2017认为风险管理是一种"实践"，即风险管理不是"静态"的，也不是企业的辅助手段。风险管理不仅仅是完成一项风险管理制度、风险管理手册或罗列风险点清单，不是为了识别组织内部的所有风险而设计的控制制度，而是为积极管理风险而进行的实践。真正的风险管理实践高于控制范畴，它不断地融入战略制定、管理决策、业务活动直至最后的绩效评价过程。风险管理深度融入组织文化和员工的意识认知和行为准则，同时被纳入战略制定、支持战略绩效，是企业各级管理决策的一部分。

风险管理实践要"形神兼备"。伴随着商业银行自身的发展和国际金融理论、监管原则的发展，中国商业银行在经历了单纯的信贷风险管控的风险管理阶段后，于21世纪初期步入全面风险管理实践阶段。国内主要商业银行在风险意识形态、风险管理文化建设、风险组织体系架构、风险管理技术提升、风险管理流程再造等方面进行了有益的探索和实践，积累了历史经验教训，也取得了长足的进步。诸如全面风险管理、风险组合管理、风险创造价值、风险融入业务流程等 ERM 2017 包含的理念，已经体现在国内很多商业银行的理论和实践中。

未来银行如何能在现有先进的风险管理理念和方法论基础上，取得下一阶段风险管理的实质性发展，需要我们认识到当前中国商业银行的风险管理仍然存在巨大的提升空间，应着重关注风险管理融入、落地、执行和提升风险管理的价值创造作用，重点解决以下几个问题：

解决风险管理只是形式上的存在，实现风险管理"形神并存"。当前国内商业银行对于风险管理文化的宣贯已非常重视，但这种宣贯仍以警示为主，未能实现全员对全面风险管理的主动认知和应对。基层员工对于自己的行为所需承担的风险和相关的责任也未充分了解，风险管理机制未嵌入业务流程，导致有章不循、风险识别和报告滞后的情况时有发生，说明风险管理还应在体制机制层面进一步深化。

解决风险管理有机制，无抓手的问题，实现风险管理机制有效执行。商业银行上层机构构建了众多风险管理政策、制度、工作机制，要思考如何保障这些机制的落地执行，避免政策说一套、实际做一套等制度机制失效的问题。应当从明确各部门风险管理责任、加强考核机制中的风险约束着手，找到风险管理机制落地执行的有效抓手。

解决风险管理工具运用不足的问题，实现风险管理数字化转型。尽管很多商业银行已构建了风险管理信息工具系统，但仍存在巨大的提升空间，比如风险预警滞后、风险系统工具运用不足、风险信息数据化不足、风险信息整合和共享不足、风险计量模型的准确性不足、风险管理工具价值贡献不足等。

推动风险管理融入战略绩效。ERM 2017 给我们的最重要启示之一是风险管理必须与企业战略绩效充分融合，从银行战略设计的源头加入风险考量，协助组织更好地识别和发现业务发展机遇。

商业银行的本质就是经营风险。银行的风险管理不是避免风险，而是如何获取最大的风险收益，即如何通过管理风险而创造价值。要获取稳定、合理、持续的风险收益，就必须保证战略决策与风险控制的平衡。银行风险管理有助于管理层将价值创造预期与主体的风险偏好相匹配。在风险偏好的范围内管理风险能够增强商业银行创造、保持和实现价值的能力。通过风险偏好与战略的协同，风险管理才能由被动控制转向价值创造、真正融入业务流程、实现主动风险管理。

银行首先要根据自身的愿景、使命和核心价值观，作出风险战略的选择，即建立包括风险偏好、风险容忍度、风险边界、风险环境等在内的风险偏好体系。风险偏好体系应与银行战略绩效相匹配，通过风险偏好体系的有效传导执行，实现风险收益平衡、风险收益最大化的战略目标。

从流程角度来看，风险偏好应与战略规划和绩效目标同步制定，应当基于对业务目标和风险目标的反复沟通达成共识，将风险融入战略决策与业务规划中，保证战略和银行使命愿景及核心价值观一致、战略与业务目标匹配、充分揭示已选战略的风险和战略执行中可能面对的风险。

当前国内商业银行处于建成风险偏好体系的阶段，风险偏好传导机制尚不完善，无法真正融入战略制定和业务决策流程。因此，未来商业银行风险管理实践需要通过将风险管理融入战略、明确业务目标和风险目标、保证风险偏好与战略计划充分融合，从全行战略和业务流程设计的源头加入风险考量，建立业务部门和风险管理部门的协同机制，实施主动的风险管理，充分发挥风险偏好的作用。

结合实际、高层推动形成风险管理合力。企业风险管理的实践应该由主体的最高层，自上而下地通过各部门、各业务单元来执行。未来商业银行在实践中可以制定一份中期全面风险管理发展规划，努力形成自己的风险管理标准，并由一个较高级别的委员会领导实施，各部门加强沟通协作，形成风险管理的合力。

第六章　注入科技动能

如果银行不改变，我们就改变银行！

——马云，阿里巴巴创始人

时至今日，没有人再怀疑科技创新带给银行及银行业的冲击，银行全面数字化之路已无可阻挡。银行数字化历程的典型路径将是：以充分场景化为初衷，先逐步平台化，再实现生态化，最终走向智能化。这其中，以 ABCD + 5G/IoT 等为代表的新一代数字科技又将是最为核心的驱动力量；如何与这些数字科技趋势融合好，也将成为银行向未来演进的最首要议题。ABCD + 5G/IoT 是指：人工智能（AI）、区块链（Blockchain）、云计算（Cloud）、大数据（Big Data）及 5G 和物联网（Internet of Things, IoT）。

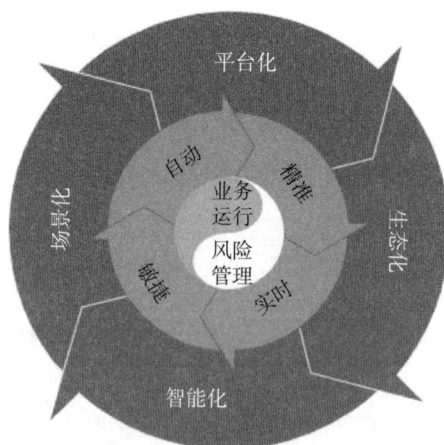

图 6-1　数字化的未来银行的主要特征

人工智能是各种技术力量最终的集中呈现。届时，银行将体现出自动、实时、精准、敏捷等几大特征：银行的运转是完全自动化的，它能实时地感知和响应用户需求，它对用户的定位和用户需求的判读是精准的；此外，银行体自身是敏捷的，即它能通过主动学习实现自动的快速迭代，进而不断实现自我完善。

作为银行的核心主线，未来银行风险管理体系也会顺承以上几大特点：对风险的感知和监测是实时的；对风险的识别和计量是精准的；风险应对策略的形成和执行是自动的；而整个风险管理体系则是敏捷的，即风险管理体系自身能主动学习、自我快速迭代，使得风险感知、风险计量、风险应对等能力不断自我完善。

区块链结合智能合约，是未来银行业务和银行风险管理全面数字化，进而实现自动、敏捷进化的一种绝佳组合模式；同时，区块链的不可篡改、可信交互、公开透明等特性，将大大提升银行精准定位风险点（及风险主体）的能力。

云计算则是 ABCD + 5G 及 IoT 等各种银行科技的基础支撑架构。云计算实时调度计算力等的资源保障能力，让银行业务计算和风险管理运算都将高度实时化；云计算的 DevOps 能力将让银行的敏捷性切实落地。

大数据及大数据技术的发展是银行精准化最直接的驱动力；而未来，银行能采集到的风险信息将逐步从大数据阶段跨入全量数据阶段，这会更大程度地推动银行风险管理走向精准、实时。

5G 时代，银行人机界面将发生一系列变革，银行服务入口无处不在；同时，银行服务实时化程度全面提升，银行成为实时银行；此外，5G 将促成万物互联、万物智能，大幅增强银行的数据采集能力，直接推动银行全面进入全量数据时代，银行业务及风险管理愈发精准。

更多科技创新还在加速涌现，如 6G、量子计算等。这些技术变革背后所蕴含的持续加速进化之能力，则是科技更为本质的基因。从过去到未来，科技创新、突破、变革的速度从来没有最快，只会更快。

第一节 A（AI）——人工智能

AI 简介

人工智能是未来若干年中数字科技产业发展最主要的支柱之一，也是未来银行的核心生产力所在。

人工智能的发展层级大致可划分为：计算智能、感知智能、认知智能和创造智能。其中计算智能是指算得快，这个层级已经完全达到，机器明显超过人类；而随着图像识别水平以及语音处理水平的不断提升，机器的感知能力也逐步超越了人类，感知智能也已基本实现；当前，人们正在寻求认知智能层级的全面突破，比如自然语言处理等；而创造智能，则还路途遥远，在看得到的将来，人类依旧会主宰"创造"。比如，用户与银行服务间的交互界面设计，是最需要创造力的环节，这也将是人类在未来银行架构中比较稳固的一块领地。

算力、算法、数据是人工智能的三要素。算力，主要指运行 AI 算法所需要的硬件资源，目前以 GPU 或 FPGA、ASIC 等类型的芯片为主流。算法，指各种计算模型等。数据，是 AI 计算模型处理的对象；没有足够的数据，对于 AI 来说如同无米之炊。近些年 AI 之所以有较为快速的发展，主要驱动因素之一就是互联网、移动互联网的发展产生了前所未有的海量数据。

眼下，比较主要的人工智能算法路线有机器学习、知识图谱等。其中，机器学习又包括深度学习。深度学习是利用多层人工神经网络构建算法模型的一种机器学习。2012 年以来的这一波人工智能热潮就主要拜深度学习所赐。深度学习模式自 2006 年由 Geoffrey Hinton 首次提出后，已先后经历了 DNN、CNN、RNN 等发展阶段；相当一部分业界泰斗认为，胶囊网络（Capsule Networks）将很快成为深度学习的下一代主流架构。

人工智能的主要应用领域为计算机视觉、自然语言处理、语音处理、规划技术、智能机器人、智能体等。

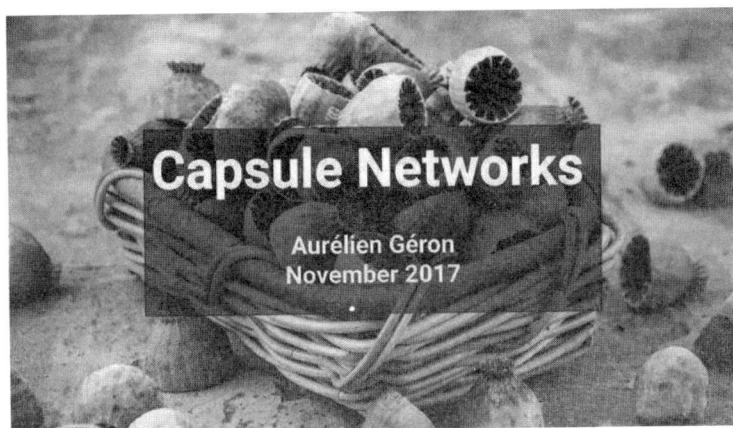

图 6 - 2　胶囊网络，未来人工神经网络的主流架构

目前，人工智能应用的开发主要是基于一些在开发者社区有着相当认可度的开源框架进行，如 Caffe、Tensorflow、Torch、MXNet、Keras、Sci-kit Learn 等。

AI 在银行已有广泛应用

AI 在银行前台的应用。AI 在银行前台的应用是最为引人注目的，银行对这部分 AI 应用的投入也最大。最为常见的应用是问答机器人、客服机器人或聊天机器人；这个领域的应用虽然比较容易引起消费者的注意，但是实际上，距离可普遍推广使用的水平还有较大差距。远程身份认证算是应用比较落地的 AI 技术，很多纯线上银行已经完全依赖远程身份识别。NatWest 是英国主要银行里较早允许用户通过自拍就能在远程完成账户开设的银行；国内很多移动银行也都已经支持这一功能。

AI 在银行反欺诈等领域的应用也非常值得期待。AI 欺骗和防欺骗的能力正在超越人类。

2019 年 7 月，卡内基梅隆大学图奥马斯·桑德霍尔姆教授团队和 Facebook 合作开发的人工智能 Pluribus，在与人类顶尖高手的多人得州扑克对决中，分别在 5（机器）vs 1（人）和 1（机器）vs 5（人）两种模式下均取得完胜。这标志着机器在较为复杂的不完全信息场景（每一方都不了解其他对手的牌面，所以叫不完全信息）下已经能达到很高水平的战略决策智能。这项技术在银行反欺诈领域将有很好的应用前景。

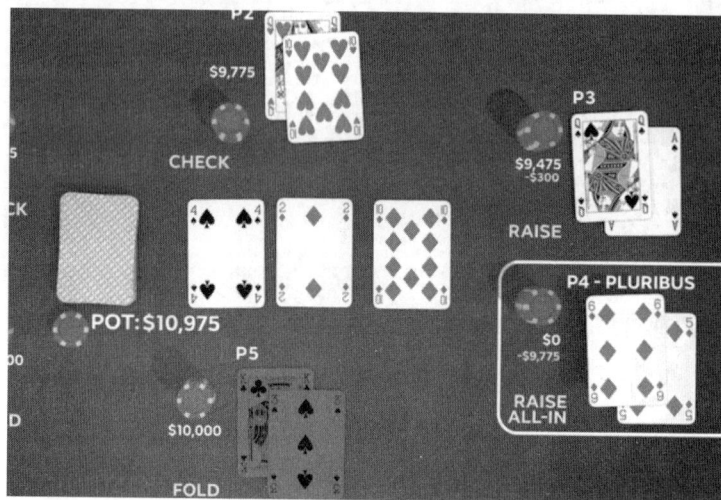

图 6-3　Pluribus 参与多人得州扑克大赛的一次牌局

资料来源：www.cmu.edu.

　　AI 在银行中台的应用。首先，智能投顾是 AI 在银行业内最被期待的应用之一。因为与客户的收益直接相关，所以对用户的吸引力极大；一旦成功运用，将成为银行的核心生产力之一。事实上，金融领域与智能投顾有一定关联度的算法交易/高频交易确实已经得到了大规模的应用。比如，高盛就在现金资产交易领域大量运用了算法交易，所需要的现金资产桌面端人工交易员也因此从 2000 年的 600 位减少到 2017 年的 2 位。但智能投顾涉及不同的客户不同的喜好，且需要面对的投资渠道也更加复杂，因此对模型能力要求要高得多，距离真正的成功运用还有较长的路要走。除了智能投顾外，风险管理中的批量信息扫描也是 AI 比较拿手的地方。作为合同风险识别的一个环节，JP 摩根需要对全年的商业信用协议进行扫描，从中提取关键数据和一些重要条款，主要涉及属性种类共约 150 项。若全靠传统方式，不采用 AI 技术，每年需要投入 36 万个小时的工作量；而采用机器学习算法后，仅仅需要几秒钟就能完成。再者，反洗钱也是 AI 的一大应用。反洗钱是银行很重要的一项义务，全球每年的洗钱行为规模为 1.6 万亿~4 万亿美元，占全球 GDP 总量的 2%~5%。但反洗钱工作的实际执行过程中，监测效率极低，银行发起的绝大多数反洗钱调查最终都是无功而返。根据汇丰银行的经验，利用 AI 技术后，可将无效的反洗钱调查发起量降低 20%。AI 在银行中台的应用当然远不止于上述三种场景；诸如信用评级、用户画像、智能推荐等领域也均有 AI 技术的较多应用。

AI 在银行后台的应用。比如利用智能语音技术，对人工坐席的沟通质量进行监控，自动识别客服在沟通中的情绪状况、语速状况，以此作为综合判断服务质量的参数之一，或检测在沟通过程中是否有不文明、违禁用词，以及将语音沟通记录自动转化为文字存档，方便进一步做检索等。智能运维也是 AI 在银行后台的典型应用之一。保持 IT 系统的安全稳定是确保银行生产平稳进行的基本要求。单纯依靠人工巡检各种设备、系统，会非常耗时耗力。利用 AI 算法能大幅度提升对系统异常、设备故障的提前预测能力，而在问题一旦实际发生时则能更准确地进行定位。AI 在银行后台的典型应用还包括 AI 催收等。

AI 在银行消灭了大量岗位

人工智能技术为银行运营效率带来了相当明显的提升。据波士顿咨询估计，到 2027 年之前，AI 技术能将中国的银行业务整体工作效率提升 38%。AI 带来的效率提升，也意味着银行业所需工作人员数量将减少。

> 在人工智能、机器人和自然语言上所发生的一切，都让这些（后台）工作变得简单，后台部门的员工要小心了。
>
> ——潘伟迪（Vikram Pandit），花旗银行前 CEO

花旗银行前 CEO Vikram Pandit 表示，在全球范围内，30% 的原有银行业职位将在未来几年消失。而 Autonomous Next 的报告则指出，AI 对银行业雇员数量的影响，将在 2025 年至 2030 年间表现得尤其明显；将有多达 120 万个传统工作岗位受到 AI 技术的威胁，这里面又以前台为最多，约占其中的70%之多，包括48.5万柜台员工、21.9万客户代表、17.4万信贷员，取代他们的是客服机器人、智能语音助理、自动身份识别技术和生物识别技术等。此外，由于AI在反洗钱、反欺诈、合规及监管等领域的应用，将有9.6万银行管理人员和1.3万合规人员失去工作。

同时，AI在银行内的广泛应用，又会带来更多全新的岗位，比如银行需要更多的数据科学家、更多管理AI应用的工程师、更多善于运用AI技术的业务管理人员等。埃森哲的一份研究认为，扣除因AI而消失的传统岗位，最终，AI技术也许反而能为银行业创造14%的工作岗位增量，当然相应营收增加的幅度会更大，可达34%。

对AI的困惑与AI自身的局限

虽然银行及金融是大家公认的各个行业里最为适合AI发挥用武之地的领域，银行也都非常重视AI的跟进研究、试验。但据一份来自TABB Group的统计显示，有近90%的银行其实对如何充分用好AI是不清楚或有疑虑的。

业界对AI的疑虑一方面源于使用者对AI技术本身的研究了解还不够充分；另一方面也是由于当前的AI技术确实存在明显的短板、局限性，在银行关键的业务环节的应用中确实需要审慎。AI技术，尤其是当下最受关注的机器学习、深度学习所面临的主要问题有：

深度学习对于数据过于依赖。首先，深度学习训练模型需要的是海量数据，就银行场景而言，单靠自己行内的数据是不够的，得从其他来源获取足够多的外部数据，但这些数据的质量如何保证将是一个很有挑战性的问题。其次，训练用的数据与实际运行环境的数据可能有较大差异，从而模型在实际运行中处理结果的质量难以保证。

深度学习模型过于脆弱，鲁棒性差。稍微改动一个参数，模型的性质可能就完全改变，输出的结果可能就会完全不同。此外，深度学习模型对输入数据也很敏感，输入端一个微小的变动，就会导致分类器输出完全不一样的分类结果。

深度学习是黑盒式的，模型是不可解释的。为了降低风险，以及确保一旦出现责任事故时能准确定位责任主体，银行的模型应该是能定性解释的。并且，模型的可解释性也有助于判别异常、对处理结果纠偏、进一步大规模推广。

深度学习缺乏对问题的理解。这会导致两种风险。第一种风险是"即便输入的是谎言、错误，重复多了，也会被深度学习模型当成真理"。例如，这样的算法若是用在银行贷前批贷环节，将会带来重大的风险隐患；而且这种风险的可怕在于，一旦训练数据被恶意篡改，由于深度学习的不可解释性，后面环节是无法察觉的。第二种风险是"小错不犯，一犯就犯大错"。如果模型在解决问题的过程中遇到了数据集里完全没有体现过的情况，那模型将无法正确处理。

数据标签的限制。在机器学习过程中，很多时候是需要人工对训练集数据进行标记、打标签的，而这是很繁琐的工作，极易出错，出错后势必影响模型训练的精准度。强化学习及对抗学习的持续成熟，有望降低这一限制的影响。

机器学习模型缺乏普适性。机器学习模型使用范围单一。模型依赖于训练集，什么类型的训练集训练出来的模型，就只能解决相应场景下的问题；一旦场景发生变化，必须重新训练模型。迁移学习是解决这一问题的一个研究方向。

数据和算法中的偏差。人们由于自身观点、知识结构、思维方式、成长背景等因素的差异，在做判断和决策时，不可避免地有潜在偏好、偏差。而人工智能的模型同样也有"偏好"。在机器学习中，不同的训练数据集以及不同的算法背后都有"偏好"隐患。更为糟糕的是，往往难以明确定位出 AI 的偏好是什么！尤其是深度学习更是如此。因此，在应用人工智能模型时，其实是需要工作人员对模型原理、训练过程比较了解的，有较高的人才门槛。

银行走向综合协同的智能体

可以预见，在当前以及未来不短的一段时间内，人工智能在银行内的应用还将主要处于散点式的应用阶段，即 AI 孤岛的阶段。在这一阶段，各种 AI 应用其实都是单一任务的、单一功能的，相互之间并未形成紧密关联，更未协同而成一个整体；这个阶段的 AI 应用本质上仍然为工作任务视角，考虑的是如何提升某项任务的执行效率，尚且无法做到以用户体验的视角为主导。例如，AI 可以大幅度提高反洗钱中可疑交易的命中率，但 AI 银行助理就很难达到真正可实用的水准，因为前者只需要从完成任务处理的视角考虑即足够，而后者则需要从用户的体验这一根本角度去考虑、评判，综合性要求要高出很多。

未来，随着 AI 模型的可解释性问题得以突破、模型的自学习与在线迭代能力更加成熟、5G 实时互联网的来临，以及智能合约技术与 IoT 等技术逐渐高度融合，银行里的人工智能应用终将突破 AI 孤岛状态，各种 AI 应用之间均将两两直联、充分协同，整体形成一个网状的智能体结构，真正带给用户全新的银行体验。

例如，届时银行对于每一个用户而言，都将是一个智能的贴身私人银行家。不同于当前任务型的客服机器人，它并不以掌握越来越多的技能条数为目标，而是着眼于自动感知与用户相关的一切动态，对用户所处的情景和正在产生的需求作出精准判读，然后实时响应、展开行动。这样的智能私人银行家，不但能响应客户诸如存取款、转账支付这样的基本操作要求，而且能自动根据变化实时且适时地主动提醒用户，什么时候该注意省钱了，什么时候适当多消费些也无妨，目前的市场环境下哪个投资理财方案是最适合用户的；也能结合用户全面的背景信息，主动提醒用户，在未来一段时间内，有哪些财务风险需要注意，该如何提前规避——当然，规避风险的方法也都是结合用户自己的实际情况量身定做而成。

这样的智能私人银行家，是每个用户都能享有的贴身智能财资管家；其业务水平不输传统富豪的真人版私人银行家，而且更为难得的是，智能私人银行家无时无刻不在自动学习更多更优的海量金融知识和服务技能，在学习中不断地自我迭代、自我进化，所以它在能力上最终一定会把传统的私人银行家远远甩在后面，如同 AlphaGo 通过不间断地学习棋谱，最终轻松打败所有人类高手一样。

作为一个智能体，未来银行在业务能力上将具备"自动而精准"的特质，在营销获客方面的体现可能是这样的：这个银行智能体将根据已有的、能抓取到的各种数据沉淀，不断地自己主动去关联、寻找、定位出能服务的新用户，即完成自动拓客。当然，智能体的拓客不是骚扰式的，而是精确地定位出目标用户所在，准确判读用户正在产生的金融需求，然后实时地把能满足用户需求的最佳方案对接给用户。而与客户互动的方式，将得益于高度成熟的语音合成技术等，所合成的语音音质特征，也是在对该客户的听觉喜好专门进行了模型训练的基础之上，针对性地定制而成，单凭语气、语音、语调就能直通客户心底，这种营销拓客手段将让用户无从拒绝。

并且，未来能自动拓客的银行智能体 7×24 小时，一年 365 天持续运转，无需休息。

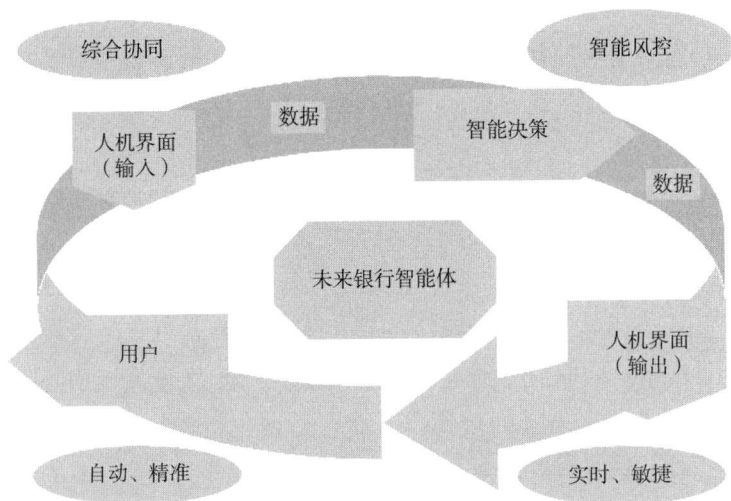

图6-4　未来银行的闭环

未来银行风险管理智能化——自动、精准、敏捷、实时

未来银行这个综合协同的智能体，是一个高度数字化、高度自动化的闭环模型，将按照"用户—人机界面—输入数据—智能决策—输出数据—人机界面—用户"的闭环运行，实时迭代、实时优化、实时调整。与之配套的最佳风险管理系统也将是高度数字化、高度自动化的闭环系统，是智

能化的风险管理；与之相比，当前人工高度介入的风控模式是效率极低且风险极高的。

除此之外，未来银行的智能风险管理还将呈现出精准、敏捷、实时的特征。

自我学习能力是未来银行智能风险管理实现精准的基础机制之一。学习是一种迭代闭环——基于反馈不断予以修正，在持续循环中不断逼近理想值——本身将具备精准的特点；这个道理正如在控制论中，任何精准的控制一定都是通过闭环反馈实现一般。而基于机器的学习闭环只要现实可行，一旦形成后其迭代效率将是极高的，最终逼近理想值的精准程度也将远远超过人类。例如，机器的人脸识别能力，在进入初步可实用的阶段后，通过机器学习的迭代不断升级，识别准确率很快就超过人类，并仍处于迅速改善提升的过程中。

在银行完全成为一个综合智能体后，开展端到端的全链路整体仿真测试将变得很容易，这将是银行及银行风险管理系统敏捷进化的重要推手。敏捷进化的核心是快速迭代。传统银行及银行风控体系不能快速迭代的根本原因是，无法像软件测试一样对银行整体做端到端的全链路仿真运行。当前，对银行系统实施的大多数调整优化只能基于真实运行后的反馈展开。即传统银行的迭代频率受限于银行的现实运行频率。而完全智能化后的银行，将能够实现迭代优化过程与现实运行进程的相互分离、相互独立，让银行及银行风险管理系统的迭代频率能够远远超过银行的现实运行频率，从而让银行体及银行风险管理系统实现敏捷进化。

上述仿真的重点在"真"上。完全智能化后的银行，各种风险因素、各种运行环境以及各种需求场景，在理论上都能够作为数字式的测试用例被主动制造生成；进而在银行的实际业务发生前，就可以"穷举式"地对银行风险管理系统开展端到端的整体仿真运行，就像当前对大型软件系统实施的各种整体运行测试一样。这种仿真模拟是高度逼近银行真实运行状况的：从输入到输出的每一个环节，都与银行风险管理系统的实际运行状况精准一致，可以获得对银行风险管理模型、风险策略的精准评估，其精准性和全面性是人为的定性分析和公式建模计算都无法比拟的。这种数字化的全链路仿真模拟，还能让银行提前预测风险因素，提前对可能的风险因素作出精准的风险评价，并对风险作出准确定价，从而能够提前准备风险应对策略，让事前风险管理变得全面可行。

在仿真模拟中，还可以引入更丰富、更先进的学习算法，比如对抗生成网络，让银行的输入生成算法和银行体的模型生成算法自我左右互搏，相互促进、同步进化，从而更大幅度地提升银行体及银行风险管理体系的敏捷度。

未来银行风险管理实时化。人工智能技术和5G/IoT的融合将形成能实时反应的 AIoT。风险信息的采集、反馈因此将能普遍做到实时化。同时，受益于云计算算力资源灵活而实时的调度能力，无论风险处理运算的并发量是大还是小，银行对风险的识别计算以及监测计算等均能实时完成。

第二节　B（Blockchain）——区块链

要推动区块链和实体经济深度融合，解决中小企业贷款融资难、银行风控难、部门监管难等问题。

——习近平，2019 年 10 月 24 日

区块链之母：比特币

区块链源自 2009 年 1 月 3 日发布的比特币（Bitcoin）。比特币是一个去中心化的点对点电子现金解决方案。其发明者公开使用的名字为中本聪，但真实身份无人了解。

表 6-1　　　　　　　区块链之母：比特币简要发展历程

时间点	价格	总市值
2009 年 1 月 3 日	0（第一批比特币诞生，50 枚）	0（第一批比特币诞生，共 50 枚）
2010 年 5 月 22 日	10000 个比特币 = 2 个比萨（约 41 美元）	约 22000 美元
2017 年 12 月 17 日	20078 美元	336256478520 美元
2019 年 10 月 25 日	9897 美元	178280508842 美元

2008 年 11 月 1 日，中本聪在一个讨论加密技术的电子邮件组里公布题为《比特币：一种点对点的电子现金系统》的论文，首次公开提出比特币概念及整体设计框架。在以完全开源的方式发布比特币全部源代码后，中本聪逐步将比特币的演进开发工作移交给其他开发者；这些开发者分散在世界各地，通过网上的开发者社区完成协同开发。比特币开发者社区是无中心的，开放、自由、公开、自主。中本聪则于 2010 年彻底淡出比特币社区，并完全从世人的视野里消失，至今再未出现。

在比特币社区不断庞大的过程中，人们逐步意识到比特币所采用的分布式记账技术可以从比特币剥离出来单独发展；在这项新技术中，公共账本数据是按"块状"打包记录，并以链条式结构依次相连，由此得名区块链（Blockchain）。

为何区块链将开启价值互联网时代

区块链将开启价值互联网时代，因为区块链同时具备了三个关键要素（点）。

分布式记账是区块链的第一个关键要素。区块链的公共账本没有固定的记账者；针对每一笔账，都会基于规则产生一个最终记账者，由其负责将该笔账写入公共账本，且一旦写入就将是不可篡改的；产生记账者的规则就是所谓的共识协议，它一般会以开源代码的形式被固化在链上。每次记账操作完成后，系统都会自动派发一定量的 Token（通证）给最终记账者，作为对其记账行为的激励。

区块链的第二个关键点在于，通过数学手段确保了上述 Token 无法复制拷贝而成，但却仍可以像普通信息一样在区块链的不同账户 ID 之间转移、传输；新的 Token 只有在每次记账结束时才会以记账激励的方式产生。这一特性让一个革命性的应用场景成为可能，即价值或信任终于能以数字信息的形式在线上虚拟世界里实现自由高效地流转，却不用再担心被复制伪造，也不用担心同一份价值被同一人重复使用两次（即"双花"）的问题。

区块链的第三个关键点在于，链上的账户 ID 是由去中心化的客户端根据算法自动生成，不需要经由任何一个中心化机构注册、登记。加密算法确保了账户 ID 在使用过程中只受用户掌控，由用户自行全权管理。

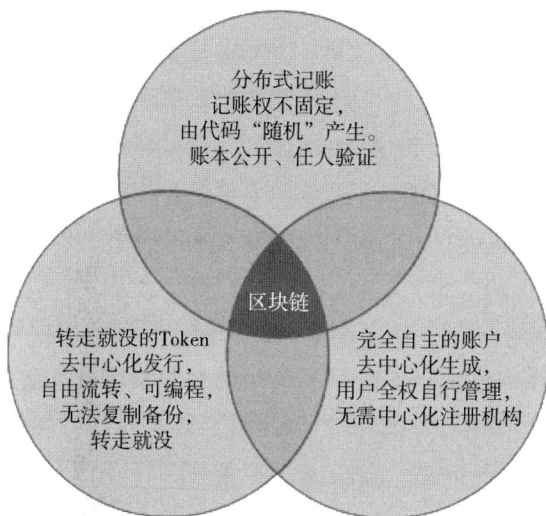

图 6 - 5 区块链的突破性在于同时兼备三要素

以上三项关键要素，其中任一项或任两项的组合，都比较容易实现。区块链的诞生之所以极具突破性，之所以极具价值，就在于一套技术方案中同时实现了三者。

区块链的上述三个要点，将让人类成功打开通往价值互联网时代的大门。

传统互联网围绕信息的无障碍流转技术开创了一个时代，对人们生活生产的颠覆已无需多言；价值互联网时代，价值和信任得以无障碍地自由流转，对社会的颠覆性只会有过之而无不及。

区块链彻底爆发前的瓶颈

区块链技术仍然处于早期，还面临着一系列有待突破的瓶颈、问题。首先，区块链天然的强金融属性，引起了全球金融监管者的高度重视。如何与多年以来所形成的各国监管体系做好融合，这是区块链技术面临的最大挑战。其次，交易容量还远远达不到大规模应用的程度，是区块链面临的另一个技术瓶颈。再次，链上链下如何协同也是一个关键难题，即如何将链下的价值对应为链上的 Token，尤其是线下的价值如何安全、可信且简单便捷地对应为链上 Token；该问题一旦解决，区块链的应用将彻底无可阻挡；IoT 技术的发展将会是这一问题解决的关键。区块链面临的其他主要问题还有，基于工作量证明共识机制（PoW）的区块链面临矿工算力趋向中心化的挑战；而基于权益的共识机制（PoS）也面临权益容易越来越中心化的问题。最后，区块链的去中心化理念，稍有不慎也容易成为各种欺诈、违法犯罪行为藏身的土壤。

在 ABCD 及 5G/IoT 这几项技术里，从长远来看，对银行颠覆程度最大的将是区块链。区块链本身就是为金融而生，却又处处透出与传统银行、传统金融完全不一样的，甚至对立的逻辑。一旦区块链逻辑得以确立，基于旧逻辑的金融体系势必发生翻天覆地的变化。

通证经济学：全新生产关系与全新银行客群

去中心化是区块链的一个核心特征，但单单去中心化其实远不足以成就区块链。例如，在区块链之前，基于点对点（P2P）传输协议的去中心化文件共享技术 BitTorrent 用户量也不小，但多年以来一直未能引发更为重大的影响。

比特币以及背后的区块链技术之所以伟大，在于它们提供了一种激励制度设计模式，使得在去中心化组织里也能成功激励所有参与方，让大家积极为组织的发展作贡献，从而推动组织体不断发展壮大；而组织的发展壮大，反过来又能让组织里的每一个参与者实打实地受益；如此循环，形成一种正反馈的组织发展机制。这种激励制度是通过通证的方式予以具体体现，因此又被称为通证经济学。去中心化组织＋通证经济学，便是区块链带来的一种新型生产关系。需要强调的是，通证经济学里的激励执行同样是去中心化的，并不像传统的组织激励那样需要权威节点来认定、发放。

例如，以太坊就是该新型生产关系的一个典型代表。以太坊是基于比特币演化出来的一个区块链项目，其定位为"世界计算机"，是由矿工们的运算资源共同构成的一台分布式计算机；开发者们可以在以太坊上开发并发布各种各样的应用，当然发布运行应用需要使用到计算资源，因此需要使用以太坊的原生 Token，即 ETH，向矿机组成的分布式计算机购买计算资源的使用权；除此之外，以太坊还围绕 ETH 设计一套完整的经济制度（即激励机制），包括 ETH 的发行、ETH 的交易等，该经济制度确保了整个以太坊去中心化生态组织的正反馈生长。

另一个例子是 Storj。Storj 相当于一个去中心化的分布式云硬盘，任何人都可以把自己闲置不用的硬盘空间拿出来，通过 Storj 租给别人使用。而要在 Storj 上租用存储空间，需要使用 Storj 的 Token，即 Storjcoin X，来购买别人出租的硬盘空间。围绕 Storjcoin X，Storj 也有一套完整的经济激励制度，激励 Storj 去中心化生态里的所有参与方作出正向贡献，从而确保了 Storj 的正反馈生长。

区块链带来的新型生产关系将重新界定银行的服务对象、客户群，从而要求银行革新风险管理模式。在区块链的作用下，去中心化、分布式生产组织关系将成为未来市场中的主流，银行的服务对象将包含越来越多的去中心化组织（DAO）以及这类新型组织中的个人。这些新型的市场主体的信用评价和信用风险计量要求银行具备全新的思维、方法。

区块链破解痛点：从供应链金融到数据确权

区块链技术做适当的变通，与监管因素做好融合后，能广泛应用到很多银行业务及金融场景中去。

例如，区块链非常适合供应链金融这个应用场景，区块链的信任转移、信任分发、信任分割、不可篡改等特性都是能直接解决供应链金融一直以来的痛点的好方案。

资产证券化（ABS）是另一个非常适合区块链技术的场景。借助区块链，不但能解决 ABS 一直以来的信任缺乏、转移难、转移成本过高等难题，还能带来数字资产可以自由拆分的优势，大幅度释放 ABS 的流动性。另外，区块链解决了资产穿透的难题：当前的资产证券化难以真正开展起来，有一个很重要的原因在于，经过若干环节转换后，底层的真实资产实际状况是什么，已经无从知晓；而基于区块链，完全公开透明，且不可篡改，能

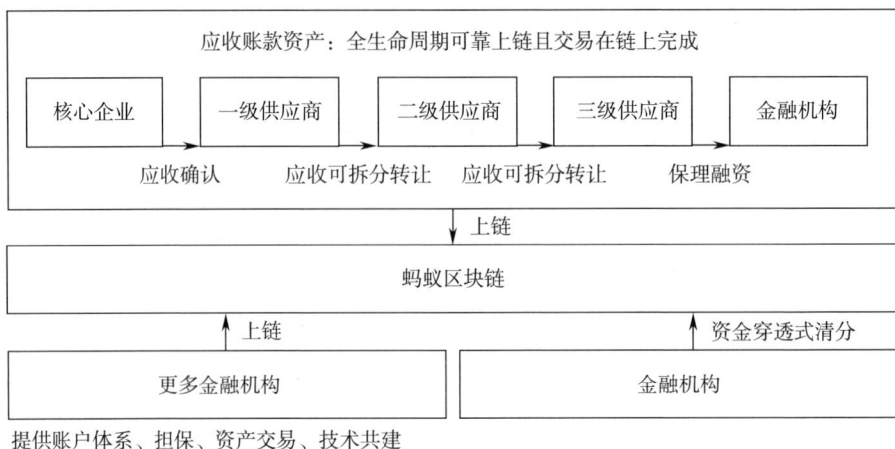

应收账款资产：全生命周期可靠上链且交易在链上完成

| 核心企业 | → | 一级供应商 | → | 二级供应商 | → | 三级供应商 | | 金融机构 |

应收确认　　　　应收可拆分转让　　　应收可拆分转让　　　保理融资

↓ 上链

蚂蚁区块链

↑ 上链　　　　　　　　　　　　　　↑ 资金穿透式清分

| 更多金融机构 | | 金融机构 |

提供账户体系、担保、资产交易、技术共建

图 6-6　基于区块链的供应链金融

资料来源：蚂蚁金服金融科技网站。

保证 ABS 产品始终能对应到、穿透到最底层（源头）的实际资产。尤其是一旦物联网技术成熟、线下资产上链这一难题解决之后，ABS 市场更是有望大爆发。

价值确权也是区块链的一大应用，尤以用户数据的确权最为典型。当前，各个银行以及各个网络平台都面临着如何保护用户数据权益的问题，解决这一问题的前提是对用户数据所有权进行形式化地确认，但这一直是个难题，更别说如何让用户实现数据权的自由转移、价值兑现。在区块链世界里，这个问题能得到完美解决。数据的唯一性和所有权可在其产生之初即得到安全、可信的锁定，并以 Token 等形式予以呈现，从而能够在链上，甚至链之间可信地自由流转；对数据价值以及数据衍生价值的认定和兑现可以通过 Token 或数字货币的方式予以及时发放；再结合零知识证明、同态加密等技术，数据就可以实现在完全保密的情况下进行共享、发挥价值。用户数据确权问题的解决，能扫除数据共享面临的合规以及利益障碍，将革命性地盘活数据交换市场，从而借助市场手段实现全社会数据资源的高效流转和配置，也将极大地改善银行的数据来源状况和数据质量，大幅度提升银行在 AI 模型方面的搭建能力、训练效率和计算精度；充沛且高质量的"数据石油"会让银行智能体的运转愈发敏捷。

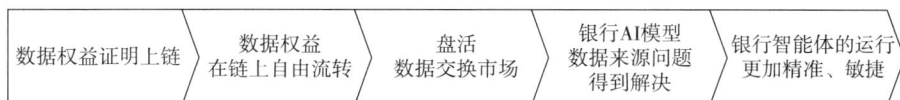

图6-7　数据确权让银行更加精准、敏捷

防范数字货币带给银行"不脱媒但要脱层皮"的风险

与区块链同根同源的数字货币技术可能进一步加剧银行脱媒的趋势。

银行的本质是"信用中介",这一本质在目前来看仍然比较稳固,但未来是否会受到挑战?从数字科技变革总是在不断制造惊喜(或惊吓)的惯例来看,至少值得银行提前"多虑"一下。

人民银行反复强调,央行数字货币DCEP采用双层架构的初衷,正是为了防止商业银行被晾在一边,是为了避免央行以一家单位之力承担所有货币流通工作而回到计划经济模式;但是,商业银行仍有必要意识到,数字

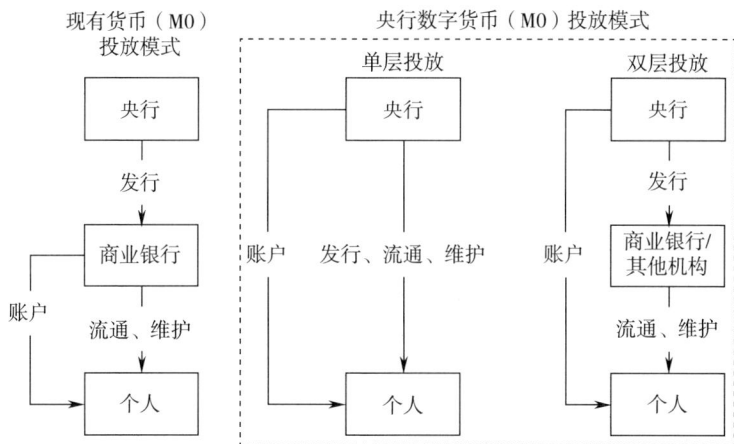

图6-8　央行数字货币的投放模式对比

资料来源:中金公司研究部:《区块链与数字货币:科技如何重塑金融基础设施》,2019。

货币底层是有先天的去中介化技术基因的，所带给商业银行的"脱媒"压力与 1984 年前只有央行一家的计划经济形态，其根本性质是完全不一样的。1984 年前的那种状况，是体制落后于时代的结果；而如今数字货币蕴藏的"脱媒"趋向，某种程度上是代表了一种引领时代潮流的味道。也许，人民银行之所以要在不同场合反复强调确保不"脱媒"，正是深刻地看到了这个潮流。

从技术上讲，央行未来是有理由不依赖商业银行，而是通过设立联盟的方式来运营数字货币的。在联盟的构成成分里，银行可能还会占据很小一部分话语权，但其他绝大部分将由其他各行各业的实业代表（即图中所示"其他机构"）组成，这种联盟方式将在形式上更充分地体现出国家要求金融回归本源、服务实业的指示。例如，Facebook 准备发行的数字币 Libra，其治理委员会的创始成员里就不乏非金融机构的身影，有 Spotify、Vodafone、Uber、Lyft 等。

站在银行的角度，就政策环境的风险而言，即便货币"脱媒"不会成主流，银行也已经有必要谨防"脱层皮"了。

银行在区块链世界里的定位挑战

银行的本质是信用中介；区块链根本精神则是去中心化，各种中介性质的中心化枢纽正是被革命的对象，包括银行；区块链上，主体之间的可信交互由算法保证，无需权威节点背书。在这种显然的"矛盾"中，银行如何定位，并要经得住未来科技发展趋势的考验，将成为值得银行思考的一个重要课题。

又比如，区块链上，交易即结算，机构间不再需要银行来负责对账，市场主体间的摩擦成本因此得到大幅度降低。银行汇兑在资金转移过程中的作用再次被削减。

再者，人类有可能重回"物物交换"的时代。实物权益数字通证化（Token 化）→数字通证直接可以点对点地可信流转→数字通证货币化，这一路径已经若隐若现。银行和法币的中介作用受到冲击，人们的价值交换可能通过代表物的通证之间的交换完成。通证还是可以自由分割的，能轻松实现微支付：与房产对应的通证很容易切割出一部分来，"用房子（通证）买瓶矿泉水"将变得非常简便可行。

此外，当银行准备向区块链世界提供信贷服务时，如何确定授信对象也将是一个挑战。越来越多的组织是以去中心化自治组织（DAO）的形式存在，并不存在可以直接承担债务责任的法人概念。

像上述这些例子的区块链场景变革将无处不在。银行需要回到最本初的状态，以"第一性原理"的方式进行思考，在价值流动、信用流通过程中，重新发现、提取、总结出自己的业务角色定位。

"财资管家"是银行在区块链世界里最终可能落脚的一个角色定位。银行具有风控能力的长期积累，更懂风险管理，可以向客户输出专业的风险管理能力，协助客户管理好资产、债务、交易等要素或过程中的风险；银行同时也是专业的"现金"管理者、价值管理者，是更好的理财服务提供者，比绝大部分客户更懂理财。未来银行可能演变为以定向为客户提供个性化的金融服务为主业，而不再（也无法再）依赖吸储—放贷来获取经营效益；这种个性化的金融服务提供者角色要获得足够的规模效应，必须采取完全智能化的模式。

银行风险管理因区块链而敏捷、自动、精准

区块链是实现智能合约的最佳载体，AI + 智能合约 + 区块链将是银行及银行风险管理智能化、实现敏捷的一个绝佳组合方案。

此外，区块链结合智能合约，还能让风险管理流程、三道防线和金融监管都实现自动化。对于全面数字化的未来银行而言，风险识别规则、风险应对策略等均可基于区块链和智能合约实现完全自动化。风险管理的三道防线也不例外。届时，风险管理三道防线的直接防控主体将由银行组织变成银行智能体，三道防线的相关工作内容、工作规则也都可以用完全数字化的方式进行归纳、描述，进而在对其智能合约化后，可置于区块链之上运行，确保智能合约本身以及合约触发条件的安全、可靠、可信，同时也就让三道防线工作实现了相当程度的自动化。同样，未来监管部门对银行智能体的监管也将数字化，也将能通过智能合约 + 区块链的方式，实现

高度自动化。

而基于区块链的数字身份（ID）将是未来银行风险管理"精准化"的一个典型体现。银行风险中，最核心的变量其实就是人（身份），人就是最大的风险要素；能精准无误地识别每个客户的身份，就能实现精准的风险管理。区块链是解决数字 ID 安全、可信的最佳方案；当生物识别技术足够成熟后，两者的结合将有机会彻底解决"人"身份全面上线的问题，且高度可靠、高度准确；让每个客户都能在线上被精准识别，且唯一、易验证、无法被模仿。

总之，未来，区块链将全面重构银行风险管理体系、银行生产组织模式、银行业相关各市场主体间的分工协同模式。

第三节　C（Cloud-computing）——云计算

云计算是一种计算理念

云计算是一种更加高效的计算资源复用方式，更是一种很基础的计算理念。一切计算资源都终将通过"云化"实现充分"高可用、高可靠"的重用、共享：高可用，指随时可用；高可靠，指整体上抵御故障的能力强。

> 我们要想象一个重视人类体验跨设备流动的世界。在这样一个世界里，云使得这种流动性成为可能，并产生新一代的智能经验。
>
> ——萨提亚·纳德拉，微软公司 CEO

云计算的诞生，源自于传统的计算资源管理模式已经无法满足互联网平台的发展需要。大机/小机是传统算力资源的典型代表。传统模式有着硬件昂贵、占用人力多、抗故障能力弱等显著缺点。云计算基于普通电脑（普通服务器）构建各种规模的计算资源平台，用软件的办法，干掉了传统的小型机、中型机甚至大型机，让小型机们逐渐退出历史舞台，并成为银行科技里的恐龙。云计算模式硬件成本低、自动化运维程度高、应对故障能力强，尤其是所需人力大幅减少。例如，Facebook 据称能做到 1 个工程师即可管理好 2 万台服务器的计算资源。

云计算不单改变了传统的计算技术、计算资源的可用模式，同时也在不断地推动着大数据、深度学习等相对新兴的计算技术的模式演进。比如，近年来，随着大数据底层技术的逐步趋于成熟稳定，大数据技术平台系统也开始了云上化的趋势。有业内人士称，"在云环境下的对象存储系统（如亚马逊 S3、微软 Azure BlobStorage 和 Google Cloud Storage）中存储数据比在 HDFS 中便宜了 5 倍"。

云计算这种模式，也反映了人们通过共享让各种资源实现社会效益最大化的理念，这是一种跨领域普适的理念。

云计算的基本特性

云计算让用户能以弹性伸缩的方式使用计算资源。"削峰填谷"是云计算弹性伸缩特性比较好的一个例证。每年"双十一""618"等大型网络购物节，电商行业流行的"秒杀"，都是云计算"削峰填谷"的典型场景，在云计算成熟之前都是难以实现的。

云计算让计算资源的使用变得非常简易轻便。云计算是通过订阅方式获取，如同使用日常生活中的水电煤气一样，付费即可用，付多少用多少，用户只需要考虑如何利用的问题，不再需要去考虑繁琐的基础设施搭建、运维等问题。

云计算大幅度增加了计算资源划分颗粒度的自由度。比如从计算时间的维度，资源可以按年、月、日、小时甚至分、秒的颗粒度进行分割、共享、计费；同样，资源维度也可以按 CPU、内存、网络、应用、服务等各种颗粒度进行分割复用。

云计算支持多租户。在云计算"对资源集中整合后再弹性分发"的背后，有一个很重要的概念，即多租户。通过成熟的资源调度和管理技术，云计算一方面确保了新用户的环境能"一键开通"，同时又确保了不同用户之间完全的相互隔离、互不干扰，即多租户之间的独立。比较主流的多租户技术有 Docker 容器技术等。

云计算的分层

在业界，一般按照 IaaS、PaaS、SaaS 的架构对云计算进行分层。

IaaS（Infrastructure as a Sevice）指基础设施层，是 CPU、内存、一般存储空间、网络带宽等基础资源层面的云化集中和分发，用户无需自行搭建。PaaS（Platform as a Service）指平台即服务，是对数据库、中间件、消息服务、数据分析等技术平台按云化模式分发，用户无需自己部署。SaaS（Software as a Service）指软件即服务，是指各种应用软件按云化模式进行分发，用户无需自己安装。

表 6-2　　　　　　　　　　　云计算的分层

类别	IaaS	Paas	SaaS
面向对象	企业/开发者/运维者	开发者	企业/个人
交付物	基础设施资源	单项能力	软件应用
具体包括	计算、存储、网络	数据库、中间件、消息服务、数据分析等	管理型应用、业务型应用、行业型应用
特点	为应用系统提供基础设施资源支持	常提供开发平台或以 API、SDK 的形式被客户应用、调用	常为通用性较强的日常业务，如邮件、教育、医疗服务等。SaaS 可以调用 PaaS 层能力，也可以使用 IaaS 层资源独立开发

云计算通过 IaaS、PaaS、SaaS 的三层划分，降低了大家在共性技术层面的重复投入，使得更多的社会资源将注意力集中到如何提供独特的最终场景应用上去，大大加快了产业应用的整体创新速度。

云计算的分类

云计算的分类方法比较多，在企业应用领域，有一种划分方法，将云计算分为公有云、私有云和混合云。

公有云，面向整个公众群体提供服务，比如银行的网上银行，就是公有云。私有云，只在特定的用户群内部提供服务，不对公众提供服务，比如银行的内部管理平台，就是私有云。混合云，是指在某些场景下，需要同时使用公有云和私有云，并需要将两种模式结合起来应用；银行的云计算整体上属于混合云模式，既有公有云服务也有私有云服务，并且公有云和私有云之间需要整合、协同。

未来将只剩下一台世界云计算机

未来，云计算的概念将进一步升华。除了各个云厂商之间的互联互通、协同计算会变得更加畅通无阻外，各种物联网设备、各种个人计算设备，也都将被高度成熟的分布式计算技术有机地整合到一起，全世界的互联网资源将共同组成为一台超级巨型的"世界云计算机"，每一个物联网上的边缘计算设备，每一台个人计算设备，都将为这一台"世界云主机"贡献着各种形式的运算资源。

云上银行：DevOps 和平台化

相比人工智能等技术，云计算对银行的支撑作用更加体现在底层支撑。

银行 DevOps。在云计算技术的基础上，为了让企业能最为高效地开展各种应用的开发设计和推广，诞生了 DevOps 概念，即整合了一整套的工具、流程，让银行等企业组织能够近乎于自动化地一条龙完成从应用开发到应用部署，再到应用运维，大幅度减少了产品开发流程中开发、部署、运维等环节之间的磨合成本，进一步让银行的主要精力更加集中到与业务

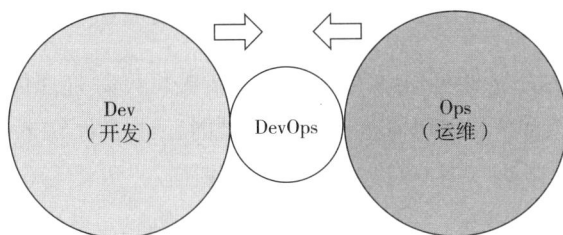

图 6 – 9　云计算的 DevOps 概念

直接相关的工作上。

银行平台化。银行为了场景化，需要先做到平台化；银行的平台化是充分场景化的一种实现渠道。而平台化可行的前提是云计算技术的成熟。平台化分为两步。第一步 API 银行。银行以 API 形式开放各种业务功能、数据产品，供各种合作伙伴调用，这些 API 如同用尖针一般的触角对外出击，扎入各种客户场景，在帮助合作伙伴的同时，也让银行获得对各种场景客户新的感知能力。第二步是"小程序"平台。银行打造自己的银行开放 OS 环境，对外开放 DevOps 能力，让合作伙伴能在自己的地盘上一站式开发运行各种小程序、小应用，从而围绕银行自身形成一个服务组团。这一阶段也可以算作生态化阶段的早期、预备期，是一种中心化的生态。

例如，早在 2004 年，PayPal 就推出 Paypal API，这是银行业务开放的最开端；而国内，2012 年中国银行率先提出建设"开放银行"的理念，但未实际落地；2018 年，浦发银行、建设银行和工商银行相继推出开放银行平台。

银行生态化。银行开放平台发展到一定程度后，将步入真正的生态化银行阶段，此时的生态是联盟型的，是去中心的生态。联盟将借助区块链技术来实现跨机构间的商业流、资金流、物流、信息流的全面融合、协同。银行是这个联盟生态的共同治理方之一，与其他机构的不同仅仅在于分工的不同。

平台化和生态化都是为了让银行的场景化进程更加全面、彻底。

未来银行风险管理在云上实时计算、敏捷进化

云计算提供的 DevOps 能力是银行体以及银行风险管理体系实现敏捷进化的技术保障。系统的任何修改调整都能借助云计算的 DevOps 能力迅速完成开发、部署、上线、投产及运维，即实现敏捷。

云计算在资源配备上能根据需要实时弹性伸缩，是银行风险管理体系实现实时特性的关键前提。未来银行是全数字化的计算系统，其对服务或对风险的响应速度将主要由包括计算力等在内的各种计算资源的配备情况所决定；并且，未来银行会经常面临服务请求量潮汐式的大规模爆发与消

退，例如"双11"的交易支付场景，因此，具备实时弹性伸缩能力的云计算架构是未来银行的不二之选。架设在云计算平台之上的银行，在面临任何计算资源方面的需求波动时，无论是对风险的感知和监测，还是在对风险的识别，或者是对风险的量化计算，抑或是风险评估，以及风险应对策略的生成和执行、风险管理模型的调整修正等，都能做到自动伸缩、实时满足，确保风险管理实时计算、实时响应。

未来，银行所涉及的所有计算资源，从大数据到各种算力，从各种模型再到各种IoT终端，都会通过云计算技术在云平台上实现大集中，从而确保所有计算资源的高可用性，进而确保银行智能体自动而高效地持续迭代，最终成就敏捷银行，也成就敏捷风险管理体系。

第四节　D（Big-data）——大数据

> 什么东西最好用数据来做？一定是一个无摩擦的、纯数据的，数据量特别大的领域，而且是能够靠数据调整就可以挣钱的。那一定是金融。金融分为放贷、银行、投资、保险等方面。在每一个领域都会开花结果，这是我们特别专注的。
>
> —— 李开复，Google前全球副总裁、创新工场创始人/董事长

数据是银行最基础的核心资产

据估计，全球在2017年一年内产生的数据量超过了人类之前5000年产生的数据总量，人类社会已全面进入大数据时代。特朗普依靠剑桥数据公司（Cambridge Analytica）的大数据技术准确定位到关键选民群，将不可能变为可能，成功当选美国总统。

大数据的典型特征可以归纳为"4V"：Volume——数据规模大；Velocity——流转速度快；Variety——数据类型多；Value——价值密度低。与传统的数据处理方法不同，大数据处理方法不是使用抽样数据而是使用近乎全

量的数据，不是依赖精确数据而是利用混杂数据，处理结果所反映的也往往不是因果关系而是相关关系。

大数据可以分为结构化数据、半结构化数据、非结构化数据。传统关系型数据库里的是结构化数据；而有一定固定结构模式，但又不能通过关系型数据库表管理的，就是半结构化数据，例如日志文件、json、XML、email；完全没有任何固定模式的数据则是非结构化数据，例如图片、音频、视频、日常的普通 txt 文件等。

未来的智能时代，本质上是"数据所驱动的智能"，是基于数据之上进行的智能，是不断形成更多数据的智能。

未来，数据将更加成为银行最核心的基础资产，其首要度甚至超越技术、超越人才，因为技术会变，人员也会流动，而数据是持续积累的。未来，评价一家银行的整体实力，只需要看它的数据状况即可作出判断。

大数据在银行的应用可分为三大方向：风险管理、营销和运营优化。具体领域则包含诈骗侦测、信用风险管理、客户流失分析、客户细分与个性化营销、推荐引擎、客服中心效率优化、客户支持等。

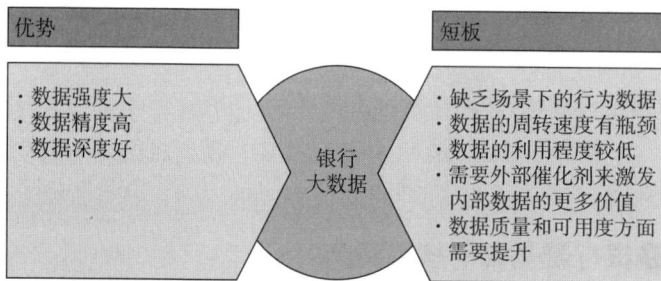

图 6-10　银行在大数据方面的优势及短板

银行在大数据方面的优势

银行业务本质上全是"数"。长久以来，银行积累了金融生态中几乎全部业务及环节的"数据"，因此银行在数据量方面有一定的天然优势。根据波士顿咨询公司的估算，银行业每创收 100 万美元，平均会产生 820GB 的数据，数据强度之大雄踞各行业之首。此外，银行数据的精准度很高，要么是账务数据，要么是按照监管要求的客户精准信息数据，且往往是经过严格审核的。再者，银行在数据上还有深度优势，因为银行所掌握的数据都是客户比较隐私的完整账务信息、资金往来记录，这是一般互联网企业无法比拟的。

银行在大数据方面的短板

同时，银行在数据方面也存在着一些比较明显的短板：

银行缺乏场景下的行为数据。银行的数据主要是财务数据、流水数据，是强金融属性数据。银行缺乏与客户有关的场景行为数据，也缺乏收集这类数据的通道。客户场景数据虽然不是直接的金融行为数据，但经过大数据技术的处理、分析之后，却能把客户会发生金融行为的场景刻画得很精准，而这正是银行服务实现精准营销最为需要的。

银行数据的周转速度有瓶颈。虽然银行数据量大，但有很多数据的初始形式还仍然是纸质的，直接可用度低；要被软件工具直接使用，需要先经过一个数字化的处理转化过程，转化为数字化形式；而这一过程存在明显的效率瓶颈。所以，银行不像互联网企业，数据在刚被采集到时就已全是数字化形式，就已对各种技术工具直接可用；这一特点决定了互联网企业的数据周转速度要快很多，相应地，整体的业务闭环运转速度也就快了很多。

银行数据的已被利用程度较低。网上银行、手机银行、财富管理、信用卡平台、支付结算系统等存放了大量的客户交易数据，核心系统、信贷系统、客户关系维护系统、计价系统等存放了详细的科技基础信息，丰富的数据让咨询公司、互联网公司无法企及。但正因为庞大的数据量、复杂的数据类型和逻辑不清的数据关系，数据加工难度反倒增大。据统计，只有34%的银行数据被加工利用起来。主要为一部分交易数据和渠道数据，其他数据都处于"闲置"状态。而在这34%里，大部分是被用做内部考核或生成运营管理层面的统计报表，能直接作用于生产过程的仅仅是这34%中很小的一部分。

银行需要外部催化剂来激发内部数据的更多价值。去除已经被有所利用的那34%的数据，剩下的66%虽然有很大的价值潜力，但要想让这些潜在价值充分释放，却需要有足够丰富的外部数据作为催化剂。

银行数据质量需要提升，数据治理亟须加强。比如银行数据存在纺锤形问题（原始数据和最终使用数据的字段数不多，但中间过程衍生字段庞大）、数据看似多要用时却总是找不到、银行数据普遍整合难度大从而难以做到实时、各条线各应用数据定义不一致等问题。

扩展场景化数据：蚂蚁模式与百度模式

银行不缺强金融数据，但缺少弱金融数据，所以应该尽量多地获取场景化数据。在各种获取方法之中，开拓、建立起自己的场景化生态，让生态源源不断生产数据，是最具长久价值的。而建立自己的场景数据生态涉及一个问题，是什么场景都做，还是有所为有所不为？为与不为之间如何平衡？对比蚂蚁金服（阿里）与百度在金融领域的发展模式，能获得一些启发。

蚂蚁金服的有所为与有所不为。当年，受微信支付的冲击后，焦虑的支付宝试图凭借自己的海量用户积累，也杀入社交领域；哪知刚一推出，立刻遭到用户们的强烈抵制；此后，支付宝痛定思痛，紧紧围绕支付，决定有所为有所不为，只专心做支付工具，打造出非常具有支付宝特色的支付工具生态，最终第三方支付市场的占有率也逐步重回行业首位，现在重新大幅度领先于整个腾讯系。

支付宝支付工具生态如此成功，关键在于它形成了不断放大数据获取能力的扩张逻辑。电商场景是支付宝的起点场景，提供了初始数据；在加工利用这些数据的基础上，设计出生活场景缴费服务；用户使用支付宝的水电气生活缴费服务后，产生新的数据种类，支付宝整体数据的量和性质都得到扩张；基于扩张后的数据资源，又设计出小贷服务；用户使用小贷服务，为支付宝扩张了更多数据来源；用户基于扩张后的数据资源，又能设计出新的服务类型，比如相互保；用户使用相互保，又为蚂蚁金服带来新的数据扩张……场景—数据—更多场景—更多数据—……如此迭代，让

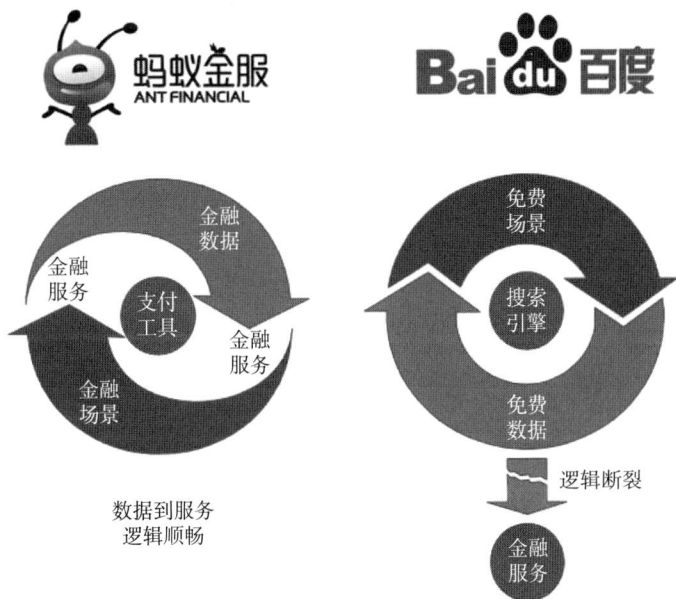

图 6－11　获取金融场景数据：蚂蚁模式 vs 百度模式

支付宝（蚂蚁金服）的场景生态不断扩张，数据获取能力不断放大。

百度金融业务受累于免费场景。不同类型的场景，其数据价值对于银行业及金融业务是有重大差别的。

早期，百度的绝大部分用户场景都是完全不涉及交易行为的。百度的核心服务——搜索——是免费的（也只能免费），配套的各种用户场景如百科、知道、贴吧等也是免费的，都与交易完全不相关。在百度的场景生态里，涉钱的只有做百度 SEM 广告的这个场景。所以，百度从自己生态所获取到的数据几乎没有任何关于消费者金融行为的数据。这样的数据状况对于金融服务的营销、客户画像、风控等价值都非常小，即免费场景数据和金融服务之间存在"逻辑断裂"现象。这也是为何百度用户体量远大于京东，但百度金融业务的排名却在京东金融之后的底层根源。事实上，百度金融所使用的数据有很大一部分是依赖外购，而并非百度生态自生。为了弥补这一重大短板，百度开始推出具有收费属性的百度网盘和百度文库等服务场景，开始重视建立获取"涉钱"数据的场景生态建设。

由上可见，银行在拓展场景时，应该优先拓展与"钱"有关的场景。这种场景才能为银行带来真正有意义的价值数据。

银行业的长尾市场：大数据信用与营销

在传统的运营模式下，银行对需要借贷的企业进行信用等级评估时，主要是基于财报、抵押物、担保信息等进行，极为局限；而中小微企业往往没有规范的财报、缺乏抵押物及担保方，因此中小微企业普遍难以获得授信。借助大数据技术，在对足够全面、多维的行为信息综合分析的基础上，银行对中小微企业授信变得可行。所纳入分析的信息包括企业经营过程的记录、上下游关联企业的状况、企业的公共舆情、用户群对企业产品的评价反馈，甚至包括员工生产生活状况等。这种大数据技术评估方法所得到的是企业"大数据信用"，它不再受到传统抵押物等的约束，彻底激活了中小微企业及消费贷款市场。

受益于大数据技术，银行业务在开拓客户上也能够越来越多地依赖于线上化、批量化、自动化的方式进行，对客户及客户需求的定位也更加精准。

银行通过大数据分析的方法建立起销售漏斗模型，并对潜在用户群进行分层，依据大数据画像结果将不同的用户匹配到销售漏斗的不同阶段，然后自动配套精准的营销活动，促使客户进入漏斗的下一个阶段，直至最终成为真正用户。整个营销过程可以完全绕开线下一对一、面对面人拉肩扛式的传统销售模式，整体营销拓客成本大幅度降低，确保了中小微企业及消费贷款等零售业务的利润空间。

在大数据信用和大数据营销的支撑下，以中小微企业和消费金融为主的长尾市场将得以成为银行的关键业务。这一方面让银行享有了长尾市场稳定性好且持续增长性好的优势；另一方面也解决了中小微企业融资难融资贵的社会治理难题，附带创造了不可估量的社会效益。

阿里启示：坚持"小"才能"大"

值得银行反思的是，金融长尾市场的探索及最终成形，不是由银行完成的，而是互联网创业企业。其中，尤以阿里为代表。阿里巴巴自创业之初，就一直明确以服务小微企业以及个体户为主，做的是真正的普惠商业；到 2010 年，阿里小贷成立，定位于为淘宝商家提供贷款服务，线上评估、线上放贷、线上还款，完全依赖数据开展贷款业务的模式初具形态。2013 年，蚂蚁金服的前身"小微金服"成立，2014 年蚂蚁金服正式成立，此后一直坚持"为小微企业提供金融服务"的定位。甚至 2015 年旗下网商银行成立之时，特意明确了一条原则：坚决不发放超过 100 万元的贷款。只有坚持小微，才能让自己无法依赖人来处理业务，从而才能让自己始终只能依赖于寻求技术手段解决各种问题，才能最终做到所有业务都是由大数据技术等科技手段来自动处理。

阿里一直以来对小微目标的坚持，最充分地展现了大数据时代的精髓。选择坚持小微，才能获得足够"大"的数据，从而才能真正做到完全由数据驱动业务。

到 2018 年时，坚持小微的蚂蚁金服估值已经超过万亿元人民币，是全球最大的未上市科技企业。

对"小"的兴趣，同样发生在国外的全球领先银行身上。从 2016 年起，有着 150 年历史的高盛，先后在美国、英国启动个人零售业务，其中在美国个人储蓄和贷款都做，英国暂时只提供储蓄业务，这突破了高盛一直以来不做零售的传统；从 2016 年 4 月推出到 2017 年底，短短一年半的时间里，高盛零售存款便已高达 1710 亿美元，用户数超过 35 万户。而这一"小"业务的背后，全部是由线上数字银行所支撑，完全由大数据所驱动。

趋势一：未来银行大数据持续爆发

银行大数据下一波量的飞跃来自于 IoT。

5G 网络的全面普及将真正把人类社会带进万物互联的 IoT 时代。截至 2019 年，全世界的手机数量大约为 30 亿部。也就在 2019 年，已接入互联网且能主动与网络展开互动的 IoT 设备（称为主动式 IoT 设备）已经超过 76 亿个，即超过全球人口总数。有预测表明，到 2025 年主动式 IoT 设备将可能达到 500 亿个，而未来可能连接上互联网的设备更是将达 1 万亿个的量级。每一个主动式 IoT 设备都是一个持续不断的数据源，7×24 小时不间断地为互联网世界提供新数据。IoT 带来的数据爆发大多具有实时、自动的特征，因此也将促成端到端自动、实时的大数据处理系统的进一步成熟。

而银行在充分融合 IoT 数据采集能力后，其基本操作层面以及业务运行模式层面都将发生巨大变革。

例如，华为公司和渣打银行联合打造了基于 IoT 的供应链金融解决方案，彻底改变了企业对银行融资难、付款慢的传统供应链金融方式。企业和银行系统通过货物上的 IoT 传感器，实时、全流程跟踪货物转移状态；IoT 设备能根据定制的预警规则，自动对风险事件进行分析和识别，并实时上报银行，改变了渣打银行的供应链金融风险决策模式，进而让渣打银行能够向制造商及分销商提供更多更低成本的融资方案；而融资的发放及项目付款也都通过 API 接口触发自动完成，大幅度降低了操作风险发生的可能性。

趋势二：银行数据中台化

银行数据中台，"数据 API 即服务"，是整合、复用思维的再次体现。API 化的数据比技术系统的底层数据具有更加明确的业务概念，更容易被银行业务场景直接调用，还更容易同时支撑多个业务应用、提高系统资源的复用度。数据中台是靠近业务端的，是基于业务的视角对数据资源进行标签化、模型化、服务化（API 化），但又保持了足够通用度，并非只服务于一个应用。数据中台化是银行在业务应用开发层面实现敏捷的重要支撑，也是银行实现平台化的必需步骤。

当然，业界对银行数据中台的准确定义并不统一，在具体实现上，也各有各的思路。但万变不离其宗，数据中台的形成，都是为了破解相同的行业困境：数据前台越来越臃肿、数据后台灵活性越来越跟不上，数据利用过程中的效率瓶颈越来越明显。银行数据中台是不同于数据平台、数据仓库的，数据中台可以是基于数据仓库和数据平台的。

趋势三：银行数据资源资产化、产品化

无论是数据本身还是大数据技术，最终目的都是解决业务问题、改善用户体验。银行可以整合所积累的大数据资源和各种大数据处理技术，针对各个垂直领域的商业场景，形成直接可用的商业智能分析产品或服务，开放给生态伙伴，通过数据资源的资产化、产品化，拓展银行的业务边界，强化与用户的连接，丰富获客通道。

一个被经常提及的典型例子：澳大利亚一家银行充分利用自己沉淀的大数据资源以及丰富的客户生态资源，将所服务的广告媒介商资源进行了集中，并根据有广告需求的广告主客户的特点，对这些媒介所提供的不同广告位进行大数据分析，向广告主客户提供最佳广告投放建议。借此，该银行一方面是形成了一条新的增值服务条线，同时也强化了与广告媒介商客户、广告主客户的连接关系。

趋势四：未来银行的大数据治理

大数据治理对数据质量负责，是银行大数据技术中至关重要的环节。

如何对更多维度、更加完备的跨领域数据源实现更加高效的融合，将成为未来银行在大数据治理方面的一个重要课题。目前，在大数据分析项目中，数据融合即数据预处理占技术人员近80%的时间；发展出更高效的跨领域数据融合手段，就能让更多时间分配到更具直接价值的商业智能分析上。

当数据融合涉及外部数据时，尤其需要注意合规使用的问题。商业银行可以通过发起或加入联盟链，基于分布式账本技术实现接入平台的各节点企业的信息对称共享，同时又能做到隐私保护，让数据只能在有权限的企业看到，如供应商向融资银行开放，授权银行查询其交易数据等。联盟链的构建可以建立更加公平、透明、安全和高效的互助机制，促进各节点企业数据的共享交互，获得更多的企业共享数据，不仅可以降低信用风险和信贷审批成本，而且可以增加获客渠道以及赋能更多业务场景。另外，密码学在共享数据的隐私保护上起到了关键的作用。如基于同态加密技术，

零知识证明可以帮助企业向银行证明其满足某些审批合规等条件的结论，且不用披露具体的数据信息从而得到隐私保护。

此外，利用 AI 技术治理数据也将成为未来银行数据治理的一大趋势。

全量数据驱动精准的实时风险管理

数据是当前数字科技的"石油"，也一直是银行业务的核心基础。只要数据足够充分，银行就能对客户做任意颗粒度的精准细分，就能根据业务需要，针对任意人群、任意用户甚至任意场景状态下的客户进行精准的个性化营销，就能为其提供完全个性化的定制服务。当然，如此高精准度、高定制化的银行业务要现实可行，必然要求银行具备同步展开大规模一对一计算的能力；而这，又势必要求银行尽量 AI 化和云计算化：AI 技术推动各种系统的全面自动化，奠定银行服务计算模型的高度可扩展性，是实现一对一服务的算法基础；云计算技术则保障银行的各种业务运算所需的各种运算资源都能够实时弹性伸缩，是实现一对一服务的资源能力基础。

未来银行将进入全量数据阶段，未来风险管理将是基于全量风险数据的风险管理，风控模型的生成、训练、优化都会更加精准。全量数据除了"全"之外，还将是持续实时刷新的，这一显著特征再融合大数据技术的实时流处理能力后，将驱动未来银行在风险识别、风险监控和风险处置等若干环节都呈现出实时响应的特点。同时，在全量数据时代，银行将越来越注重尽早为每一个市场主体都建立起完备丰满的风险画像，并保持实时维护和更新。正是由于所有主体都随时保持有完整、精准的风险画像，未来银行风险管理将有条件在事前做到精准预测和预判。

第五节　5G 与 IoT（物联网）

未来银行无处不在，就是不在网点。

——布莱特·金，《银行 4.0》作者

数字科技革命是一部"场景上线"史

近几十年来的数字科技革命，其实是一部各种社会场景逐一"线上化"的历史，人们的各种活动场景不断实现着往线上的迁移。从最早的邮件，到聊天，到相亲，到购物，到社交，到"全民 K 歌"……比特币也是一种试图将现金往线上搬的尝试，同样是在为"上线"史贡献着篇章。

在即将到来的 5G 时代，人类场景"线上化"的历史将再次加快书写进程。其中，尤以两类场景值得银行关注：万物互联和 VR/AR。

万物互联，万物皆在线，物与物之间、物与人之间的各种连接、各种关联场景，内容信息型的、动作操控型的，都将全面线上化。

5G 之前，由于网络延迟一直无法控制在 10ms 以内，VR/AR 始终会有非常明显的眩晕感。因此，只能一直被期待却一直难以被广泛应用。在 5G 网络成熟后，受益于 5G 的高速率以及低延迟特性，VR/AR 将真正进入可全面商用推广的阶段。

VR/AR 成熟应用后，将能够把远处的球赛、景区以 360 度浸入式的观感搬到线上。5G 网络是高可靠、低时延的，操控动作能得以实时传输，再结合上 VR/AR 效果，线上的视、听、操控将更加逼近现实世界的体验。再配合上各种传感器，如触觉传感器，线上世界的体验将异常丰富多彩。

例如，分散在全球各地的好友们将能够随时组织一场远程足球赛，虽然各在天涯海角，但在这场线上足球赛里的体验跟当年一起在线下操场里踢的球赛完全没有区别。同样能真切地感受到踢到球时的强劲反弹力，同样能真切地感受到冲撞到对方球员时的强烈震动和疼痛，进球后的拥抱欢呼也丝毫觉察不出与线下有何差别。

当人们大量的生活场景都迁移到线上后，银行与人之间的场景当然也应该都迁移上线。

例如，中国每年春节后都是年轻人买房的一个高潮期，原因在于春节家庭团聚期间，受到各个长辈的鼓励、支持和督促。到了 VR/AR

时代，春节家庭团聚将会大量得以通过 VR 团年方式进行，既省去了春节返乡路途上拥堵的折磨，在团聚体验上也并不会有太多损失。VR 团年过程中，买房的话题会一如往常成为重点之一。此时，VR 世界里的银行就可以抓住机会提供围绕买房决策的各种配套金融服务。

5G 时代，世界上绝大部分的场景和人类体验被线上化、数字化，从而成为能被大数据技术所采集、清洗、集成的数据资源，进而大幅改善人工智能技术的原始数据状况，为大幅度提升银行人工智能模型的综合能力夯实了最为关键的原料基础。

5G 将带来人机界面的持续革命

5G 的基本特性。5G 既是未来各项技术的最主要基础设施，又是未来一段时间各项数字技术的集成应用。对 5G 的讨论，将涉及人工智能、大数据、云计算、VR/AR 等技术。5G 的主要特性包括高速、低延时及高可靠、万物互联、低功耗、泛在网。

5G 的高速：下载速度峰值可达 20Gbit/秒；普及后，一般情况下维持 5G～10G/秒的下载速度是没问题的。这意味着一部高清电影，1 秒钟之内下载完毕。虚拟现实是 5G 高速特性的最佳体现。

5G 的高可靠、低延时：接近 100% 的业务可靠性，端到端的时延被控制在 1ms 之内（作为对比，人类的反应时间为 200～300ms）。如此低的时延，将让远程实时的操控互动全面走进生活、生产。

5G 的万物互联：每平方公里可以容纳 100 万个设备接入，万物互联。

5G 的低功耗：连接 5G 的智能硬件只需 1 个月充一次电。

5G 的泛在：各种之前通信网络难以覆盖的角落都很容易低成本地部署上 5G 网络，从而确保 5G 网络的"泛在"。

5G 带给交互界面的变革关系到银行业务的场景革命。5G 的革命性，将在很大程度上体现在对人机交互界面的变革之上。在信息科技发展史中，每次人机交互界面的变革都会对社会带来划时代的影响。这是因为人机交互界面的改变，总能引发数字世界里的场景发生全面的结构性改变。未来

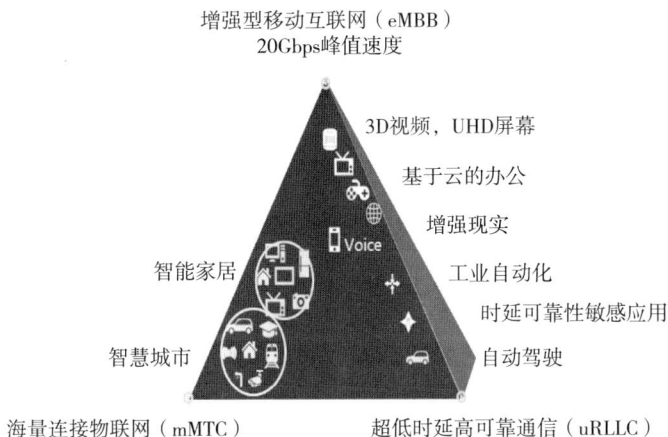

增强型移动互联网（eMBB）
20Gbps峰值速度

3D视频，UHD屏幕

基于云的办公

增强现实

工业自动化

时延可靠性敏感应用

智能家居

自动驾驶

智慧城市

海量连接物联网（mMTC）

超低时延高可靠通信（uRLLC）

图6－12 5G的主要特性

资料来源：华为：《认识5G，发展5G》，2019。

金融需求是以数字场景为主要基础的，是生长于数字场景之上的。因此，对于银行及银行业务，5G带来的人机交互界面的改变具有根本性的影响。

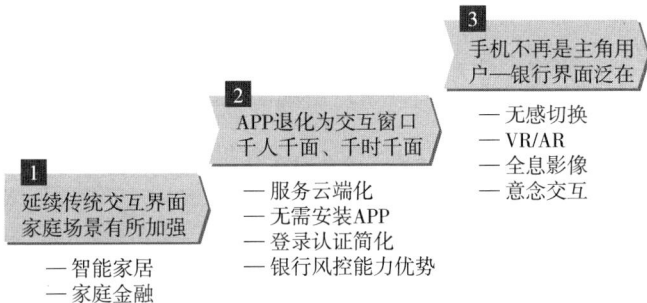

3
手机不再是主角用户—银行界面泛在

— 无感切换
— VR/AR
— 全息影像
— 意念交互

2
APP退化为交互窗口千人千面、千时千面

— 服务云端化
— 无需安装APP
— 登录认证简化
— 银行风控能力优势

1
延续传统交互界面家庭场景有所加强

— 智能家居
— 家庭金融

图6－13 5G时代，银行将经历的人机交互界面变迁历程

5G初期：家庭场景有所强化

据估计，在5G正式商用的早期，在1～2年时间里，5G家庭无线宽带和具备5G高速下载能力的手机仍将是率先得到广泛欢迎的5G应用场景。借助5G家庭无线宽带，人们不但能彻底摆脱固网宽带和电视电缆的约束与不便，还能轻松享受超高清品质的视听体验。这一阶段的场景将仍然主要是以手机和声控智能音箱为中心点的智能家居模式。对于银行而言，这一阶段需要注意的消费者洞察关键词是"高清"和"家庭"："高清"代表着互联网内容生态的一次全面升级；而"家庭"则是这一阶段5G场景最重要的氛围特征，代表着人们回归客厅大屏的意愿会有所加强。同时，这一阶段的"家庭"化特征与面向家庭的金融业务增长有一定暗合之处。

5G 中期：千人千面、千时千面

随着5G应用的深入，5G网络的高速、低延迟、高可靠性等关键特性将全面体现在互联网产业链的各个环节之中，人们将有越来越多的机会直接从云端获取各种资源和计算服务。APP这一服务形态因为体积庞大、功能繁多、操作繁琐、更新总是不断、需要安装等由来已久的不便将面临被逐渐淘汰的命运。但手机屏幕上的APP并不会就此彻底消失，它们将可能首先退化为一种小程序形态的轻客户端（并非微信里的小程序），然后在人们的生活中存在较长一段时间。

小程序客户端的主要作用之一是在用户与云端服务之间建立一个智能化的交互窗口。服务端根据大数据和人工智能技术判断用户特性，然后针对不同特性的用户，或同一个用户的不同需求阶段，往交互窗口实时推送不同的功能菜单，相当于实现了"同一款APP，功能却千人千面、千时千面"。这种小程序客户端需要承担的另一个主要职责是完成对身份认证所需信息的采集管理，包括人体信息、环境信息、线下信息等；这些种类极为繁多的信息之所以能高效而低成本地采集汇总起来，一方面得益于5G技术的万物互联特性，另一方面受益于人工智能技术和边缘计算能力的发展。

在这个阶段的后期，用户访问服务时，账号登录这件事将越来越没有必要，对用户的身份认证将变得接近"无感"——完全由服务端自动综合面部识别及生物识别、活体检测、DNA识别、操作习惯判断、触觉识别、环境信息检测等众多的AI技术手段来完成对用户身份的识别认定，用户本人在整个过程中是"零动作"的，他（她）对整个过程是"无需感知"且安全的；识别认定所获得的身份信息将成为后续交互过程中进行购物支付等的认证依据。而现在的身份认证，比如人脸验证，一是安全性尚不够完备；二是一般还需要把脸对准屏幕上的一个轮廓，用户体验远远谈不上"无感、无痛"。

身份认证方式的完全无感化，也消除了账号/密码越来越多、越来越记不住的用户痛点。支付宝和微信支付等第三方移动支付超级 APP 的登录界面优势被削弱；这对于银行来说，正是机会窗口所在，银行不善于交互界面运营但擅长身份风险计算的特点正当其时。

5G 远期：人机交互界面无处不在

小程序形态的轻客户端，本质上仍然是在本地手机上运行 APP 实现人机交互的方式，它不会是 5G 变革的终点，5G 技术对人机交互界面的颠覆还将继续。下一步，传统的本地 APP 模式将完全消失。与之同步发生的一个重大变化是，传统意义上的手机将消失，或将完全退化为一块"手屏"，便于携带和便于握在手上做浏览点击等操作的一块屏幕，可以理解为一款硬件版的浏览器。这一演变大大降低了人机交互中对本地运算能力的要求，直接的好处就是，人机交互将更加容易在其他设备、物体、场景里得以实现；"手屏"将只是众多交互界面中的一块，它将不再是人从网上获取数据资源、计算资源的主要入口。

未来，人机交互本质上是人与"世界云计算机"之间的交互，是无感、泛在的。5G 让万物皆互联，而低功耗的嵌入式技术的发展又让万物皆可计算，最终在万物参与下，共同组成了"世界云计算机"这台超巨型的分布式电脑；人与各种设备的互动，其实最终都是在与这些设备背后的这朵超级"云"打交道。所以，各种人机界面，本质上都是人与"世界云计算机"进行交互的入口界面。除了上面提及的"手屏"，其他诸如智能手表屏、电视屏、智能音箱，以及各种 VR/AR 眼镜或屏幕，还有智能汽车、智能冰箱、智能电饭煲等各种被较高频使用到的智能设备，都可能成为人与"世界云计算机"进行交互的主要入口界面。更为重要的是，这些入口界面之间，是高度协同、完全融为一体的；人在处理事务的过程中，可以彻底

"无感"地从一个交互界面切换到另一个交互界面，然后非常顺畅、自然地继续进行该事务的处理。

即人机交互界面将彻底步入"泛在且多界面无感协同"的时代。

> 例如，小天是一位生活在 5G 时代的用户，他从机场坐进了无人驾驶汽车，在车往家行驶的过程中，小天通过车里的屏幕查看着最近有什么好的众筹项目可以参与投资。他点开备选列表里的一个 VR 旅游项目，当他正准备查看项目详细介绍时，车到家了，备选众筹项目列表也还只翻看了一半。这时，小天什么都不用做，只需直接走下车。当他跨进家门时，客厅里的大屏幕会同时自动打开，上面显示的正是在车里正要看的 VR 旅游项目详情和剩下一半尚待翻阅的备选项目列表。

在人机交互泛在的阶段，除了 VR 等，还会有更多全新的人机交互方式涌现出来，其中较为引人注目的有全息影像技术、意念控制技术等。

5G 时代，人机交互界面将持续发生剧烈的变革，要求银行连接用户的方式与策略也必须持续跟随、持续调整。

实时互联网激活时间之箭

未来，5G 的实时特性将带来实时互联网。人们将能够在百度里按时间段精准查询：刚过去的一分钟里，世界刚发生了哪些事？或在去年的第一分钟内，世界都发生了什么？

进入实时互联网之前，即便是全量程度的大数据，也只能分析相关性，无法分析因果关系。根本原因之一正是在于：数据间缺少严格、可靠的先后顺序信息，缺失时间之箭！

实时互联网时代，世界的每一个动态、每一条资讯都将带有精确的时间戳。所有的数据，无论是同一平台内的数据还是跨平台的数据，都将能够按时间顺序进行严格整合、排序。而这些数据又都是可以借助区块链技术完成溯源、验真的。因此，基于这些带有精准时间刻度信息的数据，银行所建立的用户画像、场景刻画、计算模型，将更为逼近现实世界，将揭示时间之箭的深刻含义，因果分析成为可能，未来银行的风险管理系统将能够基于推理式的人工智能模型进行构建，这既有利于消除机器学习"不可解释性"的困扰，也有利于打破 AI 对海量数据的依赖，让风险管理模型可以轻盈运行，因而敏捷。

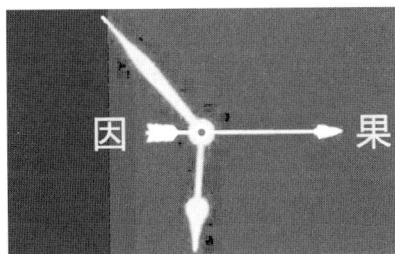

图 6 - 14　因果关系需要时间之箭

未来银行风险管理精准而无感

银行真正成为实时银行。在 5G 成熟后的万物互联时代，用户与银行之间的交互界面将是"用户—机器"式的，不再依赖于人工界面来对接用户，也不再受限于手机界面的约束，"用户—银行"交互界面将是"泛在"的，且 7 × 24 小时待命，无论用户在何处、在何时，一旦有需求，就能被无处不在的"用户—银行"界面所实时感知，被银行立刻处理、响应，并让用户实时接收到银行输出的服务。

5G 网络的实时性也保障了风险管理的实时性。例如，5G 时代，可以利用物联网技术实现对抵押资产的智能监控，受监控资产的任何移动都能被 IoT 实时而精准地采集并实时传送给银行，银行能据此实时作出判别，判定每次移动的背后是否存在潜在风险，从而能在必要时实时启动相应的风险处置策略。

任何风险，本质上都是源自于信息不对称。信息不对称程度越严重，风险计算中的不确定因素越多，风险管理就越难以精准。在 5G 成熟应用的智能 IoT（AIoT）时代，银行对风险信息的采集不但是高度自动、超低延迟的，而且是接近全量的，所有相关的风险数据，哪怕是弱关联的，都能实时地被采集为数字化形式，并对风险管理系统高度可用，这从源头上极大地抹平了风险管理中的信息不对称程度，从而让风险管理计算最终得以精准。

　　未来银行的风险管理还将是"无感式"的，对用户体验的影响会越来越小。很多人都经历过如下的窝火体验：登录时被要求输入动态图片上验证码，却怎么都输入不对。又比如，人脸识别验证时，得刻意对着镜头挤眉弄眼，还经常通不过。未来，这一切处理都会由风控系统自动综合无处不在的传感器的数据，自动地在后台默默完成，将能在用户完全无感知的情况下实现更加精准的风险识别、风险评价和风险应对。

第六节　管理科技风险

　　科技，一方面是未来银行变革最主要的推动力，是银行风险管理向数字化、智能化转型的核心驱动力；另一方面科技本身也是未来银行风险管理体系需要加以重点管理的风险源。

银行科技带来的战略风险和执行风险

　　关于科技，所带来的最大风险是战略风险和执行风险：在制定科技有关战略时出现定位差错，战略制定后的执行过程中出现偏差。

　　科技带给银行的最典型风险是"颠覆"。科技最为擅长的事就是不断对旧世界进行颠覆，总是在让原有的做事方式过时、失效，总是从出其不意的地方引入新的入侵式竞争者。

　　并且，科技颠覆的发生频率也越来越快。

　　2019 年是 5G 元年，5G 大规模商用启动；而此前一年，即 2018 年，中国、美国、芬兰等国已经启动 6G 的研究；6G 对 5G 又是千倍量级的性能飞跃。这就是科技创新的节奏。

　　在科技战略中，技术路线风险对科技而言是致命的。比如 IBM，IBM 形成今天的困局，几次重大技术路线决策失误是主要原因之一：小型机 vs 云计算，Watson 知识图谱 vs 深度学习。技术路线的选择并非赌博，背后也是有法可循的。根本原则就是开放、开源、融入社区，贴近社区的脉搏，准确感知社区的节奏。

此外，在应用科技的"初衷"上也存在风险。尖端科技是"双刃剑"，好人能用它干多大好事，坏人就能用它干多大坏事。比如，银行欺诈、洗钱等犯罪活动的能力也会随 AI 的发展而迅速增强，越来越多基于 AI 的深度造假（Deepfake）已经开始出现，不但图片、语音，而且监控视频都能用人工智能合成。人工智能合成的奥巴马演讲视频已经接近以假乱真的水平。

银行科技生产过程中的具体风险

数据风险和模型风险是银行科技生产过程中的常见风险。对海量数据加以充分利用是当前金融科技的一大特点，海量数据里蕴藏合规问题、隐私权问题等不确定因素的可能性也很大，这是值得银行关注的一种风险。而模型风险，可能由模型本身缺陷（如深度学习的不可解释性）或不成熟引发，也可能是模型开发人员的操作不慎触发。

网络安全风险也是一种影响较大的科技风险。随着银行对数字科技越来越依赖，网络安全的风险点越来越多，防范网络安全风险的压力将越来越大。而且，随着银行的全面数字化，一旦网络安全出问题，各种数字化设施、资产都有可能被攻击，潜在损失不可估量。

最后，随着新科技在银行的应用越来越广泛和深入，科技风险与银行业务本来存在的本源风险出现双重叠加的可能性也在逐步增加。稍有不慎，也可能由此引发系统性风险。

科技驱动银行生态化转型，为银行带来服务效能提升的同时，风险链条也将变得错综复杂，风险敞口明显增大，而且风险传导模式和传染模式也都将发生根本性变化，风险管理必须更充分地数字化、科技化，这样才能应对好这些风险新状况。

综上所述，银行一方面要深刻理解科技力量在未来银行竞争中决定性的支撑作用，积极拥抱各种新科技，在风险管理等银行的核心业务层主动推进数字化、科技化；另一方面又要充分认识到科技力量背后的风险，在具体行动步骤上建立起科学而审慎推进的方法论，建立起驾驭科技风险的量化风险管理模式，不要让科技风险游离于银行整体的数字化风险管理体系之外。

本篇小结

本篇主要从银行本质、监管要求、理念引导、科技助力等方面探讨了未来银行风险管理的基本遵循。

金融基因是未来银行风险管理的遗传密码

尽管未来银行与传统银行会有很多不同，但是我们应当认识到，银行作为一类金融组织，其存在的意义或者说其基本的金融基因是不会改变的。那么银行及其风险管理的金融基因到底是什么呢？本书的第三章就重点回答了这个问题。

第三章回顾了银行业的发展历史，分析表明银行是作为信用中介而诞生的，在信用中介这个基本功能的基础上，银行业又发展出了支付结算、信用创造、金融服务等各项功能。马科维茨投资组合理论和期权定价理论的提出，推动银行业务范围不断丰富，资产范围从基础资产拓展到了信用衍生品市场。从银行的发展史不难看出，信用中介就是银行的金融基因。虽然经历多个阶段，但是银行的金融基因始终没有改变。

未来银行必须围绕信用中介这一金融基因，全力做好风险管理，尤其是信用风险的管理。我们回顾了商业银行风险管理的变化历程，历史表明对信用风险的控制实质上决定了商业银行的核心竞争力。在各类风险不断交织发生且关联性不断增强的今天，全面的风险管理能力成为现代银行信用发现价值链上的核心。在理解银行如何进行风险管理的时候，我们介绍了 VAR、KMV、信贷矩阵、信用风险附加模型等历史上经典的风险量化模型，但在信息技术高速发展的今天，更多的风险计量工具被开发出来，开始探寻更为先进以及精准的风险管理工具。

监管要求是未来银行风险管理的底线要求

无论未来银行如何变化，监管合规要求始终是银行发展必须遵循的基本要求，也是未来银行风险管理的底线要求。

本书第四章介绍了关于商业银行监管的内容。从实践来看，金融监管模式主要有统一监管模式、分业监管模式和不完全统一监管模式。其中，统一监管模式是指由一个统一的监管机构对不同的金融行业、金融机构和金融业务进行监管；分业监管模式是将金融机构和金融市场按照银行、证券、保险等划分为多个领域，分别设立监管机构；不完全统一监管模式是介于两者之间的一种监管模式。

具体到对银行的监管而言，核心集中在资本监管。资本管理的核心问题就是商业银行在业务经营的过程中，在利用资本盈利的同时要评估自己承担多少风险，怎样在收益和风险之间做一个有效的平衡。资本监管的发展，经历了《巴塞尔协议Ⅰ》、《巴塞尔协议Ⅱ》、《巴塞尔协议Ⅲ》。

《巴塞尔协议Ⅰ》对银行提出了资本充足率的监管要求，通过制定一个统一的计量规则，对银行经营所面临的风险进行评估，并规定银行至少需持有多少资本来覆盖风险。《巴塞尔协议Ⅱ》在《巴塞尔协议Ⅰ》的基础上，进一步构建了最低资本要求、外部监管和市场约束三大支柱的风险管理体系，覆盖了信用风险、市场风险、操作风险，并且优化了风险计量方法。《巴塞尔协议Ⅲ》在《巴塞尔协议Ⅱ》的基础上，不仅大幅度地提高了资本充足率要求，把杠杆率作为资本充足率的补充，而且提升了对资本质量的要求，引入了流动性监管指标，推进微观审慎监管与宏观审慎监管相结合，推动银行的监管由单一资本监管转向以资本为核心的多维度监管。

《巴塞尔协议Ⅰ》至《巴塞尔协议Ⅲ》是一脉相承的，是不断适应外部环境和金融工具发展的产物，一句话概括，就是在《巴塞尔协议Ⅰ》的共识基础上运用《巴塞尔协议Ⅱ》的方法来满足《巴塞尔协议Ⅲ》的标准。第四章还简单地介绍了监管科技的相关内容，科技监管是科学技术与金融相结合的产物，它不仅是金融业发展的时代需要，更是一种趋势。

COSO 发布的 ERM 2017 为未来银行风险管理提供了新的管理理念

风险管理是企业管理体系的一部分，先进的管理理念能引导未来银行搭建完善的风险管理架构，是未来银行风险管理实践的最佳遵循。

COSO 是主导现代风险管理发展方向的最具代表性的国际力量，从 CO-SO 的发展历程来看，COSO 从为加强企业内部控制而成立，逐步发展到关注企业全面风险管理，在过去的数十年间，随着风险类型的不断变化和风险复杂程度的不断演进，COSO 也与时俱进地数次更新升级了其报告，以进一步满足风险管理实践需求，COSO 于 2017 年发布了最新版的《企业风险管理——融入战略和绩效》（ERM 2017），其风险管理理念较前期发生了改革性的变化。

ERM 2017 将企业风险管理定义为"一种文化、能力和实践"，着重突出风险管理的"融入、贯穿、去风险化"，为基于风险视角的企业管理理念提供了系统、科学的理论支撑，有望成为下一代全球企业管理理念变革的推动器，为未来银行搭建充分融入企业战略绩效的全面风险管理架构指明了方向。未来银行应参照 ERM 2017 提出的各项企业管理要素和原则，遵循COSO 给出的最佳风险管理实践标准，从培育风险管理文化、提升风险管理能力和深入风险管理实践三个方面着手，构建未来银行全面风险管理体系。

科技创新为未来银行风险管理提供了强大动能

以 ABCD + 5G/IoT 为代表的数字科技将是银行全面数字化之路的核心驱动力量。同样，这些先进的科技，必将给未来银行风险管理带来强大的发展动能。

在经历平台化、生态化阶段并实现充分场景化后，未来银行将是完全数字化的银行，是运行在科技架构之上的银行智能体；直接面向客户和处理业务的是银行科技而非人。这样的未来银行，其风险管理是自动、实时、精准、敏捷的。

未来，银行的金融基因并不会改变，银行风险管理的信用发现本质同样不会改变，但信用发现的具体手段、方法都将发生剧烈变革，都将充分融合 ABCD 和 5G/IoT 技术，高度智能化、组件化。未来，银行所需遵循的监管体系本身也将越来越以监管科技（RegTech）的形态呈现、运行。而未来银行要想全面引入 COSO 风险管理理念体系，实现从文化到能力、再到实践的彻底贯通，全面注入科技动能将是极其关键的一招：未来银行风险管理文化，应该充分融合科技带来的"开放包容、敏捷主动"文化特质；未来银行风险管理能力本质上将是各种科技系统的创新研发能力；未来银行风险管理实践也应该是基于智能化的风险管理组件、积极开展生态内外协同、充分输出"自动、实时、精准、敏捷"的风险管理能力的实践之旅。

科技永远在变，且变化越来越快，高度依赖科技动能的未来银行及银行风险管理也同样如此——我们不断地努力刷新着对未来银行的大胆想象，却仍将不断地被证明，当下的任何猜想都过于谨慎、保守！

第三篇

未来银行全面风险管理行动指南

第七章 培育风险管理文化

制度往往是被动的、强制的，约束行为的。所以光靠制度不够，必须赋予文化，文化是行为的理念，当文化深入人心的时候，制度就自动贯彻了。

——马蔚华，招商银行前行长

第一节 如何理解风险管理文化

要培育未来银行先进的风险管理文化，首先要理解什么是风险管理文化。有些人一听说我们大谈价值观和风险管理文化，都说："这听起来太棒了，可这不是唱高调吗？只要按照严格的风险管理制度实施不就万事大吉了吗？"这样认为其实是一种十分普遍的错觉。因为文化是一种隐性的东西，看不见摸不着，它的影响微妙深刻而长远，所以人们觉得它不重要。人们总觉得制度重要，因为它是一种显性的东西，它的影响直接且强制。文化并不会像突如其来的洪水般迅速将我们淹没，而会如涓涓细流般逐渐影响我们。

自金融危机之后，在互联网以及金融科技浪潮的冲击下，银行业一直致力于构建更先进的风险管理机制，而"风险管理文化"——这一似乎只存在于学术象牙塔的词汇，其作为商业银行风险管理转型核心基础的价值受到越来越多的关注和重视。

何为风险管理文化

在讨论什么是风险管理文化之前，我们首先来讨论什么是企业文化。相对于企业文化而言，学术界对于组织文化的关注更早一些。霍夫斯泰德认为组织文化是一种"组织的心智程序"，是特定群体所共享的程序。1980年末的一期《商业周刊》以企业文化作为封面报道的主题，从此开创了这样的风气。陈春花教授将企业文化定义为企业在实践中创建和发展的用以解决企业外部适应和内部整合问题的一套共同的价值观、与价值观一致的行为方式，以及由这些行为所产生的结果和表现形态。商业银行的文化更具有其特殊性，其在长期的经营过程中逐步积累起来的、为全体员工所认同和自觉遵循的、以文明取胜的群体意识及行为即为商业银行企业文化。

接下来介绍什么是风险管理文化。风险管理文化这一术语自1996年起首见于金融管理文献。麦肯锡基于多年实践和研究，将风险管理文化定义为组织决定如何承担风险，以及对当下和未来风险的识别、理解和采取行动的集体性行为准则。COSO最新的风险管理框架明确了企业风险管理不单是一种职能或部门，而是"一种与战略制定及实施相整合的文化、能力和实践，在创造、维护和实现价值的过程中管理风险"，将风险管理直接从"一个流程或程序"提升到"一种文化、能力和实践"。从COSO的这层定义来看，我们认为风险管理文化是企业在经营管理活动中逐步形成的风险管理理念、哲学和价值观，通过企业的风险管理战略、风险管理制度、风险偏好以及广大员工的风险管理行为表现出来的一种企业文化。用一个比较形象的比喻来形容风险管理文化与企业文化关系的演变：如果把企业文化比喻为一杯液体，以往认为风险管理文化与其他子文化是水与油的关系，之间互不相容；而现在则认为是水与酒精的关系，互相之间完美地融合在一起。

商业银行是经营风险的单位，它的风险管理文化是蕴含在企业文化之中的。"工于至诚，行以致远——诚信、人本、稳健、创新、卓越""诚实、公正、稳健、创造"，这两个分别是中国工商银行与中国建设银行的核心价值观，蕴含在企业文化中的"稳健"一词都简单鲜明地阐明了两家银行的风险管理文化。

风险管理文化真的重要吗

按照之前所说，COSO 将企业风险管理定义为文化、能力与实践，这也是本书接下来三章要讲的内容。这三个词看似是并列关系，仔细想其实是一种层层递进的关系。没有文化，员工对于发展什么能力就会感到迷茫，而没有能力又何谈落地实践呢？

佛教中有这样一句话，"心生念，念生因，因生果"。风险管理文化在这里就类似于"心"，风险管理文化决定员工有什么样的想法，就有了培养相关风险管理能力的欲求，而最终会产生相应的风险管理实践。所以说风险管理文化是培育先进风险管理能力，形成先进风险管理实践的基础。

不仅如此，风险管理文化在帮助企业渡过危机上更是有实际的意义。剑桥大学曾针对 2008 年次贷危机"四大赢家"——摩根大通、高盛、富国银行和多伦多道明银行进行深入研究，发现这四家银行的企业文化中都包含风险管理文化。全球各监管部门也在显著提升对银行等金融机构在风险管理文化建设方面的要求，一套完善并且能够融入日常经营的风险管理文化体系已经成为全球银行业最基本的要求。

风险管理文化有何特点

商业银行是经营货币与风险的企业，风险是无处不在的。商业银行的风险管理文化应该全面融入商业银行的所有部门和岗位的各项业务过程及每一个操作环节，是一种全面融入的文化。金融科技时代下万物互联、数据共享，商业银行风险管理无法独善其身，因此商业银行风险管理文化是一种开放性文化。金融生态系统的开放性则意味着竞争加剧，风险管理也要因时而进、因势而新，这要求商业银行的风险管理文化是一种敏捷主动文化。商业银行的风险管理文化应该是全面融入、开放包容、敏捷主动的，接下来就针对这三个特点具体论述。

全面融入的风险管理文化。先进的风险管理文化是一种全面融入的文化，全面融入表现为风险管理文化融入商业银行的各项业务，融入商业银行的各个层级，意味着"全部业务"与"全体成员"。风险是无所不在的，因此风险管理文化也应该覆盖所有部门和岗位的各项业务过程及每一个操作环节，它还渗透于每一位员工的日常工作中，渗透到员工个体乃至群体的工作方法和管理行为中，它既需要银行高层大力倡导和身体力行，也需要每个员工的深刻感悟，经过所有员工的个性磨合和重复博弈，使得所有部门、所有岗位及各项业务操作环节的过程之中都闪耀着文化的光辉。朱小黄在建设银行担任副行长时说过："风险管理文化通过一些耳熟能详的关键词，逐步渗透到从领导层到执行层面的重要环节，影响到员工的行为，全员风险意识逐步增强，成为建设银行持续健康发展的软实力和根基。"

全局视角审视风险需要全面的风险管理文化。全面的风险管理文化可以使商业银行从大局观的视角进行风险管理，不同职能部门的员工看到不同的风险，如果没有全面风险管理文化，他们更容易作出局部最优而非全局最优的决策，但是在全面风险管理文化的指引下，他们的决策才可能符合商业银行的整体利益，做到全局最优。商业银行中各种风险复杂的关联性也决定了风险管理不能像"盲人摸象"那样，只看到风险的一方面，需要培养从全局视角进行风险管理的能力，而这依赖于全面的风险管理文化。

德鲁克在《管理的实践》中对自动化工厂中管理的作用这样描述——"在全自动化的工厂中，几乎看不到基层员工，但是却有很多管理者。"德鲁克在写这段话的时候美国正处于自动化的浪潮，出现了很多自动化的大工厂。

回顾中国目前的状况，整个银行业处在金融科技的浪潮中，人工智能、区块链、大数据、云计算以及物联网等新技术和应用层出不穷，而这些技术便可以为商业银行打造一个自动化的风险管理工厂，基层员工占比会越来越低，风险管理者的数量会大大增加，更极端的情况可能是人人都是风险管理者，风险管理文化渗透到商业银行的每一个角落，全面融入员工的工作与生活之中，上至董事会、下至每一名员工都承担相应的风险管理职责。在这种未来人人都是风险管理者的大背景下，风险管理文化会变得越来越重要：员工从事的流程性、机械性的工作逐渐被计算机所取代，所以风险管理要淡化控制与流程的作用，而强调风险管理文化的作用。

　　正是因为其全面性，使得风险管理文化成为全行有效沟通的最佳媒体，从而有效地发挥行内风险管理的内部协同性，有效解决业务与风险管理之间的矛盾。

　　由于协同与沟通成本属于隐性成本，你可能无法认识到它的重要性，我们可以拿一个经济学的简单例子来解释。经济学中一个经典的概念就是规模效应，即规模越大单位成本越低。如果按照规模效应的理论，那么意味着大公司比同行业的小公司有更高的利润率，有更大的竞争优势。但是实际情况是很多小企业反而利润率更高，吉姆·柯林斯将这种现象解释为：随着企业规模的增大，企业沟通成本呈现几何级数的增加导致大规模企业的低效率。而在全员风险管理的理想化情况下，所有人都有风险管理思维，那么这种沟通成本必然是微乎其微的。

　　许多银行的不当交易、违规丑闻，表面上看是由于规章制度的不完善造成的，但若进一步细究，可以发现其根本原因在于银行未能有效建立起全面的风险管理文化，导致很多员工只注重业务而缺失了风险思维，最终在业务的灰色地带迷失正确的方向，给银行带来不可挽回的损失。巴林银行的倒闭是风险管理相关书籍中解释操作风险的经典案例，这一案例说明巴林银行的风险管理文化是不全面的，交易员的职责更多的是交易获利而非考虑风险下交易。

　　全面风险管理文化也是监管的要求。中国银监会在 2016 年出台的《银行业金融机构全面风险管理指引》中提出"银行业金融机构应当在全行层面推行稳健的风险管理文化，形成与本行相适应的风险管理理念、价值准则、职业操守，建立培训、传达和监督机制，推动全行人员理解和执行"，并且把"建立风险管理文化"列为银行董事会所需履行职责的第一项。国内有很多家商业银行在企业文化中都很鲜明地阐明了全员风险管理的特点，比如某银行的风险理念是"了解客户，理解市场，全员参与，抓住关键"，其中"全员参与"便是全面风险管理文化的典型特点。

　　开放包容的风险管理文化。开放银行由英文 Open Banking 翻译而来，最早由英国提出，是一种平台合作模式，它利用开放 API（Application Programming Interface，应用程序编程接口）等技术实现银行与第三方机构间的数据共享，将金融服务融入更多消费场景中，形成全面的分布式商业模式。随着理论与实践的深入，开放银行被赋予更多的内涵，开放银行已经由概念进化为"银行即平台"与"银行即服务"的理念。国内的多家大银行也对此进行积极实践，仅仅在 2018 年就有至少包括工商银行、建设银行、招商银行、浦发银行等在内的 8 家银行提出了数字化转型，打造开放生态的战略思想或推出 API 开放平台，比如建设银行在 2018 年 8 月宣布上线的开放银行管理平台、招商银行在 2018 年 9 月推出的招商银行与掌上生活两款 APP 产品的 7.0 版本。开放银行带来了开放的企业文化，也带来了开放的风险管理文化。我们认为开放的风险管理文化狭义上意味着风险管理上银行内部的横向合作文化，更广义上则意味着愿意通过与生态圈其他伙伴的合作，提升自身甚至是整个生态圈风险管理能力的文化。

开放的风险管理文化首先是银行内部部门间的开放，这意味着打破各部门间的壁垒，大力提倡横向合作与开放原则。从这一点上来说，开放的风险管理文化是全面风险管理文化的延伸。全面风险管理文化是银行部门内部开放的前提，全面风险管理文化给全体员工提供了一致的风险管理目标，这种一致的目标为部门间的横向合作提供了基础。这种部门之间的开放是行内风险管理数据整合，健全交叉风险管理的必要条件。

在更广义的层面上，开放的风险管理文化意味着商业银行愿意与生态圈内的其他伙伴合作来提升风险管理水平，是一种合作共赢的文化。

首先我们来谈为什么要合作？合作的前提是差异性，这就像达尔文在《物种起源》中讲的那样，竞争更多基于物种间的相似性，而合作更多来自差异性较大的物种。生物界有很多这样的例子，比如小丑鱼与海葵的关系，小丑鱼吃剩的残渣，海葵会吃，海葵的刺细胞会保护小丑鱼，使小丑鱼表面形成一层保护膜。而随着整个金融生态圈的充分竞争，商业银行之间以及其他金融生态圈的参与者之间都产生了较大的差异性，不同的商业银行经营不同的业务，这就为生态圈内合作的诞生创造了基础。在这种环境下，商业银行不应该把如支付宝类的支付中介等看做竞争对手，而应该看做自己的合作方。

在第三章中我们提到金融的核心是信用风险，而商业银行围绕信用发现职能的信用风险管理一直是商业银行的核心竞争力。开放的风险管理文化则要求商业银行希望并且愿意将自己的风险管理技术输出到生态圈内的其他企业，这不仅会给商业银行带来额外的利润，更重要的是这有利于整个生态圈的健康发展，促进了整个生态圈的信用发现以及效率提升。

开放的风险管理文化也要求商业银行主动利用生态圈中伙伴的比较优势来提升自身风险管理能力。在大数据时代，若要充分挖掘蕴藏于海量客户数据中的真正价值，银行必须更高效地进行数据采集与分析，确保客户数据的完整性、连贯性、统一性和全面性，这就需要银行主动与生态圈中的其他伙伴进行合作，比如充分利用支付宝、微信的流量与用户数据。

风险管理互联网思维的培养需要开放的风险管理文化。开放银行的核心是银行即服务，使得银行摆脱了物理网点的限制，走向"水泥、鼠标加手机"的物理网点与互联网结合的运营模式，凯文凯利在《失控：机器、社会与经济的新生物学》中说到，"开放是互联网的内在精神，没有开放就没有互联网"。表面上看，银行的这种"互联网＋"的运营模式需要大数据对风险管理在背后进行支持，而更进一步则要求商业银行培养起风险管理的互联网思维与开放的风险管理文化。

举个例子来说，传统的反洗钱与合规管理，侧重于制度建设、数据报送和事后检查，需要投入可观的人工成本，而且时效性不好，不能够满足现代银行业的及时性需求，而如果商业银行具有开放的风险管理文化，则会主动去寻求互联网下的解决方案，培养起风险管理的互联网思维，比如苏宁金服的反洗钱系统从"设备、位置、行为、关系、习惯"五个维度覆盖事前、事中、事后的全方位实时风险监控。银行只有建立起开放的风险管理文化，培养起风险管理的互联网思维，才能更好更快地实现风险管理的数字化转型。只有培养起互联网思维，才能利用互联网去触达以前接触不到的客户，所以说开放的风险管理文化也是商业银行发展更广泛信用发现职能的要求。

值得注意的是，企业在构建开放的风险管理文化的同时，也要注重实践过程中的风险，比如用户隐私泄露带来的声誉风险、开放导致的风险管控链条更长以及风险敞口更多的问题。

　　互联网企业控股的商业银行（比如微众银行）在开放的风险管理文化上表现得尤为突出。微众银行由腾讯、百业源、立业为主发起人，其中，腾讯认购该行总股本 30% 的股份，为最大股东。微众银行定位为服务个人消费者和小微企业客户的民营银行，它的使命是"让金融普惠大众"，愿景是"科技、普惠、连接"，价值观是"诚信、共赢、创新"。微众银行使命中的"普惠"、愿景中的"连接"以及价值观中的"共赢"都是企业文化中"开放"的体现，而开放的企业文化背后是开放的风险管理文化。如果想要做到"普惠"，与风险管理相应的信用风险管理就要充分利用大数据做到信用发现，而单靠腾讯不可能覆盖所有的场景，因此在数据层面上也要与生态圈的其他合作伙伴建立起充分"连接"，从而达到信用发现的目的，实现多方"共赢"。还有一家名为亿联银行的互联网银行，从名字中就体现出开放的文化——亿万联结，连接多方合作，搭建多个平台，融入多元场景，满足多种需求是亿联银行的发展定位，毫无疑问这样的定位更是依赖于开放的风险管理文化。

　　敏捷主动的风险管理文化。敏捷主动的文化是迅速、灵活、主动创新的文化，在竞争更加激烈的金融大环境中，如果抱残守缺，不吸收优秀的金融科技成果，完全按照以前的风险管理模型、风险管理方法进行风险管理，商业银行就很容易在竞争中被淘汰。

世界十大特种部队之一——美国海豹突击队

　　"海豹"（SEAL）是美军三栖突击队的别名，SEAL 取 Sea（海）、Air（空）、Land（陆）之意。突击队正式成立于 1962 年，前身是美国海军水下爆破队，到 1988 年时已经扩大到两个战斗群，共有 7 个中队，人数约 1600 人。海豹突击队现已成为美国实施局部战争、应付突发事件的杀手锏，是世界上最为神秘、最具震慑力的特种作战部队之一。

　　全美军只有 2000 多名现役海豹突击队队员，自 1962 年肯尼迪总统亲自组建美军特种部队（绿色贝雷帽）以来，无论是执行任务还是训练，海豹突击队都凭借出色的表现而成为特种部队的传奇。他们几乎参与了每一次重大的现代战争和军事反恐事件，如击杀了本·拉登。

美国海豹突击队队员以一两个人为一组，最多不超过 16 个人的作战排进行训练和执行任务，其中以 8 人以下的作战班最为普遍。一个三栖特战队中包含 3 个 40 人的工作单位，而每个工作单位的核心包括狙击手、破坏者、沟通者、航海工程师、医护兵、密接支援、领航员、主要载具驾驶员、重型武器操作兵、机密地点开发人、空中作战士官、攀爬领导人、导航驾驶、审讯人员、爆裂物处理人员、技术监督人员等。

海豹突击队的每一个单兵在前线作战遇到任何情况时，都能够迅速呼叫后台的强大情报定位和后援火力支持等系统，并依据后台实时给予的信息作出敏捷决策。

海豹突击队很好地诠释了什么是"敏捷"——面对未知的环境，他们密切配合，敏捷决策，迅速改变。而他们之所以敏捷，是因为敏捷已经作为一种文化深深融入他们的血液中。

金融生态的开放要求商业银行具有敏捷主动的风险管理文化。微众银行副行长马志涛曾说过"开放银行的能力要求是敏捷、低成本与支持高并发"，敏捷便是其中之一。

在说明为什么金融生态开放决定敏捷主动的文化之前，我们想首先来谈一谈达尔文《物种起源》中的这段描述：

产于大洋洲这样较小的大陆的生物，无论是过去还是现在，都抵挡不住产于较大的欧亚区域的生物。在淡水里（大洋洲），我们还发现了现今世界上几种形状最为奇异的动物，如鸭嘴兽和南美肺鱼，它们如同活化石一样，在某种程度上，与现今在自然等级上相隔甚远的一些目相关联。这些奇异的动物几乎可以称作活化石；它们能苟延残喘至今，盖因其居住在局限的地区之内，因而所遭遇的竞争不太剧烈所致。

从这两段的描述中我们可以想象这样一个情形，如果欧亚大陆与大洋洲连在一起，会发生什么状况呢？那些"活化石"又会何去何从？可能只有那些更敏捷主动的物种才可以在竞争中生存下来吧。

而现在银行业又何尝不是面临这样的境遇——以前的银行业由于牌照的垄断营造了一个封闭的环境，而如今牌照的放开、金融科技的运用正在逐渐打开这个封闭环境，商业银行如果没有敏捷主动的风险管理文化后果可想而知。而正如我们在第一章中所分析的那样，在利率市场化、金融脱媒、金融结构转型以及互联网金融的大背景下，金融业正面临较大的挑战。当环境不那么糟糕，事情一帆风顺时，这种文化的优势似乎表现不出来，但是一旦面临较大的挑战，敏捷主动风险管理文化的优势会立刻显现。之前我们提到先进的风险管理文化是一种开放的文化，而如果没有敏捷的文化就主动开放则无异于自取灭亡。

敏捷主动的风险管理文化是主动作出改变的风险管理文化。正如我们前面提到的，金融生态圈的开放要求企业具有敏捷主动的风险管理能力，听起来似乎是环境倒逼银行的变化，但是真正的敏捷并不应该是被外界环境逼迫出来的被动的敏捷，而是一种主动的敏捷。这有点像生物中变异的概念，环境决定了变异的方向而不决定变异本身，能产生变异的这种特性便是一种主动求变的特性。这种敏捷的文化也是一种创新的文化，金融科技日新月异，银行的风险管理也需要将新技术、新科学、新方法融入风险管理中，需要主动吸纳新鲜事物。从目前来看，创新已经不是一个选择，而是商业银行生存的刚需。

敏捷主动的风险管理文化是培养未来银行"无感"服务客户的要求。敏捷主动的风险管理文化要求商业银行可以主动地将最新的科技融入风险管理中，但是科技仅仅是手段，而服务客户才是最终目标。以前顾客获得贷款可能需要报备很多材料，经过长时间的层层审批，使客户获得贷款"难"且"痛"。但是如果有敏捷主动的风险管理文化，通过大数据等自动精确实时获取相关信息，时刻为顾客提供贷款服务做好准备，那么顾客在申请贷款时就会减少"痛感"，体验到"无感"的金融服务。

招商银行"因势而变，因您而变"的企业文化中便蕴含着敏捷主动的风险管理文化。因势而变，就是根据形势发展决定策略：一个企业必须把自己放在宏观环境中、国际环境中、科技变化中，不断地根据大形势来调整自己，因势而变。因您而变，就是以客户为中心，根据服务对象的需求进行改变。在金融科技的背景下，招商银行迅速转型为金融科技银行，并提出要将金融科技融入风险管理的全流程，快速上线了监控超过 4000 个变量的客户风险监测系统、风险大数据平台、企业客户智能预警系统，在快速行动的背后是招商银行敏捷的风险管理文化。两个"变"字都体现了招商银行敏捷的企业文化，"变"的背后是敏捷的风险管理文化。

风险管理文化的全面融入性是风险管理文化深入各层业务，实现贷前、贷中、贷后风险管理一体化的前提；风险管理文化的开放包容性是实现内部风险管理联动协同，外部风险管理能力输出，与其他企业间风险管理数据共享的基础；敏捷的风险管理文化是实现智能风险管理，将人工智能、区块链、云计算、大数据、物联网与 5G 深度融入风险管理的必要保障。

虽然我们逐一介绍全面融入、开放包容、敏捷主动这三大特点，但这并不意味它们是独立的关系。它们的关系应该是融合统一的，比如说开放包容应该是一种全员的开放，敏捷也应该是全员的敏捷而不单单是技术部门的敏捷；不开放很难做到敏捷，因为不开放就无法利用现有的大数据、互联网的优势；不敏捷就没必要开放，因为开放而不敏捷则无异于搬起石头砸自己的脚，相对优势在开放中会消耗殆尽；全面融入意味着部门间沟通成本更低，更有利于部门间合作，合作则为敏捷提供了条件。

风险管理文化的功能是什么

风险管理文化是培育先进风险管理能力、形成有效风险管理实践的基础。本章我们主要提到了全面融入、开放包容、敏捷主动的风险管理文化，在下一章我们将会介绍风险管理的能力，如果把能力的具体内容与文化的具体内容结合起来看，相信你更能理解"风险管理文化培育先进风险管理能力、形成有效风险管理实践的基础"这句话的含义。

风险管理文化为内部风险协作提供凝聚力，降低了沟通成本。风险管理文化体现风险管理的价值取向，规定着风险管理追求的目标。风险管理文化提供了组织所需要的风险管理原则，而人的团体必须以共同的信念为基础，必须用共同的原则来增强大家的凝聚力，这样可以提高组织风险管理的生产力，提高风险管理的效率。德鲁克曾经说过，"真正影响到有效生产的其实是原则的问题，而不是机器的问题"。尤其是在这种全面风险管理的大背景下，风险管理文化类似于一种理性的黏合剂，把企业员工固定在同一目标上，以微妙的方式沟通员工的思想，创造一个风险管理协作的氛围，把内部力量朝着共同的风险管理目标汇聚到一起。

风险管理文化具有"软约束"功能。银行业目前一般通过各种刚性限制给业务经营和员工行为提供指导。但是存在一些刚性的指引无法明确并起到限制作用的灰色地带，如果企业没有全面风险管理文化，员工就会打擦边球，无法朝着正确的方向前进。风险管理文化在企业中形成一种"软约束"机制，它可以借助共同的价值观和相关理念，以及与之对应的行为规范和准则，引导和规范成员的行为。当风险管理文化上升到一定的高度的时候，这种规范就会产生无形的约束力。它让员工明白哪些行为不该做，这正是风险管理文化所发挥"软约束"作用的结果。这就像一个社会如果想变得更好，仅仅有法律规定是完全不够的，还需要正确的社会文化与道德。质量管理中也有这样一句话，自发性的质量控制比质检人员的质量管理有效得多，出色的表现主要来自于内在动力。吉姆·柯林斯曾经说过"一个卓越的公司更容易毁于机会太多而不是太少。问题不在于创造机会，而在于选择机会"。如果银行没有风险管理文化，可能当员工面临太多选择时往往会忘记初心，仅仅看到了短期的利益而放弃了长期遵循的风险价值观。

风险管理文化的传承造就风险管理的基业长青。如果商业银行只依赖个别风险管理专家是无法做到基业长青的，一旦明星管理专家离去而没有持久的优秀的风险管理文化，银行的风险管理便会出现问题，甚至威胁到商业银行的存亡。如果商业银行的风险管理文化是全面的，个别的领导离去会有合适的人来接替，并不会影响到发展的大局。然而文化传承并不意味不求发展，随着银行内外部环境的变化，风险管理的内涵与外延也在发生变化，银行要想有效地处理内外部矛盾，就需要发展风险管理文化，传承并不是保守，而是一种主动求变，在继承的基础上发展与完善，这一点也是敏捷主动风险管理文化的内在要求。

不同的风险管理文化造就了不同的风险管理组织。都说"物以类聚，人以群分"，其实分类的依据很大程度上多是依靠文化。先进的风险管理组织需要许多金融科技人才，比如说大数据人才、互联网人才。倘若企业没有开放的文化，大数据的人才可能在这个组织中会表现出极其不适应，最后要么放弃自己开放的特点融入这个封闭的组织，要么选择离开这个组织，所以开放包容的风险管理文化才能得到具有开放精神的人才，敏捷主动的风险管理文化才能吸引有求变创新精神的人才，正是这些人才构成了具有相应特点的组织。

文化所提供的激励是无法用金钱来比拟的。风险管理文化对于银行来说是必需的，银行作为金融服务产业，是经营风险的企业，核心是人而不是机器，机器需要流程来进行控制，而人则需要文化，它是一直催人前进的一个标准。布鲁·贝特尔海姆曾说过，"如果我们不希望只是活在当下，那么我们最大的需求，也是最困难的成就，就是找出人生的意义"。正确的风险管理文化可以为员工提供意义，如果公司能够提供这样的意义，员工自然会甘心为公司奉献。文化所提供的激励是无法用金钱来比拟的，举个简单的例子，乔布斯拉库克进入苹果公司讲的不是金钱，而是苹果公司未来的愿景。

第二节　风险管理文化的要素

对于风险管理文化的要素，很多学者将其分为四个层面，分别是物质层、行为层、制度层与精神层，这四个层面以精神层为核心，是层层深入的关系。本节第一部分首先谈谈我们对于四个层面的理解，接下来在已有研究的基础上融入我们的理解，按照风险管理文化全面融入、开放包容、敏捷主动等特点对风险管理文化的要素进行划分，从而使读者更加直观地对风险管理的相关要素进行区分。

风险管理文化的四个层面

风险管理文化一般可分为四个层面：第一层是物质文化，第二层是行为文化，第三层是制度文化，第四层是核心的精神文化。下面我们来逐层介绍风险管理文化的四个层面。

风险管理物质文化的基础作用更多地表现为知识层面，称为知识文化。风险管理知识文化是指每一位员工在日常工作中都有保持学习风险管理知识、运用风险管理技术的自觉，能够内在驱动自己不断提高风险的评估能力、辨识能力、对风险收益的权衡艺术、风险管理绩效评价技术，以及对风险管理模型的开发运用能力等的文化。我们认为知识文化的本质是一种从上而下全面性的学习型文化，即全体员工对于风险管理的自觉学习与主动完善。这种学习型文化具有全面性、开放性的特点，只有具备这种学习型文化才能做到风险管理上的敏捷性。

首先，这是一种全面性的学习文化。全面性在于上到管理层下到网点基层员工的学习型文化，是一种"全员学习"的文化；全面性还在于"全过程学习"，学习必须贯彻于风险管理的整个过程之中。其次，这也是一种开放性的学习文化。学习文化的开放性在于学习对象的开放，学习的对象可以是其他商业银行，可以是互联网公司，可以是金融生态圈中的任何一家企业；学习的内容也是开放的，可以是大数据，可以是区块链，也可以是5G与物联网。学习型文化要求员工了解科技的最新成果，能够自觉地通过不断学习将科技融入风险管理中。敏捷的风险管理需要多方面的人才，只有当员工建立这种学习型文化，才能不断提高竞争力、拓展发展空间，而对于企业来说，才能发展出"第二曲线"。只有建立起学习型的风险管理文化，风险管理才敢开放，才能敏捷。

风险管理行为文化是指员工在风险业务的经营管理过程中产生的活动文化。风险管理的行为文化按照人员结构划分，可以分为管理层风险管理行为文化以及员工风险管理行为文化。管理层风险管理行为文化主要要求管理层在进行经营活动决策时要考虑到风险价值观，知道什么钱该挣，什么钱不该挣；除了在经营决策上，管理层的一言一行都会影响风险管理文化的生成，他们的身体力行和积极倡导是风险管理文化确定、形成的重要推动力量。员工是风险管理的主体，员工的风险管理行为的塑造是风险管理文化建设的重要组成部分，员工的行为文化就是员工能够在日常的工作中可以自觉践行企业的规章制度，员工尊重这些规章并且没有人利用"灰色地带"谋私利。

之前我们提到了风险管理的知识文化，如果风险管理组织单纯是一个学习型组织而不是一个践行的组织，学习便是一种资源浪费；如果员工学习了很多风险管理知识，没有去践行反而去打擦边球，去规避惩罚，那反而会对风险管理造成危害。约翰·瑞定提出了一种被称为"第四种模型"的学习型组织理论。他认为，任何企业的运行都包括准备、计划、推行三个阶段，而学习型企业不应该是先学习然后进行准备、计划、推行，不要把学习和工作分割开，应强调边学习边准备、边学习边计划、边学习边推行。按照约翰·瑞定的说法，与实践分开的学习是毫无价值的，边学习边实践才是有用的。所以说风险管理行为文化本质上是一种践行与执行文化，是一种所学与所做一致、言行一致的文化。只有具备这种实践型的文化，商业银行才能培养起经得起时间考验的能力。

风险管理制度文化是具有商业银行特色的与各种风险管理相关的规章制度、道德规范和职工行为准则的总称。风险管理制度文化是企业为实现自身目标对员工一定限制的文化，具有共性和强有力的行为规范要求。风险管理制度文化具有中介性，是精神文化与物质文化和行为文化的中介，既是适应物质文化的固定形式，又是塑造精神文化的主要机制和载体。营造强制性的风险管理制度文化是为了强化成员的规范行为，引导和教育员工梳理银行所倡导的统一的风险价值观念，使员工顾全大局，自觉服从银行的整体利益。更进一步来讲，风险管理制度文化也要求员工能够做到主动完善风险管理制度建设，能够将知识文化，即学习型文化，与制度文化相结合。这要求员工愿意且能够用自己的所学不断完善风险管理的制度建设，比如利用人工智能优化内部合规管理流程等。

风险管理精神文化是员工在风险管理中形成的统一的风险管理理念、价值标准、道德规范和行为准则等。精神文化层在整个风险管理文化中可以说是最软性的东西，它并不像制度层那样把一条条规章制度一一列举，它可能就是几句话来说明商业银行的风险价值取向，展现商业银行的风险管理愿景；但它也是风险管理文化中最硬性的东西，硬就硬在它是整个风

险管理文化的硬核，所有员工的行为、决策等都要符合风险管理文化的核
心精神。银行的精神文化层面也应该包含我们之前提到的全面融入、开放
包容、敏捷主动这三个特点。

风险管理文化的三大要素

著名咨询机构麦肯锡结合实践和研究，总结出健全的风险管理文化需
要包含四个方面：对风险高度重视、对预警和风险事件快速有力地响应、
对个人贯彻严格标准以及开放透明的风险环境。麦肯锡认为全球领先银行
的风险管理文化指引都是围绕这四大方面展开，并用来具体指引企业经营
和员工行为。在这一部分，我们结合麦肯锡等对于风险管理文化要素的相
关研究，将风险管理文化要素按照我们提出的风险管理的特点——全面融
入、开放包容、敏捷主动来进行分类并解读，从而使读者更清楚地认识到
不同风险管理特点包含的要素。

全面融入的风险管理文化要素。全体员工对于风险要高度重视，对于
风险有全方位的认识，高管人员要以身作则，推动落实风险管理细则，员
工在工作中积极响应。这里对风险的高度重视表现为全面的重视，也就是
"全体员工"都要重视风险，是全面风险管理中全员参与的体现。

所有员工对于风险相关的事件都有言论自由，可以自由地交流风险管
理的相关经验，组织对于已经发生的违规风险事件不是一种讳莫如深、"家
丑不可外扬"的态度，而是鼓励员工去讨论并吸取教训。这一点属于全面
风险管理文化的要素体现在"所有员工"身上，这种交流不仅仅局限于管
理层，而是所有员工都有公开讨论风险事件的言论自由，只有这样全体员
工才能时时刻刻从周边的风险管理事件中吸取教训，确保不发生在自己
身上。

开放包容的风险管理文化要素。组织的结构呈现扁平化，上下级之间
有良好的信息传递机制，每个人对于他人的所作所为都有质疑的权利。上
下级之间沟通的顺畅性、组织的扁平化以及人人质疑的权利都体现了组织
内部开放的要素。当然这里的"每个人"也体现了全面风险管理文化的要
素，这也正是为什么我们说全面、开放、敏捷这三个特点是密切相关、不

可分割的。

各部门要充分分享风险相关信息，减少部门间信息不对称性。"充分分享信息"是打破行内部门间壁垒的做法，有助于各部门之间的沟通与协作，这一点也属于组织内部的开放。

员工要清楚地知道商业银行的定位与优势，了解生态圈内其他企业的优势，明确其中的差异性。员工明确差异性才能培养起合作的思维，因为差异产生合作，同质产生竞争。

员工要有以客户服务、客户体验为中心的思维。这一点听起来似乎和开放的风险管理文化没有太大关系，但是如果员工能做到思维的转变，那么就能够更好地与生态圈内的其他企业合作。

敏捷主动的风险管理文化要素。敏捷风险管理文化的要素也要包含全面而良好的员工长期培训体系，培训的对象既要包括管理层也要包括基层员工。"培训机制"是一种学习型文化，更深层次上讲，学习是未来敏捷应对挑战的要求，属于敏捷主动的风险管理文化的要素。这种培训机制一方面可以拓宽员工的知识面，另一方面也可以帮助员工从被动学习向主动学习转变，变为主动的敏捷。

组织要构建跨部门的合作机制并有相应的奖惩措施。敏捷需要部门间的协作来完成，而目前商业银行部门间大多呈现独立分割的状态，因此需要构建跨部门的合作机制，能够短时间内快速形成问题的解决方案并实施。

组织要时刻关注外部环境的变化，比如科技发展，还要关注消费者需求的变化，比如年轻群体消费习惯的变化。在这里提到"组织时刻关注外部环境变化"就是所说的"因势而变"，这一点属于敏捷主动的风险管理文化的要素，为了建立这种敏捷主动的风险管理文化，组织要做的就是以所学拥抱创新与环境变化。

最后我们以国际上的大银行为例来分析它们的风险管理文化在要素上的具体表现。富国银行提出"业务决策者是第一道防线，直接对风险事件负责。商业银行的风险管理部门对风险进行监控，同时从更宏观的层面检视风险行为，构成了第二道防线。除此之外，内部审计团队构成了我们的第三道防线"，这体现了富国银行对于风险的高度重视以及严密防范，体现出全员风险管理的思想，是一种全面的风险管理文化；桑坦德银行为了构建开放透明的环境，提出"银行鼓励员工对风险管理展开辩论，积极应对未来挑战"，这种鼓励讨论的氛围有利于打破部门间的壁垒，是一种开放的风险管理文化的体现，讨论的目的是预期未来挑战并积极作出改变，这一点则体现出敏捷主动的风险管理文化。

各家商业银行的风险管理文化各有千秋，可以看出商业银行风险管理文化对持久的风险管理至关重要，但其中的具体内容却无关紧要。关键并不在于你有什么样的风险管理文化，而在于商业银行的企业文化中是否有风险管理文化要素、全体员工是否知道它是什么、是否将它融入组织中并长期恪守这一原则。

第三节　全面风险管理文化面临的挑战

风险管理文化决定了商业银行经营管理过程中的风险管理观念和行为方式，是内部管理体系中的"软因素"，是风险管理体系的灵魂，在商业银行经营管理中占有十分重要的地位。有效的风险管理体系建设必须以先进的风险管理文化培育为先导。

从现阶段银行发展实践来看，构建一个完整、健康的风险管理文化体系还面临着诸多挑战。

全面融入不够：全员参与的风险管理意识难以形成

对于一家经营稳健的商业银行来说，风险管理文化应该是全体员工认同并自觉遵守的风险理念、合规意识和行为规范，应该具有广泛的认同感和代表性。对于规模庞大、人员众多的银行，要在全行范围内树立和推行先进的风险管理文化、强化风险管理意识绝非易事。

有一种观点在横向上认为"业务部门是马，负责带领组织向前奔跑，而风险管理是缰绳，负责控制马的速度和方向"。这种观点不完全错误，但它是片面的。它只突出了风险合规部门在风险管理工作上的职责，忽视了业务部门在风险识别、监测等管理中的"第一道防线"作用，未能将前、后台部门看做有效的管理合力。这是一种典型的"部门银行"思维方式，非风险管理部门忽视了自身的风险管理职能。业务部门只管操作业务，出了问题是风险管理部门管理不力，甚至把风险管理摆在自己的对立面，认为风险管理容易"一管就死"，使业务创新丧失活力，对风险管理的要求存在抵触情绪。

对于银行这样金字塔形的庞大组织来说，自上而下的传导效果呈递减趋势，这使风险管理文化的意识和价值观念难以在各层级职员中得到不变形的传导和充分的贯彻。数量最为庞大，同时也是直面客户、最容易暴露在风险中的一线员工缺乏对风险隐患的警觉，难以有效贯彻风险防范和管理的要求。虽然随着技术的发展，操作岗位被智能系统和机器人所取代是必然趋势，越来越多的操作岗位人员将转到其他岗位，但思想上的转变比岗位的转换要难得多。大量基层人员依然将自己定义为操作的"执行者"，而不是风险的"管理者"，对于银行风险的来源、内涵、类型等认识不够深入，对于本银行的风险管理精神、风险管理哲学、风险管理信条和风险管理宗旨等缺乏主动的了解和认同。

随着未来银行的发展，"银行"将不再只是一个物理上的概念，不再只是网点、柜员、客户经理……而将发展成一个平台，这个平台上既有传统银行的从业人员，又有政府部门、企业、个人客户、第三方机构等众多参与者。而目前风险管理文化的有效传导却将这些银行业务的参与者排除在外。

如何建立全组织一致的风险管理理念，统一全体员工和业务参与者的风险行为准则，向各层次工作人员强调风险管理人人有责，增强其执行风险管理政策和程序的自觉性，并使其充分参与这一过程，是值得未来银行的高层管理者在建立风险管理文化体系和传导风险管理文化过程中需要思考的问题。

敏捷主动欠缺：尚未构建反馈敏捷的风险管理制度文化

现阶段商业银行在风险分析、预警、报告、管理、检查等各个工作环节的制度还不够完善，尚未形成全流程管理的风险管理制度体系。但更突出的问题在于，商业银行尚未针对风险管理制度文化建立起一套科学合理的反馈机制、奖惩办法和绩效考核制度。

中国古代劳动人民在兴修水利时会在河底放置巨大的石马、卧铁等标志物，用以观测水位或测量泥沙的堆积程度。雨水丰沛的年份，石马常没于水面下方，到了干旱的年份，雨量不足导致河水流量较少，石马露出水面，此时，对灌溉用水极其依赖的农民就需要通过修缮水利、改变作物构成等方式来制定措施以减少干旱对农作物的影响。

风险只是一种"可能性"，它就像古代人们兴修水利时沉在江底的石马。好的风险管理是将这种"可能性"控制在一定范围以内，最理想状态是让石马永远不要露出水面。但对于风险的反馈机制来说，只有风险暴露，才能说明前期的风险管理是否存在问题，进而修正风险管理的制度体系，使其日臻完善。当风险没于水面之下时，我们很难判断对其的管理是否完善。

同时，商业银行的指标考核通常只针对某一时间段，如按月、按季度、按年等，甚少有跨多年度的考核。这种短期化的奖惩措施一般与短期的指标挂钩，这种考核方法会使被考核人抱有一种"考核时段内风险不暴露等于没有风险"的侥幸心理，通常都会助长过度承担风险的行为。

未来银行的风险管理制度文化需要的是健康的风险管理激励机制，这种机制应该具有恰当的绩效评价期限长度，充分考虑风险因素及风险管理战略的执行效果，同时需要有完善的信息收集和传导反馈通路，正负激励的结果应该能够迅速修复原有制度的不完善之处。这对制度反馈的敏捷性提出了极高要求。如何建立起反馈敏捷的风险管理制度是未来银行的风险管理文化体系需要突破的挑战之一。

开放包容不足：科技对风险管理文化的推进并不是理所当然的

在本书的第六章，我们已经讨论了将先进科技能量注入风险管理全流程是未来银行的必然选择。但科技的发展和对先进技术的应用并不是理所当然就能实现的。现行的商业银行风险管理技术方法与未来银行的理想状态相比还有较大差距，例如，风险管理量化分析不足，在风险识别、度量、监测等方面不够精确和科学；市场风险管理技术方法落后；风险识别的技术和工具缺乏；信息系统建设和信息技术运用滞后，信息的缺失和失真。这些都直接影响风险管理决策的科学性，也为风险管理方法的量化增加了困难。想要利用先进的科技手段提升自身经营管理水平，还需要银行采取更加开放的态度，加大投入。

目前，大多数商业银行的管理层都已经意识到了科技对于未来银行发展，特别是对于全面风险管理不可替代的作用，并开始加大对金融科技的投入。但与互联网科技的高速发展相比，银行自身的开发速度显然是偏慢的，对于高科技元素的引入大部分还停留在概念层面。银行对于创新的态度也不够包容，缺少容错机制。且受制于外部监管和内部制度限制等，大多数银行没能真正做到和外部互联网公司在数据、技术和平台上的完全对接。

更大的挑战是思维上的不够开放：银行更多地觉得支付宝、微信等互联网工具夺走了本属于自己的市场份额，于是采取防御姿态面对这些互联网企业的竞争，对于银行风险管理能力的输出更是十分吝啬。但对于开放的未来银行来说，需要的是与生态圈内伙伴更广义上合作共赢，在风险管理上，更广泛地进行信用发现，共同提高风险管理水平。

如何加快推进诸如人工智能、区块链、云计算、大数据、5G 及物联网等新技术在风险管理上的落地，扩大风险管理的开放程度，将是未来银行风险管理文化发展最紧迫的问题之一。

观念尚未转变：难以消除风险管理与业务发展冲突的固化思维

在以往的很长一段时间里，业务发展规模成为衡量一个银行经营管理水平的重要标准。因此，有不少银行从业人员，甚至是银行高管不能正确看待银行业务发展和风险管理的关系，把风险管理文化定义为企业文化的一个独立组成部分，惯性地把风险管理和业务发展的关系对立起来，片面追求银行业务的快速发展、盲目追求业务的发展壮大，以此作为自己的业绩，严重地忽视了对相关业务的风险识别和管理，为风险事件的发生埋下了巨大的隐患。也有的银行管理者过分强调对风险的管理，惧怕风险、缩手缩脚，企图通过少拓展经营业务来达到降低风险的目的。在风险管理的过程中，风险管理人员也无法较好地将风险管理与市场营销、市场拓展有机结合起来，缺乏差别化的风险管理理念，再加上风险管理部门在绩效考核、行政管理、批准权限等方面缺乏独立性，甚至完全依存于业务发展，导致其在一定程度上失去了专业性。这种以发展业务为导向的经营理念影响了风险管理体系作用的发挥，严重地阻碍了商业银行发展的脚步。

现代风险管理理念认为，风险是"事项发生并影响战略和商业目标实现的可能性"，它具有"正面"和"负面"双重性，既包含形成损失、影响目标实现的可能性，也可能是形成收益、推动目标实现的来源。现代金融学的核心原则就是风险和收益的匹配。银行的本质是通过管理风险而获取风险收益，通过承担风险而获得额外报酬。在当今平均利润率不断降低的银行业，高效的风险管理与递增的规模效益是利润的主要来源之一，风险应该被看做是为产生利润、推动银行整体目标实现的业务活动中不可分割的一部分。

在现代全面风险管理文化框架下，我们认为商业银行应当坚信，风险的管理过程能给银行带来价值，增进运行质量、降低波动性。必须强化对风险认识的文化导向，赋予风险管理文化以明确的价值取向。

然而事实上，思维的惯性是很难被克服的，对于未来银行的管理者们来说，如何打破"风险只具有负面性""风险管理与价值创造是对立面"的传统思维是值得好好考虑的事情。或许可以从让大家相信"爱情与面包并不是对立面"开始，谁说王子和公主就不能拥有真爱呢？

"虚""实"之间：文化实践落地困难

建立和发扬风险管理文化最终的目的是规范组织成员的行为，进而通过银行员工及其他业务参与者符合风险管理要求的具体行动来管理各项风险。在本章第一节我们讲到，风险管理文化具有"软约束"功能。文化是一种"柔性"的武器，这有点像中国传统武术——太极，若能运用得当，其看似虚柔的动作实则杀伤力一点也不逊于"肌肉格斗"。

风险管理文化的实现难点在于，将虚的"文化"落到实的"行为"上。从以往的案例来看，无论是商业银行还是其他类型的企业，在进行组织文化建设的过程中，都容易出现将文化等同于"精神"而与实践脱节的现象。有的管理者并没有意识到文化这种"软约束"对风险管理的作用，片面地把风险管理文化和思想政治工作混为一谈；有些银行的风险管理文化建设，甚至被归到群众性组织部门的事务，风险管理业务部门反而觉得"文化建设"不是属于自己部门的职责而游离于风险管理文化建设之外。

今天我们走进任意一家银行网点，都很容易看到张贴在银行网点内部显眼处的标语、口号、领导语录、制度规章等。为应付各级检查，银行员工也都能熟记各项规章制度。但这就意味着营造了风险管理文化吗？答案显然是否定的。有效的风险管理文化，是润物细无声地潜移默化，更应该是使银行工作人员和业务参与者主动规范的行为习惯和行为风格。风险管理文化最终的作用是对风险理念的强力纠偏。过度强调形式上的文化漫灌只会适得其反，严重影响员工参与风险管理的积极性以及对风险管理文化的理解和认同。

从目前的风险管理文化推广和传导方式来看，想要打好风险管理这套文化太极，商业银行还有很长的修炼之路要走。

第四节　如何培育风险管理文化

在前面几节中我们谈论了如何理解先进的风险管理文化以及目前风险管理文化面临的挑战，但是只谈理解、挑战，不谈建设就是说空话，因此在这一节我们重点讨论商业银行如何实现风险管理文化转型，如何逐步培育起全面融入、开放包容、敏捷主动的风险管理文化。

如何培育全面融入的风险管理文化

全面融入的风险管理文化是"全部业务"与"全员参与"的。存在第一个问题就是上下级的风险理念不一致。商业银行的业务是一线的业务人员负责执行，因此业务人员要与管理层的风险偏好一致，充分理解风险管理的战略意图，不能管理层"说一套"，业务人员"做一套"。在文化转型的过程中，要使业务经理具备风险管理思维，成为风险管理经理，需要改变传统的仅仅以利润创收为薪酬晋升的考核标准，需要在绩效考核中加入风险管理的因素。

仅仅在业绩考核中加入风险管理的因素也是不够的，需要对业务经理在传统 KPI 考核上减负，并把他们从流程化的工作中解放出来。以客户经理为例，他们本来就已经背负了繁重的传统 KPI，比如对公存款、对私存款、个人贷款、对公贷款、票据贴现、信用卡开卡数、POS 机安装量、保险销售、基金销售、贵金属销售、中间业务收入等，还要不停地写报告、开晨会、开夕会；很多时候不是银行的业务人员考虑风险管理，而是内部流程使然：这位从业人员还在为十几个考核指标发愁，又哪里顾得上所谓的风险管理理念？这一点需要文化与实践的相互结合，形成良性的正反馈。在传统的 KPI 考核减负后，要通过新的 KPI 考核逐步引导客户经理强化风险意识，通过接触客户提出风险管理的相关建议，甚至可以直接参与风险实践项目。

改变上下级对于风险理念理解不一致的现状，提高上下级信息传递效率的一种做法就是引入扁平化的组织结构。扁平化思想产生受学习型组织的启发。学习型组织是扁平的，即从最高的决策层到最低的操作层中间相隔的管理层级很少，让最下层单位拥有充分的自主权，并对生产的结果负责，从而形成以"地方为主"的扁平化组织结构。

扁平化组织的一个经典案例就是传奇经理人韦尔奇对通用电气的再造。1981 年韦尔奇就任通用电气公司 CEO 后，对通用电气的管理结构进行了大刀阔斧的改革。从 1981 年到 1992 年，该公司被裁撤的部门多达 350 余个，管理层级由 12 层锐减至 5 层，副总裁由 130 名缩减至 13 名。通过这一番改革，通用电气的官僚主义大为减轻，信息传递效率大大提高。

在培育全面风险管理文化，提升基层员工对于风险管理理念的认识时，也要注重重大风险事件报告的作用，鼓励员工去讨论重大风险事件，无论是公司管理层的风险事件还是基层的风险事件，都要组织员工去讨论，从中吸取教训。

商业银行也要积极开展风险警示教育，充分利用案例材料，认真组织员工学习，以案释法。在进行警示教育时，要紧密联系员工在业务操作中存在的风险，认真从有关典型案例中吸取教训，鼓励各个部门的员工参加讨论操作风险问题和识别未来问题的会议。还应该强化法律意识教育和业务素质培训。商业银行应经常组织业务知识和法律知识的专业培训，培训操作人员业务知识、法律常识和操作技能，提高操作人员业务水平和综合能力。通过对各管理层次、各部门、各岗位开展操作风险培训，培育和提高每一个人的操作风险意识，使之掌握识别、分析、度量和控制操作风险的基本方法。

除此之外，增强层级之间的流动也是增进上下级对于风险理念理解的一个好办法。商业银行一般都实行总分行制，对于人员在层级间的流动可以采取基层上跳一级学习，管理层下派基层锻炼的方式，比如一级分行的员工可以去总行跟岗学习，二级分行的员工可以去一级分行跟岗学习。同时总行的员工可以下派到网点去体验一线的生活，了解网点员工对于风险管理的认识，观察风险管理文化的渗透程度，有利于下一阶段风险管理文化转型的推进。

如果把上下级间的风险理念的不一致理解为"上下不同"，那么全面风险管理文化还有一个比较大的困难就是"左右不同"——部门间对于风险偏好、风险理念的理解不一致。为了减少部门间风险管理理念不一致的状况，就需要风险管理部门在制定风险预算时与业务部门充分讨论沟通，业务部门有表达异议的权利。除此之外，在制定或者修改风险管理文化中的风险理念时，业务部门都要参与，并发表自己的看法与理解，这样可以增加各部门的参与感与责任感。

讨论完在培育全面融入的风险管理文化过程中如何解决"上下不同"与"左右不同"的挑战后，我们再从人力资源、激励、问责等方面进行探究。

文化的转型难在人的转型升级上，而人才招聘是人力资源的源头活水，因此解决人的转型问题首先要从人才招聘着手。传统商业银行具体业务部门招聘一般是人力资源部与业务部门共同负责，在招聘过程中重点考察专业知识与实习经历，很少涉及企业文化，就更不用提风险管理文化了。这就造成了虽然找到了专业能力、业务能力强的员工，但是这些员工的价值观，如风险价值观，可能并不能与商业银行的风险价值观相匹配，使得新员工至少在风险维度上无法与其他同事形成合力，在入职的那一刻起就没有风险观念。这就要求商业银行在人才招聘时就要强调风险管理文化，尤其是业务部门的招聘，如果商业银行金融市场部在员工招聘时对于风险观念的重视大于对专业的重视，可能就不会招到巴林银行里森那样的交易员。

激励在培育商业银行全面风险管理文化中也要扮演重要的作用，之前我们提到了薪酬考核上要加入风险管理的相关因素，这一点属于物质上的激励，还有一种激励就是精神上的激励——树立榜样。举个例子，客户经理中对风险管理提出建设性建议的可以树立为风险管理之星。麦肯锡也提出加深员工意见领袖对文化转型过程的参与度，常常能对更广范围内的员工带来正面影响。很多伟大的企业都十分擅长使用榜样的力量，比如著名零售商沃尔玛的"服务之星""最佳店长""零售明日之星"等。

合理的问责机制、惩罚机制可以强化全面的风险管理文化。商业银行应该明确风险事件的责任要具体落实到个人，建立全面有效的问责机制。商业银行一般规模大、人员多，如果问责机制不全面，有些员工打擦边球却不被问责，就会在商业银行内部形成一种不正之风，导致"一颗老鼠屎，坏了一锅粥"的局面。

如何培育开放包容的风险管理文化

对于培育开放包容的风险管理文化，主要从两方面入手：一方面是如何培育商业银行部门间的开放包容文化，另一方面就是如何培养银行与生态圈内其他参与者的开放包容文化。

我们先来谈一下部门间的风险管理合作。部门间的风险管理开放合作文化的构建要减少部门间信息不对称性，可以通过部门间的借调换岗学习，比如公司业务部门可以定期调员工去个人金融部跟岗学习，个人金融部的员工也可以调员工去公司业务部跟岗学习，这些员工就可以作为以后部门间合作开放的纽带。部门之间可以定期组织讲座沙龙、联谊活动等来促进部门间的认识，当然这一切还要以部门间的员工都有共同的风险管理理念为前提。

在部门设置方面可以建立复合职能的部门，以光大银行成立的数字金融部为例，光大银行的数字金融部对内既是电子渠道管理建设部门，具备产品创设能力，也是用户管理部门，负责引入、分层、转化。如果一个部门涵盖多个职能，那么在进行风险管理的合作方面则会容易得多。

开放包容的风险管理文化还要容忍创新中的失败，比如员工可能花了很长时间研究新的风险管理模型，但是可能发现还不如原来的模型有效，这时候部门领导的态度应该是鼓励而非惩罚。

培育生态圈内的风险管理开放文化首先要求高管改变对生态圈内其他伙伴的态度，转变态度的前提是高管要意识到银行的信用发现的定位以及风险管理的优势，只有高管转变了态度，以身作则，手下的员工才会逐渐作出改变。

商业银行的管理层在转变态度后，可以适当地提供一些风险管理项目让商业银行员工与合作伙伴员工，比如科技公司员工进行合作，在共同参与项目的过程中培养起生态圈内的开放文化。

如何培育敏捷主动的风险管理文化

培育敏捷主动的风险管理文化关键在于培养敏捷主动的人才，但是面对着奔涌而来的金融科技浪潮，基层的员工不知如何将科技手段为己所用。因此商业银行可以开展多方面的学习培训，让客户经理知道科技如何用。客户经理在构建敏捷主动的风险管理文化中是必不可少的一环，因为一线的客户经理直接接触客户，更能洞察客户的需求，如果他们可以了解最新的技术可以干什么，就会自然地思考如何利用新技术来优化风险管理流程，提升风险管理能力。这一点就像美团网一样，创始人王兴负责看世界，洞察客户需求，另外两个创始伙伴一个负责前端，一个负责后端。如果没有人天天观察外面的世界，只顾埋头干活，做出来的东西很难符合市场需求。

这一点对于培育敏捷主动的风险管理文化也是一样的，不能完全靠银行科技部门来推动，而是靠管理思想的转变，重在"人"的转变，缺少敏捷的客户经理就会使敏捷主动的风险管理文化少了最重要的一部分。

敏捷主动的风险管理文化需要具有敏捷主动基因的金融科技人才，这就意味着在人才招聘上，商业银行需要同一些科技公司进行竞争，这就要求商业银行提供具有竞争力的薪酬，增加对金融科技人才的培养和相关研发的投入。而且还要满足科技人才的科技梦想，因为在传统的认识上科技人才主要负责后台工作，不能为商业银行直接创造利润，因此很多人认为金融科技并不属于商业银行的核心部门，金融科技人才在商业银行内不受重视，发展有瓶颈。国内很多银行采取重新进行银行定位的做法，比如招商银行将自己定位为一家金融科技银行。

德鲁克在《管理的实践》中有这样一段描述，"优秀的专业人员往往不是杰出的管理人才。优秀的专业人才通常厌恶行政工作，他们往往对行政管理人员缺乏敬意，他敬佩的是在专业领域表现得比他优秀的人。提拔优秀的专业人才到管理职位上，常常毁掉了出色的杰出人才"。科技人才进入商业银行可能也会出现这样的问题，比如计算机领域的人才不断提升人工智能、大数据的素养，但是对于风险理念却不够重视。这就要求商业银行在制定专业职务的目标时要尽可能地涵盖风险管理目标，让科技人员了解专业工作对于商业银行风险管理工作的重要作用。除此之外，德鲁克还提出了一个方法，就是在科技人员正常的工作之外，指派给他们特殊的任务，让他们有机会参与管理层的运作，比如让科技部门的员工参与风险预算的制定等。

为了培育敏捷主动的风险管理文化，商业银行也可以在管理层层面创设新的角色，比如成立专门的数字化董事提名委员会、针对具体技术种类的咨询委员会等。

目前很多商业银行的决策要经过严密的分析，之后再决定做还是不做，这种做法看似理性，其实却不利于敏捷主动风险管理文化的培养，因为敏捷来自实践而不是分析。敏捷的文化需要商业银行将分析导向逐渐向行动导向转变，这也是很多卓越企业的特质，比如 IBM 的三日特别小组；这也需要缩短决策流程，精简决策书面报告的内容，宝洁公司的前任总裁哈尼斯曾经说过，"将事实或意见摘要于一页的简单书面报告，就是宝洁决策的基础"。

　　敏捷主动的风险管理文化的培育也需要敏捷项目小组，比如小型团队、临时项目小组、特殊工作小组等。有了这样的小组安排，就能够快速实现风险管理的项目突破，员工自然会在这样的安排下变得敏捷。

第八章　打造风险管理能力

幸存的生物不是最强大的，也不是最聪明的，而是适应力最强的（最敏捷的）生物！

——达尔文

在达尔文发表《物种起源》150 年后，生命科学界已经认为生物体都适用生化算法，即是一系列生化反应的计算结果。部分数据主义者甚至认为，数学定律同时适用于生化算法及电子算法，于是可以打破动物和机器之间的隔阂，将二者合二为一。数据主义的观点有待讨论，但金融科技带来数字化的深入人心已无法否认，其已不仅是一种服务手段，也不仅是一种风险管理工具，而是打破了壁垒，使之慢慢融合转化成为未来银行的一种发展方式，引领新思维，甚至新的价值创造。

可以预见，未来银行风险管理核心能力的建设与重塑必然与人工智能、区块链、云计算、大数据、5G 五大科技因素的快速发展演进深度融入，通过前台 APP 服务引流导入，中台 API 开放连接客户，后台智能风险管理的模型应用和组件化调用，把未来银行的风险管理带入一个"自动、实时、精准、敏捷"的全新阶段。

自动。提升管理流程的线上化、系统化、数字化水平，自动对接客户需求和金融服务场景，在数据收集、客户评级、预警管控、风险提示和分析报告等各风险管理环节中，搭建以数据模型为支撑的全系统、全线上管理工具体系，减少人为失误，提高数据质量，提升管理流程的可靠性和稳定性，以支撑风险分散性和复杂性不断上升条件下的风险决策，实现全流程的高效流畅运转。

实时。即对市场机遇和风险信息进行快速捕捉、实时响应。对内汇集、整理及挖掘关键数据变化，对外自动获取和收集重要经济指标波动，联动调整模型参数和阈值，做到快速发现、跟踪分析、实时反馈和应对，避免出现风险管控缺位或滞后。在普惠金融、消费金融等各领域的创新管理中，深入了解生态圈细分行业状况，同步强化风险管理，快速反应进行风险预控。

精准。即在客户画像、反欺诈、信用评分等智能风险管理手段的应用中，通过强化大数据支撑、优选机器学习算法、进行交叉验证、强化模型监控等手段，提高风险事件划分和风险量化管理的精度，降低判断失误的频率，提升模型表现和性能，使风险决策更加准确有效。

敏捷。通过人工智能、机器学习等建立小步试错、快速迭代的自我优化机制，通过收集数据和用户反馈，不断进行高效的、短周期的改进、提高和调整，使风险管控体系随着管理实践的积累和深入，实现及时自我更新，为智能风险管理的长期有效运行提供保障。

第一节　信用挖掘能力

改写或是颠覆

金融科技或科技金融正在重写金融服务的基本经济学。

极大地消除了信息"不对称"。智能化的演进，正在逐步攻破"信息不对称"这个经济学最基本的假设。大数据、区块链、人工智能、5G、云计算、物联网、量子计算等科技能量的注入，图智能百亿点万亿边的识别能力，数据和信息的 EB 级计算规模，前所未有地创新了风险管理的方式。可以说，客户的信息、交易、收入和行为，正在无限趋近于掌握、监测以及预判的范围内，甚至个体金融行为的可预测、可把握，把"不对称"、"不透明"变成了"无处遁形"，把"不确定性"变成"确定性"。

显著改变金融方式，重塑信用体系。现代社会产生了信贷奇迹，信贷正是"信任"在经济上的表现。科技能量的注入，让人们不仅信任银行，甚至对社交场景、消费场景背后的金融科技公司产生了更为神奇的信任。信任发生扩展的同时,信用体系也在深刻地变化。近年来,科技与信用行业的深层融合不断打破原有的业务范围,技术的出现深刻改变了信用服务的运作方式,科技不断拓宽信用服务的边界,数字货币、"芝麻信用"等信用评级、"相互宝"等线上保险产品的产生,深刻地改变了社会信用体系。

金融功能观和银行功能的变化。金融科技迅猛发展,不仅诞生了像阿里巴巴这样的金融科技公司巨头"新贵",而且大型商业银行纷纷设立银行系金融科技公司,同时催生出一大批金融消费公司、小额贷款公司等。金融市场的参与主体发生了结构性的变化,新的线上业务模式构成了新的生态。金融机构、产品、业务和科技出现融合、跨界发展,使金融功能、银行功能都发生了变化。银行和第三方支付平台、各类支付结算途径(各类宝宝)的支付结算效率和安全性显著提高,结算成本降低;商业银行、外部评级机构、资本市场等共同扩展了信息处理功能的宽度;技术的创新和各种工具模型的应用,使信贷资源可以配置到个人和企业,同时整个社会交易成本、融资成本已经大大降低。金融科技的不断创新与发展,显著推进了商业银行金融中介功能的结构性变化,未来风险管理的功能和价值增加作用将不断凸显。

银行业终于意识到自身走到了百年未有的大变局的历史奇点上,全面的数字化重塑浪潮正在掀起,各家银行争先恐后地加大对于金融科技的投入力度,2018年中国银行业对科技投资规模是1121亿元,并且每年保持10%左右的增长速度,其中大型银行的金融科技投资基本上占到了其营业收入的3%甚至以上。从转型的方向上来看,也出现了"两大方向":

其一是坚持基于商业银行的数字化改造。如"宇宙第一大行"——工商银行提出了"科技强行,构建面向未来、生态开放、智慧开发、智慧智能的银行",中国银行提出了"科技引领,建设数字化银行",这是大多数中资大型商业银行选取的转型路径。

其二是从商业银行向科技公司转变。以摩根大通为代表,作为美国一家可以追溯到1859年的历史悠久的传统商业银行,在理念上更是提出了"摩根大通未来将是一家科技公司",并且未来三年IT技术人员占总人数的比例要从 25% 上升到 50%，真正成为一个科技公司。

> 优美的科学不一定是实用的，实用的科学又未必给人以美感，而现代金融学理论却兼备了优美和实用。

>> ——罗伯特·默顿（Robert C. Merton），
>> 1997 年诺贝尔经济学奖获得者

反思与觉醒

虽然目前无法判断和比较两个转型方向与路径选择的优劣，但金融和科技二者是无法割裂的。金融科技并没有颠覆金融的功能和本质，而是促进了金融功能的进化。迄今为止，金融科技虽然部分改变了金融交易的载体、渠道和技术，提高了交易效率，但没有改变商业银行的经营目的和对象。

更进一步，数据技术手段和数字货币的应用，使整个金融产业链各个环节得以打通，经济活动中的资金流、物流和信息流得以统一，金融的四项功能逐步走向融合，如支付与融资功能的融合，在消费信贷、信用卡、流动性管理等领域出现大量产品。资产转化、风险管理与信息处理功能也呈现同步发展的趋势。最为突出的，是风险管理和价值创造发展为核心功能。依靠数据和智能工具进行信用评估、信用打分、建立风险管理模型，通过供应链金融将物流、信息流与资金流紧密连接。风险管理信息化、数据化，极大提升了资产转化能力，场景金融成为金融功能融合的加速器。

金融科技有助于推动金融机构转型升级。数字化转型已经成为金融机构特别是银行共同关注、共同推动的一种行业趋势。科技的发展给传统金融业带来了一些颠覆性的变化，拓展了金融服务的边界，提高了金融供给的效率，拓宽了金融机构的发展空间，成为金融机构的重要战略选择。金融科技简化了供需双方的交易环节，降低了资金融通边际成本，开辟了融达客户的全新途径，推动了金融机构实现服务模式创新、业务流程再造、运营管理变革，不断增强金融机构的核心竞争力，为金融业转型升级持续赋能。

行业格局从竞争竞合到融合共赢。金融、技术、新技术之间的交叉结合也催生出很多新金融业态。金融科技发展初期,科技公司依托技术、平台、流量优势,从网络支付切入,逐步向网络融资、资产管理等金融领域渗透,迅速积累了大量客群,对传统金融机构形成冲击。传统金融机构也在反思,必须要承认传统金融机构在这一波新的技术浪潮面前,略微有些迟钝。随着金融业广泛的觉醒,投资的加速、数字化转型、科技公司创新,以及技术、数据等方面赋能,整个金融行业也正在走向前台,逐渐走向融合共赢。很多金融机构积极打造"开放银行",与合作伙伴共建场景生态,积极开展多平台接入、全场景营销,拓展新的获客渠道,寻找新的发展引擎,助力实体经济数字化发展。

重塑与新生

未来银行就是银行业把握科技变革对商业社会重塑的奇点性机遇,重新认识和构建银行的生态及企业价值链,重建银行与社会和客户的链接。

第一性——客户体验最优化。股东价值最大化仍是现代企业制度追求的最终目标,只是在实现路径上,要通过"第一性原理",围绕客户体验的最优化进行核心价值创造。相应地,未来银行的风险管理,也要围绕这个核心价值来建设打造,以更加生态化和专业化的模式实施从上至下的战略重塑。

随着越来越多的银行将数字化转型纳入战略重点,给客户带来更便捷的服务、更低的价格和更好的体验,将金融服务嵌入各种场景,成为未来银行演进的方向。数字化转型与战略方向的选择有机互动,重塑商业模式,并通过赋能推动战略转型,打造极致的客户体验是银行战略转型的终极目标,也是银行创新的本质要求。银行希望通过数字化创新及数据的应用,显著提升风险管理体系的共享化、智慧化和迭代化,推进金融服务更加高效集约。

优势——洞察客户。要想在高度竞争的数字化银行建设中取得成功,谁是获胜者将由使用数据的能力和洞察力来决定。传统的金融机构不论大小，都在客户洞察力方面具有巨大的优势和独特的基因，关键是把这些洞察力直接且积极地运用到数字化体验之中，围绕客户需求来开发场景、丰富产品、转化客户，甚至根据客户结构和需求重设组织架构、风险模式，而不是根据供给产品和行政管理。

随着市场转换速度加快、产品生命周期缩短，客户需求日趋个性化和定制化，洞察客户逐渐向深刻、快速、细颗粒的方向发展。未来银行将以数据为基础，利用智能科技重新对客户进行精密细分和预测，实现更深刻的认知，以客户旅程作为价值链重塑的基石，依赖"感知客户"和"客户感知"体系支撑精准风险控制，从而使客户资源产生更多价值，重构银行与客户的关系。

核心——风险管理，连接、转化和赢得客户。未来银行的风险管理将从一个与战略和绩效相配合的独立的工作，发展到抛弃自我真正融入战略和绩效管理中去，从而嵌入企业管理业务活动和核心价值链。

风险管理的定位将逐渐从"成本中心"演变为"价值发现和创造中心"，由被动控制转向主动管理，在组织体系的各个层面和各项职能上影响战略和绩效。建立以风险管理水平为核心驱动的发展模式，将风险决策的制定牢牢嵌入端对端的客户旅程，将逐渐推动未来银行间的差异化，并决定最终脱颖而出的银行。

韧性——逆周期调节，与监管共舞。商业银行作为信用创造和经营风险的特殊行业，是国家逆周期调节的金融政策、货币政策传导的主体。科技赋能提升了信用挖掘能力，智能精准的模型工具，以及商流、物流、信息流、资金流"四流合一"的场景搭建，这些都有助于商业银行更好地识别风险，更好地配置信贷资源，提升支持实体经济发展的效率，为高端制造、普惠金融、民营企业的发展注入动能，有效刺激和发展消费，从而实现宏观体系的稳定性，增强逆周期的调节能力。

懂得在把握创新和风险平衡的乐曲中起舞，更能使银行历经周期而前行。金融监管约束着银行转型不脱离金融的本质，为银行稳健发展保驾护航。

传承——数据密集。银行业本身就是具有数据属性的行业，处理的资金流就是数据流。银行在有效数据收集和处理方面优势相对突出，数据强度居各行业之首。在信息收集分析判断的基础上，实现资产转化，促进资金有效配置，完成关键一跃。随着金融科技发展，数据的可得性、可靠性、及时性和可使用性得到了有效解决，资产转化功能朝着更加高效、普惠的方向发展。

信用发现的新篇

金融科技的技术应用为金融中介理论的研究提供了新的工具。银行在传统主要基于财务报表分析的信用发现的基础上，借助新技术提升信用挖掘的能力。比如：

——以往缺乏信息未能进行信用发现的客户，未来在大数据背景下，可以进行信用挖掘。

依托大数据和先进的科技风险控制模型，综合运用黑灰名单、征信信息、外部数据、要素验证、负面信息、特征标签等信息自动完成基于大数据的信用卡和消费贷款反欺诈、信用评估和授信。一类是过去没有信贷记录的"白户"人群，通过外部数据、行为数据等评估其信用能力，解决他们无信用评分无法获得基本信贷的问题；另一类是信用分数不高而借贷成本高的人群，利用大数据征信降低他们的信贷成本。

——以往信息难以保证准确真实的客户，在区块链的应用下，其信用可以被挖掘。

区块链的不可篡改、可信交互、公平透明属性以及智能合约将提升银行生态中的价值发现、价值确定、价值看守、价值转换的确定性，以及数据的可信性。

如数字凭证流转。基于区块链搭建新的数字票据信用体系，将票据转化为可直接用做支付的数字凭证，基于数字票据实现信用支付的网络协同，服务于各种凭证流转。用区块链＋电子合同技术，还可以确保应收账款合同的真实性，从而围绕应收账款池等发展线上融资业务。

——以往难以持续监控风险状态的，在5G、物联网背景下，可以持续监测信用变化，挖掘客户信用。

如菜鸟物流仓是物联网典型的应用，网关可在一小时内搭建完毕，且能解决讯号难以达到的地下室、无固定电源空间与海量设备的仓库场景，满足物流园区所需要的链接服务。物联网实现了 24 小时全程监控标的物交易过程，实现了对交易标的物、抵押物的可视化，通过放款前、放款后货物监测、资金回流监测等使资金和货物更可控、更安全。

5G 推动物联网、穿戴设备的加速登场，不仅仅实现了实时连通、万物连通，更会带来风险管理的流程再造，即银行信息系统的信用评估以及响应的能力，即在智能分析基础上实时感知响应。

——AI 挖掘信用，可以整合散落在各处的信息，通过 AI 综合分析来发现信用。

人工智能、深度学习使得我们能够在各个领域利用小数据、大数据进行全量分析，提高我们发现商机、捕捉商机、传递商机、实现商机的能力，提高我们的风险预见、预控和预警能力。

未来，科技因素赋能的信用挖掘会让 KYC 变成 KYCTC（know your customer than your customer），银行会比客户更了解客户自己。这不仅是基于交易数据、消费数据、位置数据、工作数据和静态数据、时点数据，而是所有动态数据的串联。技术已经在前中后台极大地代替了人工，银行的自动化水平进一步提升；精准地识别客户商机，评估客户的风险；快速敏捷的前后台响应，嵌入场景；智能基础上的精准分析定位、客户画像，精准地识别风险；实时地感知和响应，以及风险预警预控，即为"实时、精准、自动、敏捷"。

第二节　全面融入能力

当你站在超市收银台前，从点开支付宝二维码到支付成功的短短时间内，支付宝风险管理系统的上百个模型已经对这笔交易完成重重扫描，以检查是否手机丢失账户被盗用、是否欺诈被骗、是否有违法套现等风险。蚂蚁花呗、蚂蚁借呗、微粒贷、京东白条……还有不胜枚举的银行线上产品，客户每一次扫码和点击的瞬间，背后都是以数字化形态存在的大量风险管理模型的组合计算和交叉验证。

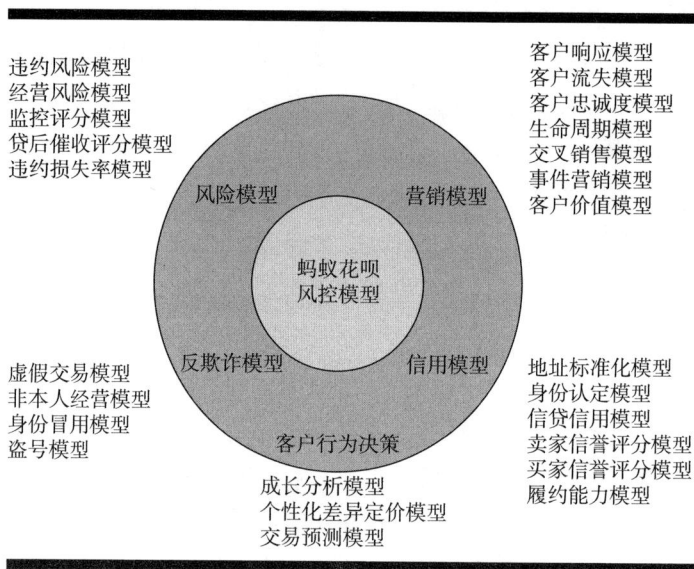

违约风险模型
经营风险模型
监控评分模型
贷后催收评分模型
违约损失率模型

风险模型

客户响应模型
客户流失模型
客户忠诚度模型
生命周期模型
交叉销售模型
事件营销模型
客户价值模型

营销模型

蚂蚁花呗
风控模型

虚假交易模型
非本人经营模型
身份冒用模型
盗号模型

反欺诈模型

信用模型

地址标准化模型
身份认定模型
信贷信用模型
卖家信誉评分模型
买家信誉评分模型
履约能力模型

客户行为决策

成长分析模型
个性化差异定价模型
交易预测模型

图 8 - 1　蚂蚁花呗风险管理模型

全面嵌入流程

银行可针对不同业务类型建立数字化决策平台，打通内外部数据，全方位收集客户信息、建立大数据风评模型，并基于此对客户进行分析、预测和分层管理。在贷前、贷中、贷后的每一个关键节点上自动匹配和触发相应的商业流程和风险管理流程，以实现策略的智能匹配与实施。例如，在获客阶段智能识别风险，在审批阶段实现自动审批、自动匹配风险定价，在贷后阶段实现自动风险预警、逾期智能匹配催收清收策略等。

精准的贷前预防。客户准入方面，可利用大数据和高级分析等技术建立风评模型，对客户进行准入优先级分层管理，提前发现优质客户，并筛除高风险客户，把好风险管理的第一道关口。这既能够提升风险管理质量、实行不同风险定价，又能够让营销人员在贷前阶段"有的放矢"，提升营销获客效率、降低成本。例如，某亚洲新兴国家商业银行根据其市场和业务特点，对风险调整后收益数据进行分析，提出聚焦小微信贷领域"六大客群"的定位策略，并根据不同客群的风险、盈利特点制定了相应的产品和特色推广手段，从源头确保资产质量。

　　反欺诈也是贷前风险防范的重要内容。数字化技术手段能够帮助银行高效、精准地识别出欺诈风险。例如，国内某银行搭建交易反欺诈安全监测平台，主要由数据前置系统、风险决策系统（规则引擎、模型引擎）、后台管理（规则管理、模型管理、预警信息、案件管理）、数据集市平台、设备指纹插件等模块组成。在注册、登录、转账等交易环节，采用决策引擎、设备指纹、策略管理等手段，有效核实用户身份，预防身份冒用、欺诈等风险。

　　快速的贷中审批。通过建立信贷工厂，运用标准化、线上化、自动化的流程方式，实现集中、切片式的审查、审批。对内能够提升风险管理质量和业务效率，对外能够优化客户体验，促进业务发展。其中，审批引擎及系统是核心基础，其关键在于流程性的功能是否完善以及风险评分模型是否足够准确有效。在审批引擎及系统的输入端，需要接入内外部更多高质量的风险数据源，如各类征信数据、反欺诈、客户行为数据等，通过智能化的风险管理模型进行交叉验证审核，对客户进行财务摸底以判断其经营情况和风险程度，自动标识潜在虚假信息。例如，美国知名金融科技公司 Kabbage 聚焦电商产业集群，发展在线供应链金融业务，建立了集成化的数字化金融决策系统，将电商平台的交易信息、社交平台的社交信息、记账软件的记账信息、物流企业的客户物流信息等多种数据渠道引入大数据决策引擎系统，全面优化风险管理能力。同时，快速敏捷也成为数字化审批引擎改善客户体验的突出特征。Kabbage 的在线供应链实现了 7 分钟全自动的在线贷款审批和风险定价。

　　这里当然不得不提到网商银行著名的"310"模式，即 3 分钟申请，1秒钟放贷，0 人工介入的小微贷款，服务了 2000 万小微客户，累计发放 3.6万亿元贷款，不良率仅为 1.5%，背后的逻辑和技术就是智能风险管理。

　　不仅仅是在线上零售、线上供应链这种标准化、场景化的模式中显示了极大的效率，审批辅助决策智能化引擎还为更加复杂的公司信贷业务分析判断赋予了新的能力。

　　——财务报表真实性核查。有外部公开财务报表的客户，系统可直接导入上市公司年报，非上市具有公开披露财报的公司，也可以通过系统扫描抓取数据的方式，将企业客户外部公开财务报表导入系统，并与申报机构所提供的客户财务报表进行系统逐条比对，展示其中存在差异的科目。

　　——客户财务指标走势。自动进行财务分析、比率分析和变动分析等，并且依托存量数据，展示客户近三年的主要财务指标数据，以及某单一财务指标的三年的折线图。

　　——客户行业对标分析。展示客户近三年的主要财务指标数据以及行业近三年主要财务指标均值与中位数数据，迅速了解客户在同行业中的位置和优势、劣势。

　　——同类客户审批案例。可提示、展示与授信客户同一国标小类行业的其他客户的减额同意、否决等争议性业务的审批批复，以及同一国标小类行业中存在分类不良债项的其他客户的最近审批批复，为本机构的授信决策提供辅助参考，并且在实践中，同业的审批态度具有信息互补和交叉验证的作用，基于其他同业的采集数据信息、模型和判断，减弱了单一机构的局限性。

　　——客户关联关系展示。分析集团客户关系、关联关系的重要工具，可以实现家族图谱、关联关系图谱，辨识授信客户的股权结构、关联公司和实际控制人。

　　——客户风险预警信息。在审批阶段也要链接风险预警信息，对有风险信息的客户自动实时提示，不仅是在贷后环节。

　　敏锐的贷后管理。建立模型驱动、分类管理、早期预警、主动退出、有效传导的主动型监测预警机制，通过高效的预警体系进行事先风险洞察并及时采取缓释措施，防患于未然。一套完整的预警体系应包括三大要素：

　　——以先进技术和预警模型为核心，准确产生预警信号，为风险客户的识别与分层提供定量依据。

——以模型输出结合实地排查的科学客户分层管理体系为抓手，针对客户具体情况判断轻重缓急，为选定对应策略提供指导。

——建立有效的监测预警策略库，将标准化策略与不同风险程度的客户进行智能匹配，持续检视效果并进行优化提升。

例如，某大型上市银行普惠部为了更好应对危机，建立了早期信贷风险预警信号模型，指标涵盖宏观经济、区域因素、行业差异、内部数据等维度，通过设置红绿灯模型，提前预知危机，以便分阶段采取合适的缓释措施。

再如，某银行信用卡中心通过贷中风险监测管理体系对存量客户进行风险画像和标签化管理，并实施差异化的管控策略。该体系包括分级策略机制、客户扫描机制与风险处置机制。其中，分级策略机制利用多种评分模型，充分关注风险事件、产品、业务、交易行为、多头共债等维度，实现对存量客户的风险分类与定级。客户扫描机制通过对客户的风险分级，拟定高风险高频、中风险中频、低风险低频的定期扫描机制，根据检视结果调整客户评级。风险处置机制则是利用止付、降额、静默拒绝、预催收、风险排查、产品转换等多种手段，对不同风险等级的客户进行干预与处置。这种风险监测管理体系充分体现了由"经验依赖"向"数据驱动"的转型思路。

多元的清收处置。在化解不良资产的过程中，探索利用数字化技术手段和工具提高清收处置效率和产能。通过数据驱动的客户分层、标准化的处置策略和流程、多元化的渠道、定制化的信息沟通，更精准地捕捉客户画像信息，优化催收成效。

银行可以运用一系列科学化工具，包括客户分层工具、账龄分析工具、估值模板、语音催收产品等来提升催收效率。通过客户分层工具，分析客户的关键资产信息，快速梳理问题客户和资产的优先级，并且匹配相应的处置策略。账龄分析工具可以分析监控存量问题资产的化解情况，同时推断未来不良和逾期资产的发展走势。估值模板基于历史催收收回数据和测算的累计回款净现值，计算出存量问题资产的最佳转让时间和转让价格。

语音催收工具利用应用推送、智能语音识别、语音合成、语义理解以及交互话术共同形成高度智能化、精准化的智能催收产品。

例如，国内某领先股份制商业银行于 2016 年 12 月将资产保全部整体改制为特殊资产管理事业部，建立了线上数字化清收系统管理平台，实现资产移交、全面尽调、制定方案、业务审批、清收实施、资产回收等端到端清收全流程的自动化、智能化闭环管理，基于大数据挖掘客户联系信息以修复失联，挖掘客户财产线索，建立完善客户画像，进行智能资产估值，智能推荐匹配清收方案和人员等。

回款曲线：

3个月内回收占整体回收金额的90%；
12~18个月后回收率降至0.1%，
18个月后回收率极低

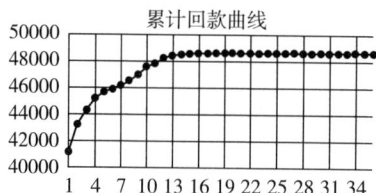

估值曲线：

18个月后因回收率低，且催收清收成本持续增长，需采用不同的催收策略来优化投资报酬率

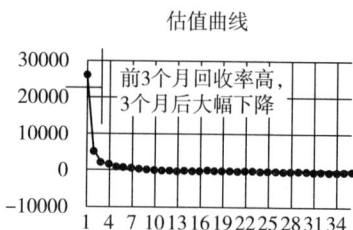

催收清收成本曲线：

成本支出随时间持续增长，后期催收成本因催收手段变化，较前期高

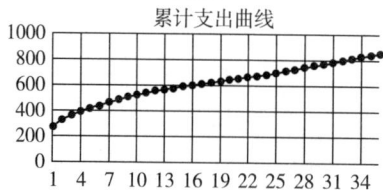

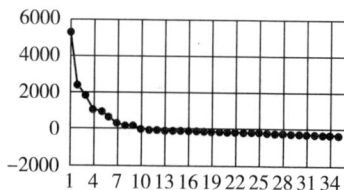

图 8－2　估值模型

账龄分析工具：基于历史逾期资产走势及迁徙率变化规律，推断未来 6~12 个月逾期资产规模及逾期率变化。

客户分层工具：通过填写"处置方案信息"和"资产信息"，分层工具可自动计算适用的本金压降处置方案。

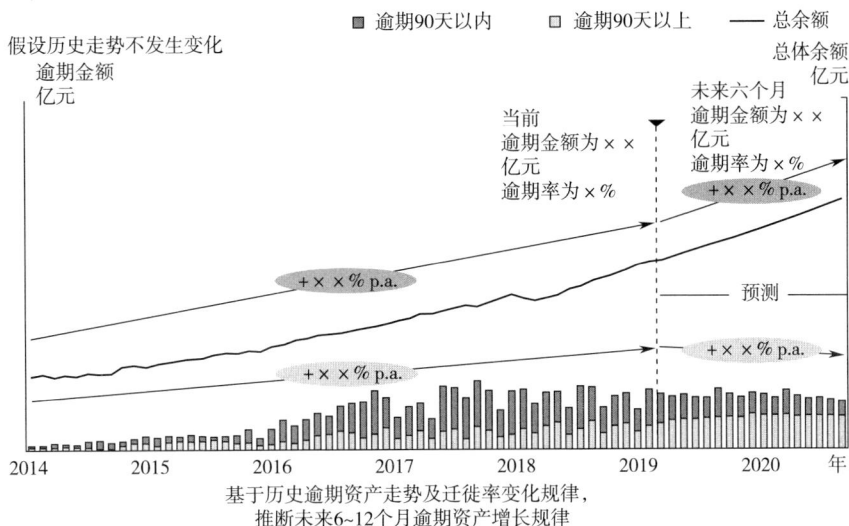

■ 逾期90天以内　□ 逾期90天以上　—— 总余额

假设历史走势不发生变化
逾期金额
亿元

总体余额
亿元

当前
逾期金额为××
亿元
逾期率为×%

未来六个月
逾期金额为××
亿元
逾期率为×%

+×× % p.a.

+×× % p.a.

预测

+×× % p.a.

+×× % p.a.

2014　2015　2016　2017　2018　2019　2020　年

基于历史逾期资产走势及迁徙率变化规律，
推断未来6~12个月逾期资产增长规律

图 8 - 3　账龄分析工具

处置方案信息	描述
员工人数	
逾期原因	
运营提升空间： 客户经营状况是否可以通过重组、改善运营等 手段实现显著提升，参考： 1.利润率是否显著低于行业平均利润率； 2.收入增长率是否显著低于行业平均收入增长率。 运营提升空间具体描述： 1.企业具体在哪些方面可以实现运营提升（例如， 缩减成本，拓展新市场，行业需求增长等）； 2.预计提升空间的大小； 3.是否有明确的提升计划。	高
季节性或暂时性困难： 客户是否： 1.处于暂时性困难，有较明显扭转时间； 2.现金流季节性强，但整体稳定（如建筑业）。 暂时性困难描述及判断依据： 暂时性困难的性质（如现金流、宏观经济、供应 链等）	否
若适当降低债务后客户可否偿还大部分本息 能否立刻偿还大部分本息判断依据	是
资产信息	描述
现金及银行存款	
应收账款 备注应收账款主要债务人情况、账龄、回收可能性	
存货 备注存货现状及预计变现价值	
房产/土地 备注土地性质、权属情况、临近资产情况	
对外投资 备注被投企业名称、规模、经营情况	
交通工具	
设备	
到期债权（应收账款除外）	

填写"描述"一栏
可以帮助
清收人员
深度挖掘
资产信息，
并核实分
层处置方
案是否合
理

自动计算

处置方案	是否适用
短期债务重组 —免息期，变更还本计划，展期	
长期债务重组 —降低利率，减免部分本息，定向转让	适用
投行重组 —增信化解，债转股，并购	适用
运营重组 —成本压降，重新定位，更换管理层	适用
续作-产品优化	
押品优化	
资产置换	
出售，诉讼，批量处置	适用
担保人代偿	适用
押品变现/定向转让	
应收账款催收	

图 8 - 4　客户分层工具

资料来源：麦肯锡分析。

随时、随场景调用的灵活组件

笔者在之前的《实时智能银行》一书中曾提及，构建企业级业务基因是实现业务的统一视图，利用五级流程结构，按照价值链划分创造价值的业务领域，全面识别企业为股东和社会创造价值的标准化流程，清晰、准确地将前台、中台、后台的流程对接起来形成端对端的价值链。而标准化的业务流程、基于数据聚合度的组件划分和基于组件的技术开发能力是实现敏捷应对市场的核心。金融机构打破部门墙、数据墙、业务墙，形成可跨部门共享、组件化的清晰架构才能真正实现敏捷、精准、实时的应对处理能力。

"乐高式银行"将成为数据时代的领军者。随着全球化商业平台的成熟，企业级业务经营体系的优化经历了从最初的业务操作单元优化，到业务流程优化，再逐渐发展到整个企业层面进行组件化能力优化的过程。在轻型银行、交易银行、数据银行、开放银行等新形态演变的过程中，业务组件化的能力、人工智能技术的应用、基础技术平台的重构是这一过程的核心支柱。打造具备敏捷能力的银行，不仅要关注产品的操作流程，更应关注整个企业是否具备以客户为中心的协作能力，是否具备组件化的运作模式，而非僵化的部门级合作模式。数字化成熟度比较高的银行会率先完成向"乐高式银行"的转变。银行业务服务将从部门级、烟囱式的系统变为共享化的服务组件，并将以组件、模块的方式为第三方所调用，与第三方建立丰富的"在线连接"，形成跨机构、跨组织、跨行业的金融场景覆盖。

从战略高度聚合能力特质，提供"精准"服务。业务组件是从能力角度来洞察企业的业务行为，是构成业务和企业战略的核心，与企业现有的组织架构无直接相关性。它是将一组能力相似的业务组成独立的业务模块，拥有独立运营的潜力，在极致场景下可作为一个可分离的单位被共享广泛应用，甚至可独立运营和外包管理。业务组件可有效承接业务战略，呈现企业的业务蓝图及特色竞争力，为企业持续优化基因图谱提供最有效工具。每个业务组件都具有高度聚合的独立特质，通过组件间灵活组合，可以

"精准"对接不同的业务诉求。

我们可以通过组件的划分方式来进一步了解这种特质与"精准"之间的关系。银行经过多年的业务发展经营，积累了海量数据，这些数据分布在业务操作所使用的信息技术系统和表单证书的数据库中。随着业务快速发展和精细化管理要求的提高，数据种类和数量会大量增加。但创建和使用数据的人员多基于部门视角，且知识背景和关注点存在差异，导致很少有人能够对数据有全面、准确的了解，无法有效追踪数据变化，无法有效挖掘数据的潜在价值，最终影响业务运营管理的质量和效率。为此，我们需要通过对业务数据概念和信息数据系统进行抽象逻辑化分析，明确分类和定义，细致勾勒全景数据基因图谱，厘清数据间的关系，明确数据间的耦合程度，进而厘清业务关系，并最终构建聚集特质能力的业务组件。这种高度聚集的特质能力使得组件能精准处理其数据信息所对应的流程或事件。

组件化开发能力，支撑"自动"与"实时"的诉求。面对产品创新数量和速度的不断提升，银行面临数出多门的信息技术系统，无法适应互联网金融时代的变化，这意味着信息技术部门需要转型。只有充分识别企业基因图谱的流程、数据、产品等基因组，有效承接业务组件的设计思路，为各类应用场景输出标准化和个性化的组件，才能真正实现"自动"和"实时"的服务能力。信息技术实施能力类似于标准化的汽车生产线，发动机组件输出强劲的动力，车体组件输出安全可靠的车身，色彩组件输出色彩精致的外表，电路灯具组件输出精准电路和灯光效果……各个组件通过标准的接口，根据客户的个性化需求，自动组合成个性化的产品。

赋能前中后台的实时敏捷

银行要满足客户期望，就必须从客户体验视角出发，推进全组织重新设计，建立标准化组件服务能力，缩短业务办理周期，实现风险高质量管理，同时降低研发、运营和风险成本。通过充分识别跨部门、跨产品、跨客户、跨渠道、跨系统风险管理流程中的共性和个性，建立完整涵盖贷前、贷中、贷后的各类能力组件。各组件对应符合其特质的风险处理手段，实现风险全流程、自动化、实时、精准和敏捷的管理。

有效降低风险成本实现敏捷生产。以丰田的 TNGA 模块化平台为例，一辆车有 2 万个零部件，其中 80% 以上是通用零部件，可适用于多种车型。丰田推崇的设计思想是基于标准化的零部件进行差异化设计，每个零部件都可看做是一个组件，可独立输出特质能力。丰田不断致力于提升组件的特质能力，一方面提高零部件的通用性、共享性，另一方面提高设计的差异化和交付的敏捷程度。丰田推出新产品的交付时间比其美国的竞争对手要快 2 倍。这种基于标准化组件、灵活的设计和自动组装的模式，可以最大程度降低生产运营成本和风险成本，提高灵活组装效率，实现敏捷生产。

支撑"实时"与"精准"携手并进。在特质突出的组件能力下，"实时"与"精准"不再被视为矛盾体。某国内城商行引入麦肯锡的"先知"组件并通过一年的实际使用验证，实现了对公业务逾期率较年初下降 36%，新增逾期率下降 38% 的效果。归根到底，该组件应用了丰富的数据，采用了优秀的算法。在数据上，模型共包含 500～2000 个变量，囊括了企业基本信息、企业财务信息、本行债务信息、客户风险信号、企业关联信息、企业结算信息、客户风险信息、他行债项和征信信息、担保信息九大数据源，通过多维度数据实时客观反映客户经营情况（见图 8-5）。

更全面的风险应对能力。业务组件是构建专业化企业的基本建筑单元，它们彼此松散连接。为了实现在组织内部的价值，每个组件都要根据自己的治理模式，执行一系列相互独立的活动，每个业务组件都可以提供和接收业务服务。将关键活动集中在分散的业务组件中，可以使重复的活动缩减至最少，从而形成一个由业绩中心构成的网络。每个模块都必须与公司架构和战略保持一致。业务组件允许企业进行扩展或发展，而不会像传统的"硬连接"业务模式那样增加组织的复杂性，在实现企业内部组件专业化的同时，不会使客户感觉到企业内部发生的变化。通过组件的灵活组合可更全面精准地应对事件，如监测组件持续对贷前、贷中、贷后的重点流程进行全方位监视，通过专注的监测能力洞察潜在的业务风险，让管理人员对风险管理效果和效率一目了然、有据可循，切实做到对风险点的精准监测。图 8-6 展示了监测组件贯穿业务全流程、横跨多个部门的监测组件运营模式。

是什么让"先知"模型可以预测潜在客户逾期行为?

企业基本信息
—客户 ID
—客户所在区域
—客户所在行业
—主营业务及经营状态
—企业规模、注册资本及收入
—是否集团客户、是否担保客户、是否股东、是否政府融资平台、是否上市等

企业财务信息
—主营业务增长率、固定资产增长率等
—应付账款增长率、应收账款净额增长率等
—利息保障倍数
—净资产合计、资产合计等

本行债务信息
—平均执行利率
—过去 3 个月、6 个月、12 个月最大逾期期数
—授信金额、当前贷款余额、余额/额度等
—当前月逾期月数

客户风险信号
—信用类异常信号
—担保类异常信号
—涉诉类异常信号
—财务状况恶化信号
—其他风险预警信号

企业关联信息
—关联企业个数、关联企业一级预警客户数量
—关联圈客户不良余额、关联安全客户不良率
—关联圈预警信号数量

企业结算信息
—最大活期存款余额 L3、L6、L12 等
—理财存款余额 L1、最大理财存款余额等

客户风险信息
—当前风险状态
—预警信号数量
—信用类预警等级
—关联交易类信号数量
—外部数据类预警信号数量
—外部数据类预警信号等级

他行债项和征信信息
—他行授信机构数
—未结清表内贷款余额
—欠息金额
—资产管理公司处置债务金额
—一人行征信信息中他行信贷信息（未完成）

担保信息
—担保方式、主担保方式
—对外担保金额合计、对外担保户数合计
—是否存在闭环担保圈、担保圈成员个数、担保圈企业预警信号数量
—担保圈客户逾期率

输入变量占总变量的比例，%
总体 = 656 变量

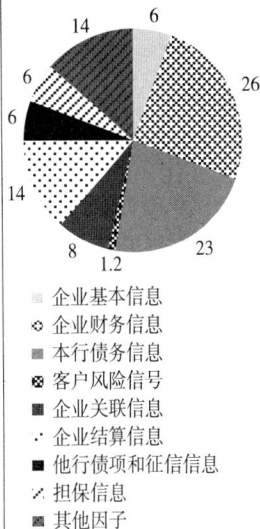

- ▨ 企业基本信息
- ◇ 企业财务信息
- ▦ 本行债务信息
- ▧ 客户风险信号
- ■ 企业关联信息
- ∴ 企业结算信息
- ■ 他行债项和征信信息
- ▨ 担保信息
- ▨ 其他因子

目前"先知"引擎仍以行内数据为主，且滞后性指标居多，未来"先知"模型还将加入更多外部数据如税收、征信、他行行为、社会舆情新闻等影响因子及更多前瞻性指标

图 8 – 5 先知预测模型

"共享化、组件化、中心化"的数字化转型思想已经成为主流。正如毕马威发布的《助力企业数字化转型》报告中提到的，未来企业将重点致力于解决从传统信息化到数字化的转变，包含从"烟囱系统，重复开发"到"共享沉淀服务化能力"；从"数据孤岛"到"数据智能决策"等核心信息技术能力的转变。可见，金融机构能否建立一个能力打通、组件化、服务化的"共享化敏捷中心"，将成为其数字化转型的分水岭。

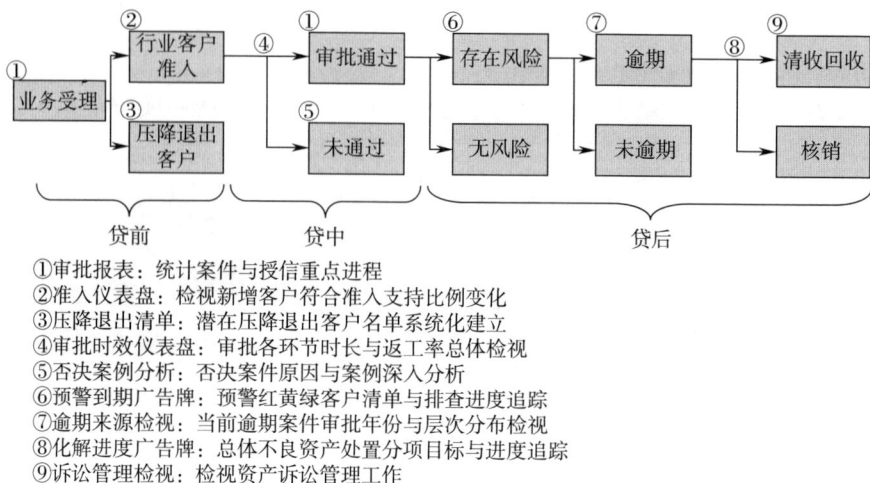

①审批报表：统计案件与授信重点进程
②准入仪表盘：检视新增客户符合准入支持比例变化
③压降退出清单：潜在压降退出客户名单系统化建立
④审批时效仪表盘：审批各环节时长与返工率总体检视
⑤否决案例分析：否决案件原因与案例深入分析
⑥预警到期广告牌：预警红黄绿客户清单与排查进度追踪
⑦逾期来源检视：当前逾期案件审批年份与层次分布检视
⑧化解进度广告牌：总体不良资产处置分项目标与进度追踪
⑨诉讼管理检视：检视资产诉讼管理工作

图 8 - 6 端对端流程的信贷资产全周期检视工具

第三节 无感服务能力

建立在全面融入和灵活组件基础上，未来银行的风险管理将以智能化为核心输出模式，对外更加敏捷、无感地实现对客风控，并更好地满足更广泛客群在新模式、新场景下的服务需求，向各个场景输出风险管理能力及客户信息的精准化应用，抢占高频、场景、生态的战略高点；对内实现风险主动探知与管理，从而满足开放银行（API Bank）、无人银行和5G智能银行等多种形态下的风险管理需求，利用智能技术实现敏捷的、全面的风险管理转型。

"客户旅程"与"管理旅程"体验极致化

在客户体验为王的竞争态势里，风险管理要通过业务的远程化、线上化、智能化和集中化，打造极致的快速和无感，同时又要控制好风险和成本，使产品和服务能覆盖到每个客户身上。

　　"实时"控制高频次风险。交易的高频、快速和个性化,已经呈现"亿、秒、千"的特征:即实时都有上亿条信息产生,这些信息要求在一秒以内得到响应,同时又是"千人千面"的个性化信息。这些特征在个人贷款的场景中特别常见。国内金融行业的实践,早已打通实现了风险管理关键节点,利用风险管理模型高效识别这类数量庞大、分布面广、经营期短、信用记录不足、财务信息不规范,并且违约成本低、道德风险高的客户,实现了全线上的"秒批秒贷"。

　　例如,招商银行在总行设立零售信贷工厂,集中全国44家分行的线上小微信贷业务,像现代化的工业生产一样,通过标准化、流水线的作业对贷款进行审批。零售信贷工厂坚持"量化工具和人工经验"相结合的"数字化"思路,已经实现了"一个中心批全国"的风险把控一致性标准。一方面,利用大数据平台,模型化分析单一个体,并通过社交网络算法构建由个体延伸的关系图谱,分析集群的风险特征,做到风险定位更精确。另一方面,通过对存量押品数据建立标准化数据库,形成押品综合评价模型,针对押品实现精准评级,降低押品风险。目前,招商银行线上的小额贷款通常1分钟即可发放、小微贷款承诺两天以内完成发放。总行核心账务平台峰值处理能力已达到3.2万笔/秒,构建了通用机器学习的算法库,消息处理峰值达到590万笔/秒,具备了秒级响应营销和风险管理的智能化支持能力。

　　"一键化"精准管理。优秀的风险管理更像是一个"中央厨房",一方面,确保不同的客户特征和客户需求都能得到区分、识别和供给匹配,享受VIP一样的金融服务。这种在"客户旅程"角度的无感服务体验,背后是实现了客户分层画像、实时响应、精准控制的强大能力。另一方面,像一双看不见的手一样,通过远程化、线上化、智能化和集中化,在内部风险"管理旅程"中提升员工体验和管理效率。

　　在"一键化"客户需求的深度挖掘和精准风险匹配供给方面,平安银行针对公司客户上线了"口袋财务"APP,把适合他们业务的产品推送到手机上,客户可以在线一键办理业务。客户无需提交任何纸质资料,只需要授权银行查看相关信息,而系统会自动计算这个客户的授信情况。同时,该行还推出了"赢家"APP，通过大数据和算法实现一键营销，即把不同的营销建议推送给不同的客户经理，告诉他们如何匹配客户和产品。

在"一键化"提升对内的风险管理效率方面，则是通过"内引＋外联"机制进行支撑。内引，就是在内部跟财务、风险、法律合规等相关部门和条线建立高效的沟通机制；外联，就是跟集团子公司和包括征信、评级、第三方数据等机构，以及税务、海关等政府部门在内的外部渠道合作。

一键生成尽调报告，利用企业信息数据库，可以代替客户经理人工收集基础信息的工作，通过一站式信息和知识搜索服务，自动填报企业信息，生成关联关系排查，提高尽调报告审核效率，优化授信流程。

一键查询管理信息，通过打通底层数据、实现数据的标签化、提高数据的颗粒度，可以一键查报表、看数据、阅读统计结果。

"快速学习"与"自驱迭代"的螺旋式上升

建设银行在北京推出首批"5G＋智能"银行；浦发银行在上海张江推出 5G 网点，同时还推出业内首个 API 无界开放银行……银行的形态正以超乎人们反应的速度向 4.0 版本迈进。新的智能风险管理形态亦无止境，是不断迭代、不断优化的过程。

迄今为止，智能风险管理已取得不错的应用成果。实际应用中，智能风险管理模型已具备较好的用户区分度，可以在评估结果中清晰区分优质和劣质客户，经过技术人员的不断优化迭代，识别精度和判断速度均呈现螺旋式上升的态势。比如，机器学习是人工智能中关于模式识别和计算机学习理论的一个子集。HBO 的电视剧《西部世界》里的 Dolores 被植入了"冥想"意识系统，在一次次的"梦境"的训练后，最终找到了"the Maze"，讲的就是一个机器学习而产生意识的故事。机器学习模型可以模仿人类思维过程，在没有明确编程的情况下，学习人类对行为的判断，调用大量数据验证，对模型进行微调。机器学习可以帮助企业挖掘它们的大数据、产生预测并洞察新的模式或趋势，以改善业务或规避风险。如今，美国、欧洲及亚洲的十几家银行已经开始使用人工智能技术替代传统的统计建模方法来应对风险控制难题，获得了两位数以上的效率提高。

智能迭代助力模型算法效能精准提升。蚂蚁金服拥有世界级领先的风险管理技术能力，历经十多年的发展，支付宝已从原先的 CTU 大脑全面进入人工智能时代。蚂蚁金服开展了主动学习与半监督算法结合在支付宝风险管理的应用，研发了 AlphaRisk 作为第五代风险管理引擎，其核心正是由 AI 驱动的智能风险识别体系 AI Detect。AI Detect 是一套智能、高效的风险识别算法体系，不仅包含传统的 GBDT、集成学习等有监督学习算法，还包括大量基于深度学习的无监督特征生成算法，以及监督概念之外的新算法，开创了一种基于主动学习（Active Learning）和半监督（Two-step Positive and Unlabled Learning）结合的方法 Active PU Learning，针对人工标注工作量有限的建模场景，使用 EM（Expectation Maximization）的思想对目标样本缺失值进行填充和迭代，大幅提升模型效能。

智能迭代正在打造超越人类想象的风险管理能力。谷歌大脑的论文提出了进化版 Transformer，推出了首个用于改进 Transformer 的神经网络架构搜索算法（NAS）。神经网络架构搜索（Neural Architecture Search，NAS）是通过算法搜索来实现神经网络新架构的方法。虽然多年来研究人员已经手动开发出了各种各样复杂的网络架构，但是找到最有效的网络结构的能力依然有限，然而最近基于进化的算法 NAS 的模型表现性能已经达到优于人类设计模型的水平。"使用 NAS 来进化人类设计的模型"这一概念，能够创造更好、训练更快的新网络潜力。

5G 为 VR 插上"隐形翅膀"。《人类简史》中有一个有趣的观点，认为从人类戴上普通眼镜的时候，就是人在向机器人或外部设备延伸和演进。尤其对于千禧一代，VR 穿戴、图识别和语音识别赋予客户行为和风险管理已成为趋势。5G 的发展推进解决了智能眼镜存在的眩晕等问题，未来可以想象，你对客户的风险管理和分析判断，甚至可以在读懂他的"一颦一笑"里。

现实生活中人工智能的演进速度和迭代能力甚至超越了我们的想象——在云栖大会上，蚂蚁金服发布的风险管理策略的自动切换频率由 1 天提升到 1 秒，模型自学习更新时效由 1 周提升到 1 小时，流动性风险也实现了在线管理。未来银行风险管理的升级，将是风险管理中台的智能化能力升级。风险管理中台能发现识别新的银行风险，不断自我进化、自我迭代，成为银行4.0时代的智能中台。

智能化、无感化风险管理能力，就像《权力的游戏》中丹妮莉丝的巨龙，腾空而起、喷薄而出，历经几个世纪的古老而坚硬的城堡在"龙焰"里轰然坍塌。未来谁能掌握这条科技巨龙，就能赢得这场金融的"冰与火之歌"。

"全面融入"与"共担共享"的敏捷协同

内部协同的重要性，不仅体现在效率的提升，还在于复杂问题的解决、创新技术的突破。在讲述银行内部协同之前，我们先讲一个第二次世界大战时期关于佛瑞斯塔号航母的故事。

20世纪50年代的海军指挥官希望航空母舰上能配备喷气式飞机，但是这些更大、更快的飞机无法在航空母舰上安全降落。1945年12月，由埃里克·布朗驾驶的一架喷气式飞机首次成功降落在航空母舰上之后，又过了十年，由于一个巧妙点子的诞生，喷气式飞机才得以在81000吨的美国佛瑞斯塔号航母上常规起降。

需要解决的最主要问题是速度，喷气式飞机的速度较快，而飞行员则要在更短的时间内找到正确的进场角度。角度太大飞机将会重击甲板，但若进场角度太小，飞机起落架就有可能钩到船尾。工程师发现，安全降落最理想的进场角度是3度，但让飞行员每次都以这个角度降落几乎是不可能的。驾驶"地狱猫"等较慢的战斗机时，飞行员有时间响应飞行甲板上人员的指示，他们用圆板协助引导飞机降落。

试飞员尼克·古德哈特（后来成为英国皇家海军上将）："我们要进场时，如果他认为我有些太高了，就会给我信号，我就会减小油门，稍微降低一些。如果他认为太低了，我就会再加点油门，这样就能达成合适的角度。而在我即将接触跑道时，他作出关掉的手势，我就把油门全放，优雅地降落在甲板上。大功告成！"

原则上讲是这样的，但是古德哈特发现，这个程序其实很危险。"许多飞行员曾因为这种降落而丧命，远远超过战争中被敌人杀死的人数。"惊骇于这一重大损失，古德哈特想出了一个简单的做法，让飞行员可以自行找到正确的降落角度。

"我们在这里设置好一个架子，这个架子就是当初我在长官办公室里用的那个，我向他的秘书借了一面镜子，放在航空母舰的甲板上，镜子中间用口红画出一条线，我拿了一把手电筒，对准航空母舰，然后我们请那位秘书进来，我对她说假设你就是飞行员，看着手电筒的反光，慢慢向镜子这边走，要让反射的光点维持在中点上。凭借让光点对齐口红线，秘书和飞行员一样，很自然地就能保持正确的降落角度。"

这种方法应用于航空母舰上，手电筒变成了固定在甲板上的 4 个灯，前面是镜子，一排灯代表口红线，飞机进场时甲板上的光束以 3 度角反射向飞行员，如果飞行员能让这束反射光维持在镜子中间，就能得到正确的降落角度。

但实际情况没有那么简单，船在海浪中摇晃，光束随之一起晃动。为了稳定住光束，这一次科研人员提出了解决之道——把镜子装在回转仪上，这样一来不论海浪多大，飞机都能保持正确的下降路线。

由飞行员、科研人员等共同研究出来的光学降落方法十分成功，适用于各种大小与速度的飞机，使得新一代的超音速战斗机和搭载核炸弹的轰炸机都能在航空母舰上降落。由此佛瑞斯塔号变成了名副其实的全球第一艘超级航空母舰。

上面的故事，可以看到协同的效果：在不同的参与者之间，打破了原有职能的固化和壁垒，打破了角色的定位和故步自封。科学家没有飞行员的视角和操作经验，试图从外围理论提出降落的解决方案是代价高昂的；飞行员没有固守自己的"操作角色"，而是从全新视角，用最简单、易操作的方法给出了完美方案；而后在灯光平稳性的问题上，科学家再一次发挥了自己的优势，使这种降落方案真正可行并得以不断优化。

在商业银行内部的传统文化中，流程管理多呈现单向的"线性"，后手为前手"审核"、"指导"，抑或是相互"制衡"。未来银行的风险管理嵌入企业管理活动业务流程和核心价值链，早已不限于一种职能或部门。在推动和落实业务战略规划的过程中，风险管理与业务的充分协同是普遍面临的问题和挑战。如果说数字化、智能化是基础，是生产力，那么协同是管理模式、是风险管理文化，也是生产关系。如果各部门没有统一明确的风险战略和业务策略，权责不对等、流程不清晰，就极易出现为了满足业务目标而导致风险管理放松、让位，或者风险管理过严使业务难以达到既定目标的困境。对此，有必要梳理风险管理部门与业务部门需充分协同的关键领域，梳理各部门职责，进行内部协同作战。在全周期的管理流程中按照"共同协商、共同管理、共同承担、共同分享"的原则建立管理体系，使风险和业务在端到端的流程中保持高度协同一致。

共同协商，确保经营目标和风险战略一致。风险管理部门与业务部门共同协商全行的经营目标和风险战略，建设垂直传导的风险政策体系。在宏观层面，董事会审定由业务、风险和财务部门共同确认的全行风险偏好、预算目标和业务战略。在中观层面，财务、风险和业务部门商讨确认各业务条线的风险战略和组合、财务计划，制定与之相适应的战略举措。在微观层面，明确风险限额以及资本配置，制定审批原则、准入标准、风险定价等，明确推进业绩目标完成的手段和路径。

共同管理，确保"共同协商"决策高质量执行。完善职责分工，建立明确的授权体系，并定期检查、分析风险决策在关键环节的执行情况，建立动态反馈机制和协作调整机制，以适应客户、市场和监管变化。为此，银行要推行中台风险管理人员与前台业务人员平行作业，设置一套嵌入式的风险管理流程体系，使前中后台部门间协同创造价值，避免各自为政，切实发挥好风险管理三道防线的作用，提升风险识别、防控和经营的敏捷性、主动性。减少"拉抽屉"，提高响应效率，降低反复率；建立前后台业务沟通机制，面对创新业务、调结构业务、风险政策不明确的业务时，风险管理部门与业务部门适时开展会商，以解决信息不对称和认识不一致等问题。对矛盾突出的关键环节，分析风险策略的执行情况，审视经营计划的执行成效，对"共同协商"决策形成反馈并推进优化调整。具体可以包括分析新增业务是否符合客户和行业准入原则，客户定价是否符合风险定价指引，客户评级是否正确体现客户实际风险状况，评审人员履职情况是否符合要求，贷后管理和预警是否准确、资产分类和资产保全是否有效等。

共同承担和分享，建立协同的激励机制。风险与业务部门应共同承担经营和风险 KPI，对联动协同的工作情况进行全面评价，也要共同分享经营成果，在绩效薪酬、职级提升等方面协同分享，使业务和风险管理部门权责对等。未来银行应强化以 EVA、REROC 等风险调整后指标为核心的考核方案，并设置差异化权重，发挥考核的指挥棒作用。例如业务部门经营指标权重 60%，风险指标权重 40%；风险管理部门风险指标权重 60%，经营指标权重 40%。相应地，在绩效薪酬方面，坚持风险垂直管理考核，进一步完善风险管理条线人员绩效考核体系，加大对风险政策制定传导、风险识别能力计量、风险服务发展效果体现等方面的考核，指标与业务费用、薪酬激励等挂钩，平衡风险和业务部门的激励比例，实现风险与业务部门共同分享业绩增长成果。

例如，某欧洲领先银行制定的商业计划战略和业务策略中，将风险、财务和业务部门 KPI 共同纳入综合考虑，保持三方绩效结果共同承担、共同分享的高度协同一致，确保业绩交付成果获得业务、风险和财务部门三方的共同认可。再如，某大型上市银行普惠部的销售和风险职能合作非常紧密，业务增长率和风险指标各占 50% 的 KPI 设计使员工需要均衡考虑业绩和风险两者，这使得自上而下都能够对风险管理达成共识。

内部协同的超越。未来好的风险管理的判断标准，将是主动挖掘和迅速响应外部客户需求，内部业务条线和风险条线全面融入协作，风险识别、评估、控制实时精准，即随时、及时，无界、无限、无感。

第四节　生态赋能能力

金融服务场景化已经成为趋势，未来银行所提供的服务绝大部分将基于场景化需求。未来银行通过前台 APP 服务引流导入，中台 API 开放连接，后台智能风险管理模型应用和组件化调用，能够适应不同场景在客户感知、细分生态平台、风险管理上的差异需求，与合作伙伴无缝集成对接，以此支持未来银行获取长期客户。

智能风险管理抢占场景化的高点

当前，场景化智能风险的实践风口和典型集成莫过于供应链业务。供应链不同于传统的银行借贷，它依托产业供应链平台的运营，基于产业大数据产生的授信和增值，实现物流、商流、资金流、信息流的充分结合，利用智能风险管理技术创新，扩展为多方参与的生态化场景。从肇端至今，供应链金融的运作模式已迈入3.0时代。第一阶段是传统的银行＋核心企业模式；第二阶段是通过技术手段对接供应链中的各个参与者；第三阶段则是通过互联网等技术的深度介入打造一个综合的大服务平台。在"商业银行＋核心企业"模式的基础上，参与方不断增加，使整个供应链金融市场随之得到扩充。

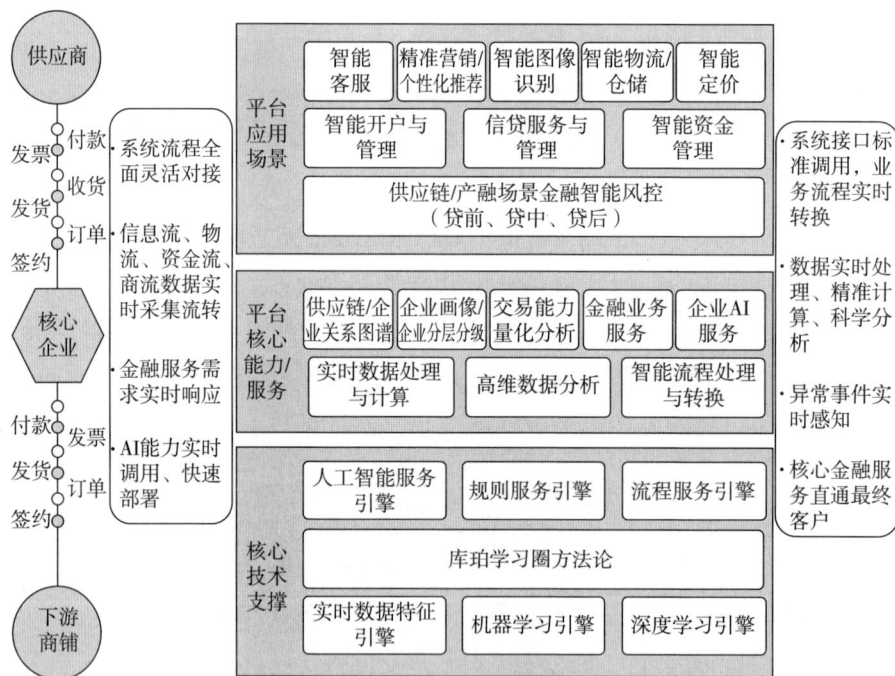

图8-7 供应链业务模式

供应链风险管理案例：平安银行是国内首家倡导供应链金融的商业银

行，其于2014年7月推出"橙 e"平台，定位"搭建线上供应链综合服务平台"，并与海尔、东方电子支付、维天运通、金蝶软件等十二家企业集团组成战略合作伙伴。至此平安银行实现了供应链金融业务"由线到面"的拓展。平安银行线上供应链金融业务包括预付线上融资、存货线上融资、线上反向保理、电子仓单质押线上融资、核心企业协同、增值信息、公司金卫士等。借助"橙 e 网"，通过全新构建的小企业金融服务平台，实现与产业链核心企业、第三方信息平台及电商等第三方交易平台的合作，集成银行对小微企业授信所需的"资金流、物流、信息流"等关键性信息。通过切入全链条、全流程的供应链金融服务，银行与"1 + N"供应链成员企业、物流企业互联互通、信息共享、流程衔接，信息对称性、风险可控性、决策快速性、流程高效性显著提升。"线上供应链金融"还可以为企业建立押品资源库，通过合格押品之间的自由转换实现单个企业在不同融资产品之间的自由转换，进而实现单个企业在不同生产经营阶段的全流程融资。

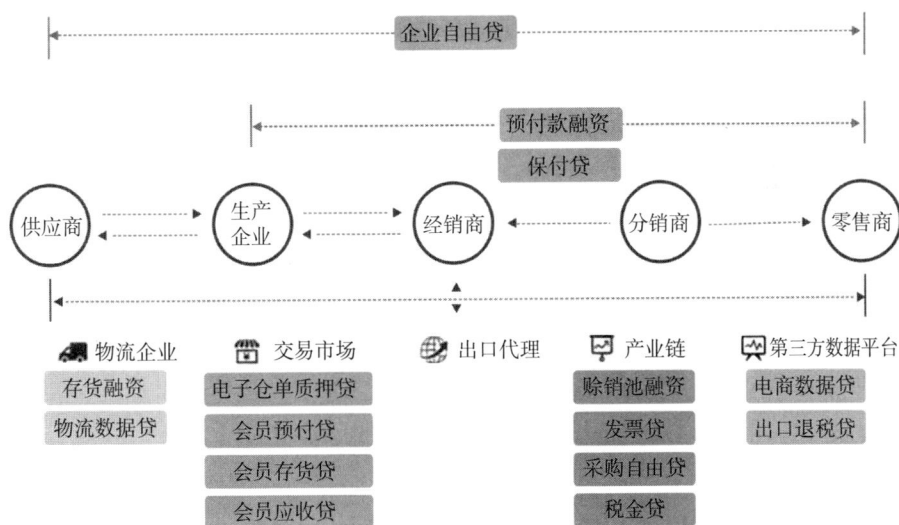

图 8 - 8　平安银行全链条网络融资解决方案

历史上，出现过很多由于供应链金融无法真正嵌入供应链而导致风险失控的事件，如前些年的钢贸融资等。但近年来宏观政策层面不断鼓励发展供应链金融，各家商业银行、企业集团等都把供应链金融作为一个重要的发展方向。使一切发生了扭转性变化的，正是金融科技对智能风险管理的能量注入。一方面，将金融服务融合到供应链交易过程中，与企业的生产经营管理深度结合，提供极致用户体验，让中小企业简单、顺畅地享受到金融服务；同时通过金融服务，将人工智能技术融入供应链企业运营管理的每个环节之中，推动企业转型升级。另一方面，基于人工智能技术，平台对供业链数据、企业数据、市场数据以及银行数据能够进行深度分析与实时计算监测，使银行能及时获取企业资金需求，并精准认知企业经营能力与风险状态，从而提供更优质的服务。在创新模式下，供应链金融的风险管理有了新的要点，也有了创新的供应链金融风险管理升级。

大数据的应用。例如历史交易数据和外部数据的挖掘、数据的动态监控等。供应链金融通过接入核心企业 ERP，结合采购和销售过程中的物流信息并行交叉校验，实时掌控真实的信息流、物流，与资金流进行匹配，完成线上自动化审批放款。金融科技对于供应链金融的提升主要是基于交易数据的征信以及自动贷后监控，把原来单纯依托静态的、事后的、有可能会人为加工过的财报类的数据，延伸到交易数据层面。当前信息化的普及和大数据分析技术的发展为银行动态风险管理提供了技术上的可能性。

客户分层、决策分层和服务分层。供应链的链条中，实际上存在着核心企业、一二级优质供应商和三四级小型供应商，客户的资产规模、现金流水平和盈利模式迥然不同。例如，海尔现在的创业平台上，已经有 3 家上市企业，2 家独角兽企业，12 家瞪羚企业，还有成百上千的小企业。供应链的风险管理要通过客户分层，执行差异化风险策略，或通过引入其他金融参与方的生态模式来提供分层融资服务。例如，中信银行于 2017 年 5 月发布了生态金融云平台，构建统一的分层融资服务平台——以自身为主导，联合城商行、农商行、小贷公司、基金理财公司、P2P 公司等，形成生态金融服务联盟，通过客户分层，协同提供分层融资服务，搭建一套完整的交易银行系统，包含广泛的金融服务。

全面深入地理解行业。包括行业格局、政策、风险因素等。供应链金融往往具有鲜明的行业特征，汽车行业供应链与连锁零售供应链存在本质性的区别，不同行业的供应链金融核心风险管理点也千差万别。银行风险管理部门须深耕行业，准确把握行业经营特点，将差异化、模块化的风险管理融入供应链金融产品自动化审批、决策和贷后监控管理的流程中。目前，中信银行围绕大健康产业、大建设产业、快消品行业、大汽车产业已经有了生态金融的典型案例，如汽车生态圈、医药生态圈、电商平台、财资管理 MBS 云平台等。

AI 赋能。通过信息流、物流、贸易流、资金流数据分析，科学客观地甄别验证，机器学习建模，全流程交易监控进行风险管理，并随着 AI 自我学习能力深化，不断构建深度数据分析的风险管理模型。

供应链场景的创新金融模式，实现了主体信用风险管理模式向交易信用风险管理模式的升级。银行应与供应链上下游企业和生态圈参与者开展

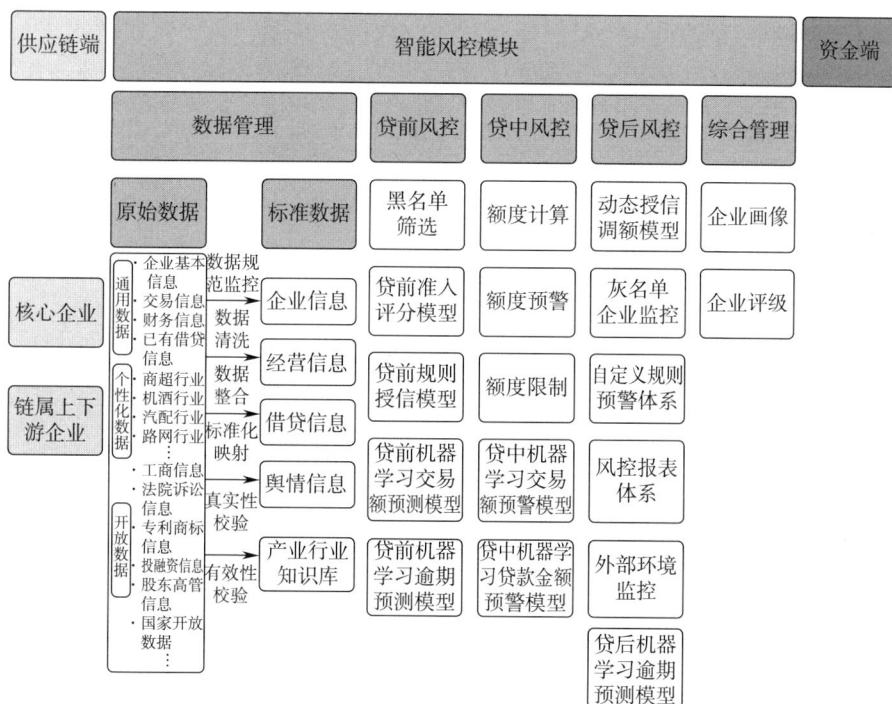

图 8 - 9　供应链智能风险管理

合作，开通数据接口，打通彼此间的数据信息渠道，获取可信度高的第三方交易平台信息，如电商平台、物流平台、政府采购信息平台、政府工商信息平台等，实现对供应链交易信息流、物流、资金流的"看得清、管得住、可干预"，显著提升对关键风险点的识别和把控。

案例：某股份制银行供应链风险管理强化互联网技术、大数据等金融科技对传统业务的改造。在风险管理领域，推出基于大数据的对公客户贷后违约预测模型，结合复杂网络技术和分布式机器学习算法，挖掘担保违约风险影响因子，构建违约概率预测模型。此外，搭建动态担保链网络监控平台，基于客户行为画像和担保链特征，提取风险客户名单，通过模型锁定高风险担保链和企业，进行重点监测，从而有效提升风险管理水平。该银行自主设计企业级大数据应用平台，研发 Skyline 微服务软件平台和 Zebra 分布式并行处理语言，实现非结构数据的处理、数据挖掘、业务数据可视化等功能，满足海量数据的加工存储、实时分析与决策、有效隔离和快速恢复故障的需求。在大数据平台的基础上，该银行重构传统数据仓库，构建企业公关数据模型层，并在应用层实现数据服务的共享，提高全渠道的协同能力。

编织生态价值网

以笔者七年前做过的一个项目为例，这是一个实验室里面提出的细分领域生态风险管理模式的创新方式。

捷豹的故事。捷豹汽车是高端汽车，均价大概是 100 万元/台。在它的网站上可以定制汽车的外饰、内饰，也可以定制发动机的马力、型号，满足客户选择。同时还可以定制的有银行的汽车贷款、汽车保险，以及洗车等一系列服务。银行和保险公司都通过 API 开放的方式，把结算、支付、信贷等一系列功能开放给捷豹汽车。系统对接方式包括主机直连、系统对接、APP 嵌入引流等。也就是说银行将自己开放到客户的生态平台上。基于客户的未来资金流和偿债能力，风险管理在后台 AI 智能分析的基础上，实时感知及响应客户需求，为客户定制贷款额度、贷款期限，客户也可以选择银行和保险的服务方式。这就实现了客户在前台一键配置，两天后在 4S 店通过手机银行 APP 扫描二维码，就能够提车，贷款已经在线上完成。当然，在七年前还有一个线下辅助的措施——面见面签。当时在实验室，也在探索由汽车 4S 店的工作人员通过委托代理关系来代替的模式，这就实现了由 B2C 向 C2B 转变。

这是七年前总结的模式，即前台 APP 提供服务引流导入，中台 API 开放连接客户，后台是云计算、大数据支持。这仅仅应用了刚才提到的五种技术中的几种，七年以后的今天，可应用的技术远远不止这些。澳大利亚的某银行就利用区块链技术，对无力偿还车贷的客户进行定位并在安全时间远程锁定车钥匙，控制银行的抵押物。技术已经在前中后台一定程度上代替了人工，对银行的自动化水平提出了进一步要求：精准识别客户商机，评估客户的风险；快速敏捷的前后台响应，嵌入场景；智能基础上的分析定位，完成客户画像，精准地识别风险；实时地感知和响应，以及风险预警预控。

这仅仅说到 C2B，还有 B4B。捷豹汽车厂商可能有若干、多级供应商。供应商存货嵌入生产线，银行通过 API 接入，形成加银行保兑的商业票据，可以在多级供应商间流转、兑现或质押。这种多级供应商的融资模式，就形成了一个细分市场生态平台。通过银行的业务流程、数据、界面体验标准、风险管理功能、风险的识别评估应对，对各种流程组件进行赋能。它的关键逻辑，就是依托自动、实时、精准、敏捷的风险管理能力，实现 C2B4B 生态共赢。

线下线上的挖掘融合。比如连锁超市的供应链信贷业务，虽然已经极大地创新，解决了数千家同品牌小型连锁超市的生产经营授信。但何止如此。2007 年，笔者在美国的一个产品创新实验室看到，有一种用于连锁店的现金处理机器，可以识别各种本外币和整、零钞，零钞循环使用、整钞现金配送，还可以识别信用卡等各种银行卡。运用这种机器，将改变过去客户送现金到银行清点的流程，实现实时处理入账。对于小型、中型连锁店和大型超市，现金处理机器的大小和功能将有所差别，有些中国的连锁商场希望能够通过现金处理机器连接银行网络，建立线上管理，使其能够清楚知道几百个门店的经营情况，并根据经营状况预测第二天的需求。

这就形成了第一是全产品、全渠道控制；第二是全流程敏捷，探讨哪些功能可以进一步简化、线上化，进一步整合重复、冗余的环节；第三是全量数据分析，现在可以进行探索。

构建细分市场的差异化、智能化的风险管理，是未来风险管理的重要能力，也是必争之地。同时，银行不仅能做好对客风险管理，还可以进行风险管理能力输出，帮助客户搭建或者提升其自身的基于商业信用的风险管理和流动性管理体系。比如很多房地产企业就因为没有好的流动性管理，每天生活在剔刀边缘，而银行可以帮助企业搭建自身的流动性管理系统工具。比如，某连锁超市有 1300 个经销店，每个经销店账期管理能力和资产周转周期都不同。如果银行能判断连锁超市经销店的偿债能力，帮助连锁超市进行连锁店的信用水平管理，就可以输出其在细分平台的风险管理能力，和合作伙伴一起，编制一张银行价值网、客户价值网。

搭建同业生态

网络协同和数据智能是未来商业竞争必须拥有的双螺旋，它们同时也是建立未来银行生态的重要因素和关键手段。在网络协同范式中，随着越来越多不同类型客户、合作伙伴的聚集，协同网络上开始产生更为丰富的互动，相关的独立决策主体之间协同的方式可以得到扩展，协同的成本大大降低，产生新的价值，同时形成新的网络结构，最终形成一种高速、高价值、高度自驱的网络协同范式。网络协同必须通过平台来实现，满足包括开放银行在内的未来银行生态圈需求。

网络协同主要体现在基于风险管理生态价值网的多方数据、信息、资源的共享和合作。通过工具实现生态在线化，有效沟通协作调动外部资源（如客户、供应商及合作伙伴），激发外部组织对内部组织的积极贡献。商业银行实现风险管理数字化需要高质量、海量数据信息和先进的分析技术模型作为基础支撑，而这仅靠银行自己很难完成，需要与那些掌握客户经营数据、交易数据、物流数据、财务数据、工商税务数据、征信数据甚至是社交数据的外部主体广泛合作，构建风险管理数字化的生态价值网，提升生态合作能力，补齐自身能力短板。

另外，融资渠道更加多元化，除商业银行之外，融资租赁公司、商业保理公司、小贷公司、担保公司以及 P2P 平台等都参与进来，共同拓展供应链金融的融资渠道。同时，通过对供应链生态圈的产品方案进行标准化，将供应链金融推广至生态圈平台的其他客户，大大提升了客户黏性。供应链金融从围绕一个核心企业发展到服务一个完整的产业生态圈，市场扩容和信息化发展也使企业之间的联系更加紧密。

国内某领先股份制银行的特殊资产管理事业部已经开始建立开放、共享、智能的不良资产经营生态圈，从而打造自己的"朋友圈"，搭建共享平台，整合多方资源为己所用，拓展多元化的处置渠道。联合生态圈平台内的资产端（AMC 等）、资金端（AMC、投资者等）、服务商（律师事务所、资产评估机构、催收公司等）、管理支持方（政府、法院、监管机构等），通过搭建线上交易平台、线下资产推介会，整合多方资源，共同开发不良资产交易机会，并借助新型智能化技术，同时输出专业服务能力，为平台各个利益关联方提供更高效、切实的清收解决方案。

第五节　合规管理能力

金融科技在带来巨大价值的同时，也带来了一些新的风险类型，如合规风险、模型（失效或错误）风险、网络安全风险以及衍生而来的机器学习、人工智能、欺诈风险等。著名科幻作家刘慈欣曾说，人工智能就像一个黑箱，从理论上说，它们的运算步骤是可以追踪的，但是由于计算量巨大，追踪在实际上很困难，甚至不可能。达成二者之间的平衡、建立起信任是未来人工智能面临的巨大挑战。对于这种情况，一方面，可以采取解释性更强的算法；如既有难解释的神经网络算法，也有容易解释的逻辑回归、决策树算法。从笔者了解的实践来看，对于相同的数据，不同的算法带来的结果尚没有明显的优劣区分。另一方面，是模型风险的管理和监管法规的调整——毕竟不仅是人工智能代表的计算机科学，其他人类学科都可能随着研究的深入和领域的细分出现传统的逻辑无法解释的结果。

为此，在应用新兴技术推动数字化风险管理的过程中，银行需要实事求是、循序渐进，高度重视对新型风险的应对防范。

构建成熟的模型风险管理体系

当前商业银行对模型的依赖度不断提高，为了应对不断扩大的决策范围，各类模型的数量正在急剧增加。据统计，大型金融机构的模型数量每年都会增加 10% ~ 25%。新增模型或者为了满足监管要求，如资本管理、拨备计提和压力测试；或者为了实现业务需求，如定价、战略规划、客户关系管理；或者为了强化风险管控，如反洗钱、反欺诈等。

模型的广泛应用也使商业银行暴露在更大的模型风险之中。一家大型美国银行遭受了 60 亿美元损失，部分原因是风险价值模型存在风险——操作人员缺乏建模经验，未进行逆向测试，模型也存在运行问题。亚太区某大型银行错误使用了利率模型，出现了假设不正确、数据输入错误、模型故障等失误，最终导致了 40 亿美元的损失。

数字化发展要规避的误区就是在组织体系上的失控，把基于复杂数据源的风险计量模型变成游离于风险垂直管理体系和风险偏好轨迹管理之外的神秘孤岛，产生新的不可测的灰犀牛风险。因此，深度链接和嵌入价值网的敏捷主动风险管理能力，必须与全面垂直独立的风险管理体系有机衔接。

模型风险事件在欧美监管机构中已经引起了广泛关注。2011 年 4 月，美国联邦储备委员会发布了《模型风险管理监管指引》，严格要求银行部署风险管理防线。几乎所有的银行都已经设立模型风险管理部门，界定了清晰的权责分工。模型开发者需要持续监控自己的模型，验证部门必须执行周期性的评估和稽核。欧洲的银行业管理机构要求银行对模型风险进行评估，模型风险被评定为需计提资本的重大风险，各金融机构都被要求对其加以量化。许多国际领先同业采用了基于模型表现和模型验证结论的关键绩效指标。

模型风险管理模式应设立三道防线。第一道防线负责设计产品、收集数据和验证模型使用；第二道风险防线负责模型的设立、测验和校验，数据部门提供数据，法律部门提供法律合规判断；第三道防线是审计，负责校验第一、第二道防线模型的建立和使用情况。

模型错误的原因包括数据质量、概念可靠性、技术或实施错误、关联度或时间不一致以及波动不确定等。但银行也可以采用多种风险控制策略予以应对——关键在于开发更严谨、成熟的模型，提高数据质量、改进执行效率、深入细致验证以及持续不断地监控改善模型。有效的模型风险管理可以从降低成本、规避损失等方面提升价值创造。

成熟的模型开发和验证管理模式是模型风险管理的核心要素。一方面，模型规划与开发工作应该在全行层面进行统筹协调，模型开发部门应与验证部门保持相对独立性，同时又与模型验证部门紧密合作，通过减少反复、缩短开发周期来控制成本。部分领先银行已经建立了模型开发卓越中心，推动各业务单位先进经验分享和分析，从而实现全行层面效率优先和价值创造。另一方面，由于模型数量以及对模型质量要求的不断上升，模型验证成本也快速增加，通过优化模型验证方法，可以有效实现成本节约。例如，按照模型复杂程度和模型风险进行优先排序，对高风险模型优先进行全面验证，对低风险模型只进行轻度验证。

探讨：模型真的可以帮你实现"最优"吗

《月亮和六便士》里的斯特里克兰德是一位英国证券交易所的经纪人，他放弃安稳的工作、美满的家庭，出走巴黎追求绘画理想。评论界将法国画家高更视作主人公斯特里克兰德的原型。

"满街都是六便士，他却看见了月亮。"

故事讲的是人生面对的永恒命题——日常和理想，世俗和艺术。对于普通人来讲，每天都要面对"六便士"的问题。撇开哲学的层面，选择"月亮"充满了风险。从证券经纪人到艺术家，大跨度的转行可能会让人损失相当大的社会资本。另外，艺术创作也是一项高风险事业。由于艺术品的定价缺乏参照物和可比性，其价格是完全主观的。当艺术品的价值只能在市场中体现时，只要有人操控艺术品市场的供给和需求关系，就会带来价格波动，影响创作者的收入。

可以想象，未来人们大大小小的选择背后，可能都是问算法，不仅仅是"贷款买车哪家的利率更低？"还有"我现在该不该买房？""我是不是该换那份工作？"甚至是"她到底是不是适合我的爱人？"

那么未来，我们再难有高更。

算法真的带来了"最优"吗？比如我们常用的打车 APP，在交通比较繁忙的时候，如果 A、B 两个客户同时叫车，这时一辆车甲距离 A 客户需要 2 分钟路程，距离 B 客户需要 8 分钟路程，另一辆车乙距离 A 客户 3 分钟路程，距离 B 客户 10 分钟车程，那么打车平台会让距离 A 客户近的车甲去接 A 客户，然后让另一辆车乙花 10 分钟去接 B 客户吗？实际上，平台会派车乙花 3 分钟去接 A，然后派车甲花 8 分钟去接 B，因为这样在总体上节省了时间。

当然，现实情况的模型会远比一个"2 客户 2 辆车"的场景复杂，但是，问题已经被揭示出来了，就是在一个整体的算法之下，个体最优有时不意味着整体最优。

试想，如果我们每个人都使用无人驾驶或者是相同的导航 APP，那么在演唱会结束、极端天气等情况下，大量车从同一时间、同一地点出发，那么算法会不会为确保交通的整体流畅性、稳定性，而分流一部分车辆去走一条更远的路线，即使被分流的车大概率会因为路程增加而浪费时间。因为部分车因为模型和算法的安排失去最优，在保持整体交通通畅不发生大面积拥堵或事故的大目标下，显得不那么重要。

那么牺牲了个体最优、局部最优，就能达到整体最优吗？

2008 年次贷危机十一年之后阴霾仍存，全球主要经济体还在内外求索，无法恢复。其中《巴塞尔协议 II》的银行监管机制也被认为加剧了宏观的波动性。一方面，从当时的实际来看，银行本身经营的同质化和为满足风险加权资产不同权重而导致大量银行的资产配置策略趋同、资产结构趋同；另一方面，在危机出现的时候，各家银行为了保持资本充足率的要求，都会采用相同的策略，倾向于抛售经济资本占用高的资产，而保留低风险占用的资产，并且资产负债表上资产之于资本的杠杆放大乘数有多大，在市场暴跌、抛售资产时对资本金的杠杆"反噬"就有多可怕。这无疑叠加了市场的同向波动，加剧了危机的爆发的速度和影响的深度。

正是因为《巴塞尔协议Ⅱ》仅对银行个体的微观审慎监管的局限性的暴露，才使得加强宏观审慎监管的思路和《巴塞尔协议Ⅲ》应运而生。所以，模型在加剧宏观波动性的同时，当市场轰然坍塌时，微观个体的最优也泥沙俱下。

防范数字化浪潮下的网络安全风险

在商业银行的业务增长越来越多地依赖人工智能、互联网、数字化技术，信息科技将客户数据、产品服务、销售渠道整合在一起，给商业银行带来成长红利的同时，也给网络攻击造就了更多机会。面对不断变化的网络安全环境和日益增加的潜在风险，许多商业银行都在积极提升网络安全治理能力，完善网络安全生态，但同时也面临着诸多困扰和挑战。中国的网络安全生态系统尚处于发展初期，2017年6月1日《中华人民共和国网络安全法》开始正式实施，网络安全法律体系和管理机制正在不断建设之中。在过去几年里，中国网络的安全威胁在数量和复杂程度上均显著上升。

要建立一个长期稳健的网络安全管理体系，银行必须先明确当前的网络安全水平和未来的发展目标。可以与行业领先实践进行对标找差距，结合自身业务规模及行业特有的网络安全威胁进行系统性分析，在此基础上对自身的网络防御能力设定合理的目标。

要打造切实有效的主动防御体系，需要针对四个环节加强应用自动化、大数据技术和人工智能的解决方案：一是数据挖掘，即对内汇整、统计及挖掘全行所有安全设备和终端的日志及数据，对外收集全网最新的威胁信息。二是分析预判，即对海量安全事件进行实时的智能建模分析。三是响应设置，即对威胁及异常行为采取技术措施，记录及报告安全事件及决策信息，以便安全部门实时监控处理。四是综合管理，即为全行提供运营层面的支持。

网络安全治理的落实需要从上至下贯彻统一的风险价值观，深化全行的网络安全理念，它源于对业务优先级、业务模式和价值链的基本判断，以及企业的风险管理文化、职责分工、治理架构等底层支撑体系。从高管层到一线员工都要接受专业化的培训和宣传，全面提高网络安全意识。网络安全管控制度应纳入全部业务流程并覆盖所有员工，按照职级和岗位对员工进行分类数据权限管理，并将网络安全管理纳入绩效考核指标。同时，通过随机发送网络安全钓鱼邮件、进行网络攻击等测试和预演，逐步提升员工和系统的应急响应能力。

银行的智能合规管理提升

在合规风险领域，近年来金融监管呈现日益严格的态势，金融机构的合规成本大幅提升，包括对合规人员及合规技术的投入、监管要求的软硬件迭代以及违规处罚费用等方面。中国 2017 年开始的金融市场乱象专项治理涉及千余家银行，开出的罚单高达数十亿元人民币，目标直指商业银行各类违规业务。专项治理旨在引导商业银行回溯合规本源、回归业务本位。在此形势下，行动滞后、管理被动和效率欠佳的银行都将面临严峻的经营挑战。面对监管的持续高压，唯有不断强化制度先行的合规理念，全面把握监管机构最新管理方向和方法，将事后补救转化为事前防控，变外部合规要求为内部管理动力，加快推进合规管理长效机制建设，搭建起完善的合规管理体系，形成卓越的合规管理能力，才能确保业务经营依法合规，内部运营效率不断提高，从而实现持续高质量发展。

在金融严监管的高压下，数字化风险管理也成为"智能风险管理体系"的利器。打造数字化的合规风险管理模式、流程和系统，有效解决了信息不对称、信息孤岛等问题，消除了信息壁垒，缓解了管理的滞后性，提升了管理的穿透性。

在合规管理风险领域，国有某大型商业银行运用图识别技术和语音分析技术，对图像、视频、音频内容进行抓取和分析，实现了对合规性要求、监管政策的数字化呈现。通过采集各类风险信息、抓取业务特征数据等手段，推动监管由事后审查向事中防控延伸，并逐步向事前主动预防的方向转变。国际领先银行的合规管理聚焦于通过机器学习和高级分析等方法实现人机结合的高效流程管理，在减少合规工作量、减少合规管理人工成本的同时，利用先进技术和方法提升管控能力。以德国某领先银行为例，其耗时两年时间，梳理合规风险相关业务数据，收集整理 100 多个不同业务系统的数据，将其关联起来建成针对合规管理的数据库，为合规管理流程的数字化和自动化奠定了坚实的数据基础和系统基础。

在操作风险领域，可通过内控与操作风险数据集市和审计数据分析系统，建立起自动化监控，按月生成内控及操作风险预警案例。按照预期损失程度和发生概率建立预警监测的图谱，实时掌握动态要点。信贷流程中的操作风险也可以通过智慧识别的方式来进行控制。例如，中国农业银行在信贷业务的调查、审查、审批、放款审核等关键环节操作中增加人脸识别认证，通过刷脸、扫码识别双通道，在安全性上采用六维防线组合，全面提升信贷管理系统操作风险防控智能化水平。

反洗钱管理流程方面，2019 年 7 月 26 日，人民银行反洗钱局发布了《中国人民银行关于进一步加强反洗钱和反恐怖融资工作的通知》，反洗钱场景下人工智能的技术应用也受到了业界的关注。通过数字化的流程改造和优化，将不同环节由不同部门负责的流程和数据有效整合，进一步提高合规管理的效率和质量。通过构建统一的客户信息平台，将客户信息按照既定维度存储在平台上，利用系统和模型对客户进行自动风险评分，主动识别潜在高风险账户，持续提升对现存客户的了解度和对账户交易的监控。在此过程中，通过机器学习等技术手段完善监控合规风险的模型，不断降低未识别出问题的概率，并提升自动化监测和处理的工作比例。知识图谱技术也应用于反洗钱管理领域，通过关联关系的挖掘，可以突破现有反洗钱的数据模型，实现该场景下更好的效率提升。例如，某资金清算中心的反洗钱应用系统，通过对客户数据、交易类数据的全面整合，利用知识图谱技术，挖掘账户之间的关联关系，构建频繁汇入、频繁汇出、环状模型、汇聚模型等反洗钱模型，融合传统的黑名单管理机制，统一对客户账户进行管理，实现基于知识图谱的反洗钱模型，在反洗钱的场景下发现传统模式下不能发现的风险。

在市场风险领域，商业银行可以把大数据技术运用于市场风险的评估、计量和监控的全过程，并通过将网络计算引入资金业务系统中，支持多并发金融计算引擎，同时利用风险限额指标实时监控和审查交易，对于超区间、超限额等异常情况实行风险预警和提醒，实现风险管理关口前移。

声誉风险领域，某上市银行用网络监测舆情及其对自身的股价变化的影响，建立了声誉风险模型。舆情的监测捕捉与影响分析预测同步进行，分类采取应对措施，起到了非常有效的管理作用。

商业银行应用金融科技在带来广泛金融服务创新和自身风险管理的同时，还要妥善解决好现实社会与网络社会两类角色和差异，智慧金融和风险管理必须遵循合规、健康、可控的发展路径。

未来的金融服务将愈发无界化，金融与非金融业务的边界变得模糊。提供便捷高效金融服务的同时，更要时刻谨记消费者权益的保护。在深入感知和满足客户需求的同时要防止服务的过度化，要保护客户权益和隐私不越界。个人业务数据安全风险，主要是复杂环境下的隐私保护风险，个人业务涉及前、中、后台，大量业务场景和相关支撑系统参与其中。开户、汇款、信贷、投资、保险等业务都是隐私保护的高风险场景，需要体系化考虑用户数据合理最小化收集、用户数据全生命周期安全管理、数据在各业务间交互的合理性等数据安全风险。同时，银行业务渠道众多，包括手机银行、网上银行、微信公众号、小程序等，需要重点考虑多渠道多场景下的用户权利保障，如最小化收集数据，获得用户充分授权，及时告知用户等。

同时，要坚持普惠性而不过度授信的原则。虽然科技进步极大地覆盖了"长尾"客户和"长尾"企业，仍要关注客户画像、客户分层模式下的差异化授信的演化，避免因科技化模型化带来的优质客户群和费率结构匹配的极端演化，产生新的"歧视"。另外，也应根据客户能力适度授信、合理供给，过高的杠杆率永远不是智慧金融、普惠金融的实质。

第九章　实施风险管理实践

知识是宝库，但开启这个宝库的钥匙是实践。

——托·富勒，英国军事理论家

本章所讲的实践不是简单的、因循守旧的重复传统银行的风险管理方法、制度和体系，而是在保留银行风险管理优良基因的基础上，在 ERM 2017 全面风险管理新理念指引下，注入最新科技强大动能，对未来银行风险管理实务发展方向的探索。

金融学上有句名言，天下没有免费的午餐。意思是说，没有风险就没有报酬。对于银行而言，同样如此。每一位银行风险管理人员必须清楚地认识到，银行风险管理的目的并不是彻底消除风险，而是如何更好地支撑使命、愿景和价值观的实现，换句话说就是如何有效地、可持续地创造价值。因此，风险管理实践的意义不仅在于制定有效控制风险的方法，还在于探寻如何将风险管理更好地融入业务发展，实现业务发展和风险控制的自然融合，从而获取稳定、持续的风险报酬率。

第一节　制定风险管理战略

没有战略的企业就像流浪汉一样无家可归。

——彼得·德鲁克，管理学大师

2007 年，次贷危机席卷全球，美国的银行业成为重灾区。贝尔斯登和雷曼兄弟倒塌、"两房"危机、花旗深陷泥潭等冲击波接二连三袭来，美国的金融机构似乎已经与"失望"画上等号。然而，原本只能算美国银行业"第二阵营"的富国银行"一夜成名"，不得不让市场重新审视这场危机——覆巢之下，仍有完卵？是什么使富国银行能够在众多银行中独善其身？归根结底是富国银行的风险战略起到了决定性的作用。富国银行始终坚持审慎的风险战略，不参与高风险业务，即使诸如投行等创新业务显现其巨大的盈利能力，富国银行也不为所动，只是谨慎参与。富国银行的例子体现了风险战略的重要性。

什么是银行风险战略

概括而言，风险战略是一家银行对待风险的基本态度，是银行愿意承受的风险程度，其核心作用是在可接受和不可接受的风险之间画出清晰分界线。一般而言，银行风险战略核心内容包括风险偏好、风险容忍度、风险承受能力、风险环境描述等。

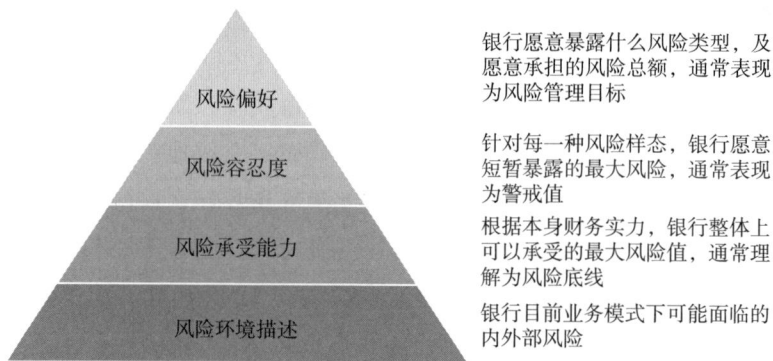

风险偏好	银行愿意暴露什么风险类型，及愿意承担的风险总额，通常表现为风险管理目标
风险容忍度	针对每一种风险样态，银行愿意短暂暴露的最大风险，通常表现为警戒值
风险承受能力	根据本身财务实力，银行整体上可以承受的最大风险值，通常理解为风险底线
风险环境描述	银行目前业务模式下可能面临的内外部风险

图 9-1　风险管理战略组成部分

资料来源：麦肯锡：《砥砺前行：中国银行业风险管理转型缩影》，2019。

风险偏好与风险容忍度、风险承受能力的关系

通俗地讲，风险偏好就是商业银行对风险的基本态度，包括商业银行愿意承担何种风险、最多承担多少风险、以何种方式承担这些风险、是否准备承担新的风险，以及为了增加每一分盈利愿意多承担多少风险，等等，

为商业银行战略制定、经营计划实施以及资源分配提供指导。风险偏好主要体现了银行设定的风险管理目标和导向。与风险偏好经常在一起使用的概念是风险容忍度，是指给定资本金、流动性、借款能力和法规约束的条件下，商业银行愿意短暂承受的最大风险量，一般表现为银行设定的警戒值。当指标突破警戒值时，表明银行在某一方面出现了比较突出的问题，但是暂时还处于银行可承受范围内，银行必须高度重视，并采取措施，防止事态恶化。而风险承受能力是指从法规和自身财务状况出发，银行客观上能够承受的最大风险量。当银行某一指标突破风险承受能力，往往意味着出现了非常严重的情况，银行应立即启动应急预案。

以资本充足率为例来具体说明：在基准情境下，银行对资本充足率的偏好要求超过 11.5%；在轻度压力情景下，容忍资本充足率有所下降，但不应低于 10%；在重度压力情景下，资本充足率会有较大幅度下降，但最低不应低于 8%，一旦低于 8%，银行董事会将启动应急处置预案，研究制定有效措施，确保风险可控（数据仅为示例）。

表 9 - 1　风险偏好、风险容忍度与风险承受能力（以资本充足率为例）

	指标	要求	管理措施
资本充足率	风险偏好目标值	11.5% 以上	日常监测，确保满足偏好目标要求
	风险容忍度	不低于 10%	资本充足率的预警值，逼近时董事会要予以关注，高管层要分析研判，及时采取措施，确保不低于 10%
	风险承受能力	不低于 8%	有可能与监管要求相同，有可能严于监管要求，是银行对资本充足率的底线要求

怎样设置风险偏好

风险偏好没有好坏之分，大体上可分为激进型、稳健型和保守型。在实践中，银行的风险偏好通常是以风险偏好陈述书（Risk Appetite Statement）的形式表达，主要围绕业务结构布局和发展导向，体现"做什么"、"不做什么"、"如果做，承担多大风险"三方面内容。风险偏好体系一般包括定性表述和定量指标。定性表述主要阐述对各类业务及各类风险的管理态度及总体要求，具体表达"做什么"、"不做什么"。定量指标主要是设定风险承担边界和容忍度，具体表达"如果做，承担多大风险"。

一般而言，确定风险偏好需要重点考虑银行的经营战略、最大可承受损失、银行希望的目标评级及风险管理与内控水平等因素，同时还要与市场及同业的标准进行比较，以保证银行承担的风险是适当的和必要的。

银行的经营战略。董事会审批的风险偏好将影响银行的经营战略，反之一样。因此，商业银行在确定风险偏好时，必须与业务战略一并研究考虑，逐渐把风险管理视为一种新的战略性业务管理手段，并在这个基础上将业务战略与业务风险挂钩。

最大可承受的损失。商业银行是经营风险的企业。商业银行可接受的最大损失，即就某一置信水平而言，一家银行在业务经营中已预备对资本有影响的损失风险的假设额度，这一承受能力要与市场及同业的标准进行比较，保证银行承担的风险是适当的和适量的。同时，商业银行除了应计算损失的平均值外，还要考虑资产相关性带来的损失波动性，也就是非预期损失。

银行希望的目标评级。国际大型银行通常以著名评级机构的评级分类为标准，进行风险偏好的选取和设定。很多著名的评级公司如穆迪、标普等，每年都会对一些企业和银行进行风险评级，这些评级公司的评级结果在社会上的影响较大，特别是对一些公众持股的上市公司而言，会直接影响这些企业在资本市场上的股价，影响投资者的决策。较高的风险评级意味着较低的违约概率，企业违约的可能性就小。

风险管理与内控水平。风险偏好对业务发展具有很强的指导作用。依据风险偏好制定的政策制度将指导全行各岗位人员的工作和行为，对银行的发展具有根本性的影响。因此，银行在确定风险偏好时，必须结合自身风险管理和内控管理水平，切忌为了对标同业标杆而脱离实际，设置难以执行的风险偏好目标。

风险管理如何融入战略和经营：制定政策和分解指标

根据 ERM 2017，风险管理应当融入企业战略和经营中。因此，风险管理战略目标就是支撑和服务银行整体战略目标的实现。风险与战略相结合需依托科学完善的风险偏好体系，只有让风险管理由控制监督转向价值创造，才能实现"主动的风险管理"。银行的风险战略需要通过建立一套与全行业务战略匹配的风险偏好体系来实现全行上下对于风险的统一认识，包括确定一套落实风险偏好的管理机制。实际工作上，风险战略的执行主要通过政策制度和风险限额两条途径来实施。一方面，银行各项政策制度的制定应当以风险偏好为根本遵循，将风险偏好体现在各项指引和管理办法中，需要强调的是，这里所说的政策制度，不仅指风险管理政策制度，而且包括各项业务管理的政策制度；另一方面，银行应当根据风险战略确定的方向，建立一套涵盖风险管理、业务发展、财务管理、资源配置、考核奖惩等各维度的定量指标和额度管理机制，通过定量的约束引导发展，落实风险战略。

第二节　搭建风险治理架构

> 最蹩脚的建筑师一开始就比最灵巧的蜜蜂高明的地方，是他在用蜂蜡建筑蜂房以前，已经在自己的头脑中把它建成了。
>
> ——卡尔·马克思

如果说风险管理工作是汽车的话，那么风险治理架构就是道路，道路修到哪里，风险管理工作这辆车才能开到哪里，并且，路况的好坏直接决定了这辆车的速度和效率。

什么是风险治理架构

良好的风险治理架构应该是建立由董事会进行战略决策并承担最终责任、监事会有效监督、高级管理层直接实施，以风险管理职能部门为依托，相关业务部门和其他职能部门密切配合，能够有效进行全面主动风险管理的组织架构，确保风险管理责任清晰、权责对等、有效制衡、信息共享、协同高效。实践中，风险治理架构的重点是董事会、监事会和高管层（两会一层）在风险管理体系中的履职和发挥的作用，首席风险官的设置和作用，风险管理职能部门的设置，三道防线的分工与协同，各级机构的风险管理职责。

设计风险治理架构需要遵从哪些原则

全面性原则。在流程上，风险管理关系到银行所有部门、所有岗位、所有人员；在内容上，包含所有风险类别。风险管理组织架构设计应体现这种全面性。

一致性原则。在设计风险管理组织架构时，应考虑银行整体业务规划和发展目标，保证风险管理目标与其相一致。

分散与集中原则。一方面，商业银行应坚持风险分散化原则，针对不同风险类别，设立符合各自特点的风险管理机构；另一方面，应明确首席风险官对于全面风险的集中管控职责，接受各类风险管理部门的直接报告。

互通性原则。应开发先进的信息系统，有效保障各类信息的传达、互通与共享。

目前典型的风险治理架构

概括来说，全面风险管理组织结构主要有集权式、矩阵式（分权式）两种类型。

集权式。在总行设立专门的风险管理部，该部门主要负责从政策制度发布到风险监测检查等所有的风险管理工作。

矩阵式（分权式）。在银行内形成一个二维、双线报告的组织模式，将风险管理机构设到业务条线或分支机构中，直接向总行风险管理部报告，同时也向所在机构报告。

花旗银行风险治理架构。作为全球风险管理的典范，花旗银行的经验非常值得参考。花旗风险管理组织架构设计的出发点是平衡业务发展与独立、负责的风险管理，采用的是业务单元制，即按照集团和业务单元进行垂直性的架构安排。董事会对风险管理负最终责任，下设风险管理委员会和内部审计委员会。同时，在总行设有首席风险官，直接对首席执行官和董事会主席报告，负责全面风险管理；首席执行官和董事会主席负责对日常风险管理进行监督检查以及重大风险决策拟定。在全面风险管理组织架构方面，花旗银行选择的是矩阵式模式，体现了业务、区域、产品三个角度的全覆盖，在每一个业务单元均设置了风险主管，负责该单元的风险限额、业务支持等方面的风险决策；在基础信用风险、市场和房地产风险、财政、模型验证及系统化风险等关键领域，均分别设置了风险主管，主要负责跨业务单元和跨区域的所辖相关风险的管理。所有风险主管统一向总行首席风险官汇报，有效保证了风险管控的独立性。

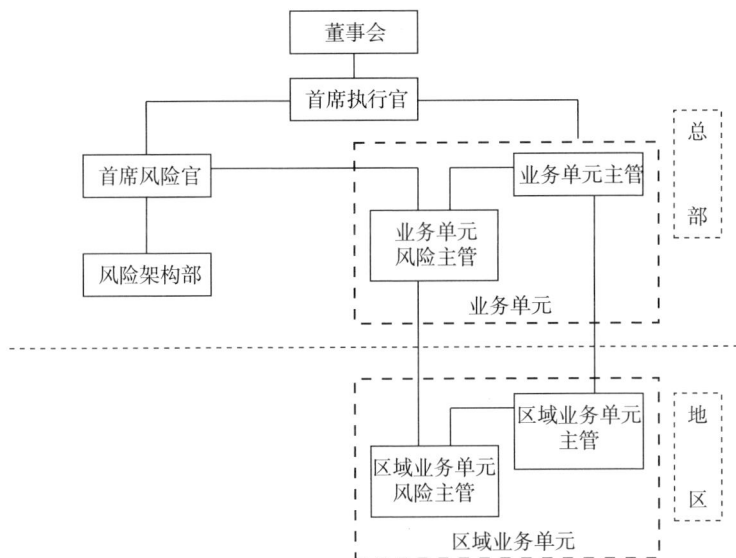

图9-2 花旗银行风险治理架构

同时，花旗银行赋予了业务部门更多的风险管理职能，建立了风险管理的"三道防线"，认为风险管理关系集团所有部门、所有员工：第一道防线是业务一线部门及业务单元内的风险管理机构，第二道防线是风险、人力资源、法律、财务等支持保障部门，第三道防线是集团内的审计机制。此外，为确保风险偏好及政策更好地贯彻落实，花旗银行在执行层面建立了多个风险委员会，覆盖整体风险的管控以及新的、复杂风险的管控，如风险管理执行委员会、资产负债委员会、操作风险委员会、北美花旗银行风险委员会、风险政策协调组、投资产品风险委员会等。其中，风险管理执行委员会，由首席风险官作为主席，主要管控跨业务单元、风险类别和区域的关键风险；资产负债管理委员会由首席执行官与首席风险官一并主持，负责流动性风险和市场风险管控；操作风险管理委员会负责管控操作风险，成员包含首席风险官和操作风险管理部负责人。

摩根大通银行风险治理架构。摩根大通银行的风险管理战略及政策均由董事会审批。由首席执行官和各业务单元主管为成员组成的执行委员会在董事会领导下组织全行风险管理工作，并根据风险类型的不同分别设信用风险管理委员会、市场风险管理委员会和资本管理委员会，在每个委员会下再设负责本类型风险管理的官员，接受业务单元汇报。例如，信用风险管理委员会下设首席信用风险官，接受各业务单元信用风险官的汇报。市场风险管理委员会和资本管理委员会下的架构设置类似于信用风险管理委员会。

为保证风险管理战略和政策得到贯彻，业务条线主管负责风险的纵向控制，分行高管层负责风险的横向控制。内部审计部独立于其他业务部门，专注于不同领域中的风险监测，直接对董事会负责。摩根大通银行对风险采用了矩阵式管理，即在以业务条线为核心的纵向管理的基础上，各分行的高管层对风险进行横向管理，以内审、外审等手段实现风险的及时监测。

当前银行业风险治理中存在的问题

业务经营与风险管理"两张皮"。尽管很多银行都意识到风险管理与业务经营是紧密联系的，两者之间必须有机衔接才能更好地推动银行高质量发展。但在实践中，多数银行风险管理与业务经营总是格格不入、泾渭分明，没有做到有机统一。在银行整体战略制定上，很多银行没有把风险管理和业务经营纳入一个框架统一考虑，而是各自为政，分别制定风险战略和业务经营战略，最终导致两者之间天然隔阂。在日常管理上，很多银行业务经营条线和风险管理条线缺乏跨部门协同机制，业务经营部门对风险

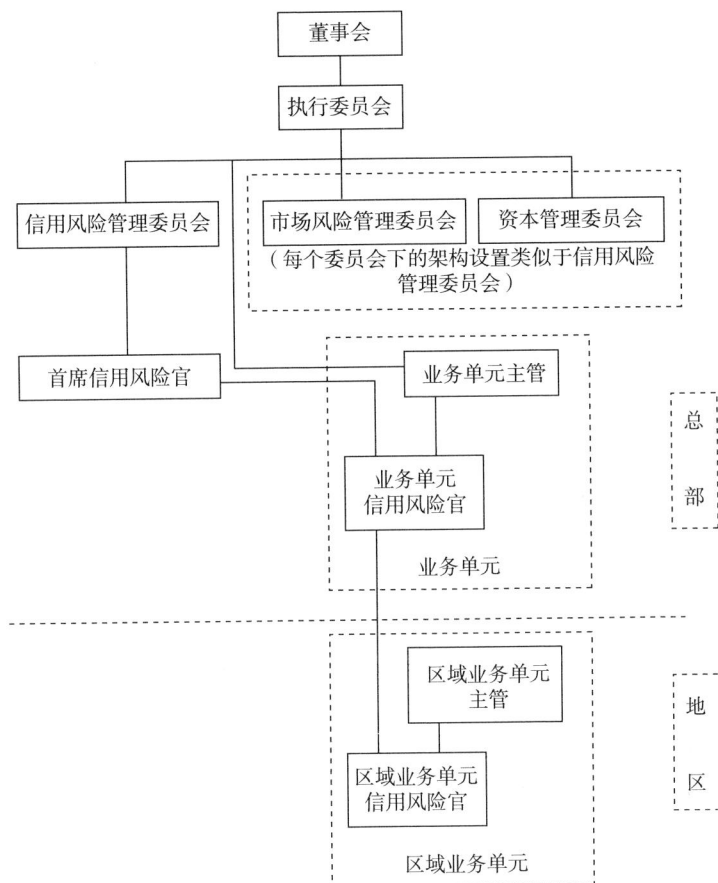

图 9 - 3 摩根大通银行风险治理架构

战略、风险偏好、风险管理政策制度、工具不甚了解，而风险条线对业务经营方向、具体情况、问题知之甚少，导致风险偏好没有很好地贯彻到业务经营中。同时，风险偏好的分解与传导体系不完整，未形成科学化的分解体系，导致条线/分行与全行层面的风险偏好缺失或存在脱节现象，不能确保各个层面的严格执行。

"最后一公里问题"。目前，对于各类风险，很多银行都有相应的管理机制和工具手段，但在实践中往往无法落实到位。究其原因，主要是风险管理的"最后一公里"缺失造成的。总行的风险管理体系较为完善且职能发挥较为充分，而分支行和网点的风险管理职能未能得到充分调动，体现为风险管理岗位和人员配置未延伸到支行和基层网点，存在着上热、中温、下冷的现象，越是到基层机构、一线经营人员，风险意识越缺乏，风险管理动作越难到位，严重影响了风险管理效果。

缺乏条线协同控险机制。虽然多数银行都接受了全面风险管理的理念，各条线都具有风险管理的责任。但是在实践中，各条线风险管理工作如何协同、如何分工合作，往往没有具体的机制和规范。很多银行在风险治理覆盖度上未能实现对风险管理每一个环节、种类的全覆盖，导致风险管理缺乏所需的广度和深度，敏感性和前瞻性不足。在审计、风险、合规协同方面，日常协作机制亟待优化，需要有明确的抓手与具体的举措来促进风险、合规和审计部门的协同。

未来银行风险治理架构优化建议

风险治理架构必须结合各家银行自身的发展历史沿革、管理基础来考虑，只要坚持了风险治理架构的基本原则，不同的体制都能发挥出各自的优势。所谓"适合自己的才是最好的"。根据监管部门的要求，商业银行都建立了风险治理架构，明确了董事会、监事会、高管层、条线部门的风险管理责任。下面，结合银行业实际情况，就未来银行风险治理架构方面提出几点优化建议。

提高董事会效能。董事会承担着风险管理最终责任和最高决策职能，对一家银行的兴衰具有决定性的作用。未来银行应提高董事会效能，适应银行环境的变化。第一，增加董事会的新角色，董事会除了应承担确定公司战略、选拔高管继任、制定薪酬计划、确保监管合规四大传统角色外，还应承担起推动转型与创新、部署重大战略（比如科技战略、人才战略等）、研究重大体制机制、管理重大潜在危机与风险等新角色。第二，提高决策的科学性，要提高董事会成员的专业性，未来银行的风险管理委员会成员应包括银行内部人员、董事等，同时应当建立涵盖金融、科技等各领域的专家顾问团，在进行决策之前，咨询相关专家的意见和建议，根据具体情况，邀请专家参与风险管理委员会讨论，避免出现决策风险和战略风险。第三，建立监控和评价机制，对董事会决策执行情况进行全面的监测和评估，及时纠正偏差、强化对高管层的考核。第四，加强与高管层的协同，董事会应和高管团队一起定期重新审视发展战略、体制机制，监督高管团队创建管理流程，确保战略管理、财务规划协调联动。

增强监事会的监督抓手。未来银行要强化监事会对风险管理的监督责任，监事会有权了解银行重大风险管理决策、执行及重大风险、重大事件等情况，提出风险管理监督意见或建议。相关监督检查情况应纳入监事会工作报告。为了保障监事会的监督责任落实，监事会应当定期听取银行内部审计条线的工作报告，内部审计条线可以交由监事长分管，将审计作为监督的重要实现途径。

做实首席风险官的独立管控职责。在高管层成员中，首席风险官是风险治理架构中的重要角色。无论是国际国内监管要求，还是银行的管理实践，都要求充分发挥首席风险官的重要作用。首席风险官应具体负责银行风险管理，直接向董事会和行长汇报，并且对业务决策有一票否决权。首席风险官或其他牵头负责全面风险管理的高级管理人员应当保持充分的独立性，独立于操作和经营条线，可以直接向董事会报告银行全面风险管理情况。

设置适合自己的风险管理职能部门。集权式和分权式风险治理架构的主要区别在于风险管理职能部门的设定上有所不同。分权式风险治理架构按照业务条线设立风险管理部门，而集权式风险治理架构按照风险类别设

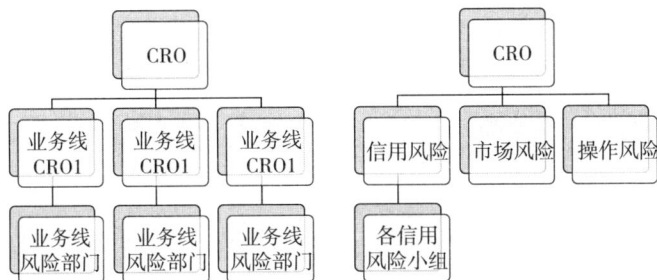

图 9-4　分权式风险治理架构和集权式风险治理架构

立风险管理部门。

　　分权式和集权式各有优缺点。分权式风险治理架构下，风险管理与业务经营贴合得更加紧密，各条线能够灵活调整策略，但是各类风险的统筹管理不足；集权式风险治理架构下，各类风险的政策和统筹管理较好，但是与业务的贴合度有所不足。未来银行可以综合两种模式的优缺点，根据不同业务的特点来建立混合式的风险治理架构。

　　简而言之，对于事业部或准事业部模式的业务条线（例如，信用卡、投资银行业务），可以采取分权式的风险治理架构，在事业部内部设置风险管理职能部门或者团队，既让风险管理更加贴近业务，又避免了事业部与风险管理部门之间过高的沟通成本。同时，由于事业部的业务相对独立，分权式造成的风险统筹管理效率损失不大。对于市场风险、流动性风险，可以采用集权式的风险治理架构，在总行层面明确或者设置专门管理该类风险的职能部门，发挥风险管理集约管控优势。线上信贷业务可以单独分离出来，采取集权式风险治理架构，由总行、一级分行集中进行风险管控，并且重点借助技术手段，将风险管理嵌入业务流程中；而线下信贷业务，在总行和一级分行层面可以采用集权式，而在基层机构可以采取风险管理人员和客户经理联合作业，实现嵌入流程式的风险管理。

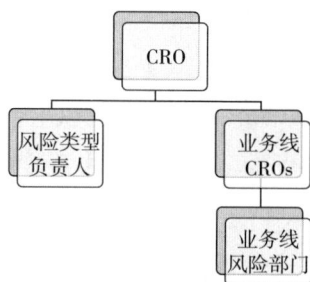

图 9 - 5　混合式风险治理架构

　　将风险管理融入业务条线和基层机构。首先，风险管理主动融入业务单元，要强化第一道防线的职责，提高业务部门风险管理意识，确定业务部门承担风险管理的直接责任，对分支机构、金融市场业务、新型零售业务等，探索采用派驻模式、嵌入模式、工厂化模式、子公司模式来提升组织架构的敏捷和高效。尤其是高风险的业务部门（如交易中心），可以考虑设立风险管理团队，并配置相应的风险主管，直接向首席风险官汇报，既能更加有针对性地防范风险，又能更好地接近市场，指导业务开展。其次，风险管理要融入基层机构，将风险管理链条扩展到最基层，一种方式是由分行向支行等基层机构派出风险经理，向分行风险管理部和支行负责人双线汇报，形成总—分—支全链条的风险管控机制；另一种方式是扩展网点营运主管的风险管理职责，多数银行网点营运主管为分行派驻，具有足够的独立性，因此可以将其作为网点落实全面风险管理的抓手，负责督导网点将风险管控工作落实到位。

提高风险管理组织的敏捷化水平。在数字化、智能风险管理大量应用的背景下，未来银行风险管理架构上可以探索灵活性更强的分布式、去中心化的组织形式，也就是说，风险管理职能不完全集中在风险管理职能部门或者团队，而是通过相应的授权机制将部分风险管理职能分解到银行各条线、各机构、各岗位，甚至是每个人，实现每个人都是风险经理。比如，风险管理职能部门将一定权限或者一定情形下的风险监测、责任认定、风险分类、信贷审批等工作授权给各经营条线，按照风险管理政策制度自行开展。并且，审计部门要定期对授权事项进行审计，风险管理职能部门要对授权事项的工作质量履行监督检查的职责，对授权进行动态调整。

未来银行的风险管理要能够灵活适应各类风险管理需求，因此组织形式上要具有更强的敏捷性。如按照产品、业务、重大项目等维度，建立专项的风险管理团队或项目小组；针对涉及不同部门、不同层次分支机构的特定风险管理任务（比如重点项目、特定客群的风险管理分析），可以广泛采用敏捷项目小组形式。例如，银行内部可以采取项目制运营的风险管理方式，由"产品经理＋风险经理＋科技人员"组成"铁三角"，合力管理新产品的风险。风险经理作为项目风险牵头人，协同风险政策、数据、模型、反欺诈、平台管理等团队相互配合，不同团队的专业管理贯穿产品开发和运营的全流程各个环节。

扁平化管理能够有效减少信息损耗，提高工作效率，是未来组织结构的一种趋势，未来银行风险管理也要顺应这一趋势。尤其是对于线上批量化、小额化的业务，风险管理架构尽量扁平化，层级最好不超过三级，大部分风险是实行机控的，总行层面负责制定政策制度、风险模型的研发、维护和改进，分行层面（或者专门的风险监控中心）负责具体的监测检查，基层机构人员负责具体风险事项的核实、化解处置。

第三节　完善风险管理机制

欲知平直，则必准绳；欲知方圆，则必规矩。

——吕不韦

管理依靠的是方法，还是直觉？管理学之父德鲁克认为，管理一家企业绝非单凭直觉或天赋就能胜任。管理的要素和要求是可以进行分析的，是能够予以系统化地组织的，是能够被任何具有正常天资的人所学会的。按"直觉"办事的管理者是干不了几天的。对于银行的风险管理同样如此，未来银行必须建立一套风险管理机制，依靠制度的力量来实施风险管理，保障风险管理效果。在本节，我们系统地梳理了未来银行风险管理必须建立、完善的九大机制。

风险选择机制：将风险偏好执行到位

每个银行从业者必须认识到，当我们选择客户的时候，实际上选择的是客户所具有的风险，业务结构决定了风险结构，业务选择本身就是对风险的选择。风险偏好就是决定"做什么、不做什么，如果做、做多少"的问题。因此，可以说风险偏好的执行就是风险选择的过程。风险偏好的执行必须有一套相配套的体系来保障，确保风险偏好很好地融入业务战略中。从流程角度来看，风险战略应当与战略规划同步制定。银行应当基于业务目标与风险目标的反复沟通，将风险管理融入战略规划与业务决策中。

制定初步的业务经营计划：业务经营部门和财会部门结合同业对标、

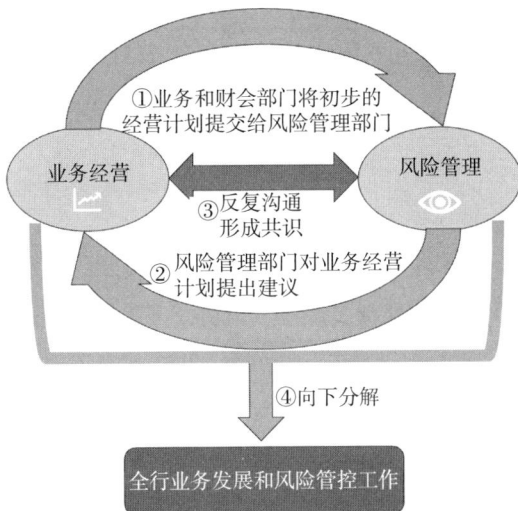

图9-6　将风险管理融入全行战略发展和业务经营计划的决策中

自身历史数据和战略发展方向，提出业务经营计划（包含各类业务的计划指标、发展方向以及营收、资本等多个维度指标），将初步的经营计划提交给风险管理部门。

提出初步风险管理建议：风险管理部门根据风险战略、风险偏好等，对业务经营计划进行研究分析，测算业务计划在各种情境下所承担的风险情况，包含风险调整后收益等关键指标情况，根据风险回报最大化与风险偏好其他相关维度要求，对业务组合计划提出调整建议。

反复沟通、达成共识、确定目标：财会部门、业务经营部门、风险管理部门共同商讨业务组合的最佳情景，可以在全行战略发展、资本限制、风险防控三方面的要求下兼顾风险收益最大化和财务、监管要求，共识达成后形成全行业务和风险管理的正式目标。

向下拆解：财会部门和业务经营部门共同进行目标的向下分解，形成各个层级、经营机构的业务发展指标，同时风险管理部门提出组合分析及限额建议，并根据业务计划，将风险偏好向下分解，形成各层级风险偏好目标。在这套传导机制的流程上，需要推动风险、业务与财会部门协作提供相关同业对标、历史数据与未来预测，建立跨部门沟通机制，风险与战略有机联动，细化业务计划，方能实现风险管理充分融入业务战略。

风险识别和监测机制：突出前瞻性智能预防

在科幻电影《少数派报告》中，2054年美国不会有犯罪，因为所有犯罪场景会被"先知"预先演示给警察，并由警察提前阻止犯罪。未来银行的风险识别、监测所要努力的方向就是通过运用各类先进的技术，实现事前的预防。要实现前瞻性、智能化预防风险，未来银行的风险识别和监测机制必须在三个方面进一步提升。

首先，全方位掌握各类信息。一方面，银行需要拓展数据收集的范围和种类，除了传统的财务数据、运营数据、账户数据，还要合规收集客户的行为数据、社会关系信息、网络舆情、个性特征信息（比如，个人兴趣爱好、生活习惯、性格特点、健康状况、网页浏览记录、APP使用习惯）等，甚至将"微表情"等信息纳入风险识别和监测体系。比如，平安银行已经将50个微表情的识别、判断用于辅助信贷申请的审查。另一方面，数据获取要及时、准确，客户的风险状态是实时变化的，所以如果数据获取不及时，风险计量的结果就会不准确，甚至是错误的。

其次，运用先进技术实施智能化的全流程跟踪识别、监测风险。银行在获客阶段可以借助之前章节介绍的大数据、云计算、物联网、生物识别等先进技术，构建智能识别风险的模型，实现前瞻性预防风险，将风险挡在门外；在审批阶段，利用机器学习等先进技术，实现自动审批、自动匹配风险定价，不仅提高风险管控效率，而且提升价值创造能力；在贷后阶段，利用先进的技术，打造自己的"千里眼""顺风耳"。比如，基于物联网可以实时监测掌握客户机器开工情况、员工上班打卡情况、水电使用、库存销售情况等经营数据，基于区块链技术跟踪客户交易情况、资金流转情况等，实现前瞻性的自动风险预警等，实现定期的贷后检查向"风险预警触发的风险核查与定期检查相结合"的新型贷后管理转变，对不同风险级别客户采用不同贷后管理模式和策略，实现每个客户定制化的贷后管理。这里所说的全流程不仅仅是指银行内部的全流程管控，还包括对客户的全流程风险监测。比如，对于农业企业的贷款，可以把农业生产过程数据模型化，实时监测农作物、气候等，代入历史、当前的生产数据，对未来生产结果作出预测，再以预测结果产生信用，即对农业生产过程进行评估进而发现信用、监测信用的变动。

最后，银行要建立风险识别、监测预警的操作规程。主要是明确各种情况下，银行如何处理风险信息。对能够自动判别、处理的，尽量实现自动化、智能化处理；对于需要人工干预判别、核查的风险信息，需要建立明确的处理流程，明确谁该干什么。同时，特别强调的是在风险识别、监测流程中，要强调"人机协同"理念。计算机擅长的是存储、搜索、比对，而人擅长洞察分析。因此，对于计算机还不能很好识别评估的复杂风险，可以通过计算机实现快速的定位，将异常缩小到较小的范围，避免大海捞针，然后由人分析判别风险。

除了对现实中的风险因素进行识别、监测之外，高度数字化的未来银行，还可以运用本书第六章介绍的仿真测试的方法，对可能会出现的风险进行预测。通过仿真模拟银行可能遇到的各种内外部因素及环境的变化，预估银行可能出现哪些风险以及这些风险可能的影响，达到未雨绸缪的目的。

风险计量机制：预期和非预期损失测算

西方金融业有句名言，无法计量的风险就无法进行很好的管理。可见风险计量对于风险管理的重要作用。风险计量的目的是发现和掌握风险发生和发展的规律，为商业银行按照规律对风险实施科学控制和管理提供依据和支持。

银行面临着哪几类风险和损失？银行是经营风险的企业，在经营过程中，银行面临预期风险、非预期风险和极端风险，与之相对应会发生预期损失、非预期损失和极端损失等。预期损失是银行采用一定的方法估计到的资产可能遭受风险的平均损失。非预期损失是指一定置信水平下遭遇风险的最大损失与预期损失之差。极端损失是指超过置信水平遭遇风险的损失。

银行风险计量的核心是什么？无论是从理论还是实践来看，风险计量的核心问题是合理地度量所承担的风险有多大，或者说我们可能面临的损失有多大。这里我们所说的损失主要是指预期损失和非预期损失，那么为什么没有包括极端损失呢？因为极端风险是小概率事件，并且一旦发生，银行可能面临巨大的损失。因此，无论是理论上还是实践上，这类风险的计量都缺乏可靠的方法和数据。

未来银行风险计量的发展方向。未来银行要实现准确计量风险，必须在计量范围、方法和及时性上进一步升级。

图 9 - 7　未来银行风险计量发展方向

一方面，未来银行必须拓展风险计量范围。比如，传统银行风险计量没有纳入计量范围的互联网年轻长尾客群、科创类企业、小企业供应链评级、境外机构、SPV 公司等风险计量问题。再如，建立集团客户关联关系识别和管理机制。对关联风险程度进行分级，对关联关系的种类、紧密程度、风险传染方向进行识别；研究解决第三方支付、超级账户、智能终端等重点领域的风险计量问题，提高前瞻性、科学性。

另一方面，未来银行要升级风险计量方法。未来风险计量的趋势是将判别分析、统计模型、决策树、神经网络、知识图谱等各种方法进行有效的整合，将各类模型的优点充分利用起来，共同对客户的风险作出评估。尤其是要逐步将非结构化数据纳入风险计量模型中，直接开发基于深度学习的、综合运用结构化和非结构化数据的风险计量方法，使风险参数的计量突破结构化数据的限制，增强计量的准确性。例如，未来银行通过人工智能、知识图谱挖掘文本和时序等非结构化数据发现，借款人的言语或者文本中多次出现不想偿还银行贷款或者资金非常紧张的表达，那么通过将这些非结构化数据转换为机器可以识别的数据格式，基于深度学习捕捉信贷主体潜在的风险行为模式，在此之上进行高维数据风险计量建模，让计量模型更为准确、及时，也更加鲜活。

同时，未来银行要提高风险计量的敏捷性。在大数据、AI、区块链等新技术大量应用背景下的未来银行，可以获得很多高频的准确数据，例如，企业月度的销售情况、每天的开工情况、库存变化、应收账款变化等，这为缩短风险计量的周期、提高风险计量的频率和及时性提供了非常有利的条件。以 PD 计量为例，未来银行 PD 的计量可以不以年为单位，而是利用更加高频的大数据进一步精确计量到季度、月度、每周等，最终形成一个每日都根据客户的新数据而更新的动态 PD，更加精确、及时地计量风险。

风险安排机制：科学的资本配置

通过风险偏好的执行，银行确定了风险的总量问题，那么接下来就要进一步考虑风险结构，也就是风险安排问题。未来银行的风险安排应当从资本出发，以资本配置和管理为核心，实现风险的安排。

银行拿什么来抵御风险呢？对于预期风险，银行可以提前提取相应的准备金来抵御；对于极端风险，由于其发生概率很小，而且一旦发生，可能导致很大损失，因此如果提前提取损失准备金，那么所提取的金额将是巨大的，以至于没有哪家银行能够正常运营，所以对于极端风险主要是通过压力测试和应急管理来应对，更多的是预防；对于非预期风险，具有一定发生概率，但是无法提前提取准备金来应对，所以需要用资本来抵御。这里所说的抵御非预期风险的资本，不是简单的财务意义上的资本，而是与银行非预期风险相对应的经济资本。经济资本的概念来自银行资产组合损失或收益的不确定性。

经济资本是指银行在给定的置信水平条件下为弥补非预期损失所需要

的资本金。从概念上可以看出，经济资本是一个统计学概念，是指银行为了弥补非预期损失应该具有的资本数量，而不是实际具有的资本数量。

下面，结合损失分布加深一下对经济资本这一统计学概念的理解。

图9-8是某一资产或资产组合的损失分布图，横坐标表示损失，纵坐标表示损失对应的概率水平。在图中，预期损失表示资产或资产组合损失分布的均值，经济资本对应的是一定置信水平下的非预期损失，也就是一定置信水平下资产或资产组合的最高损失。

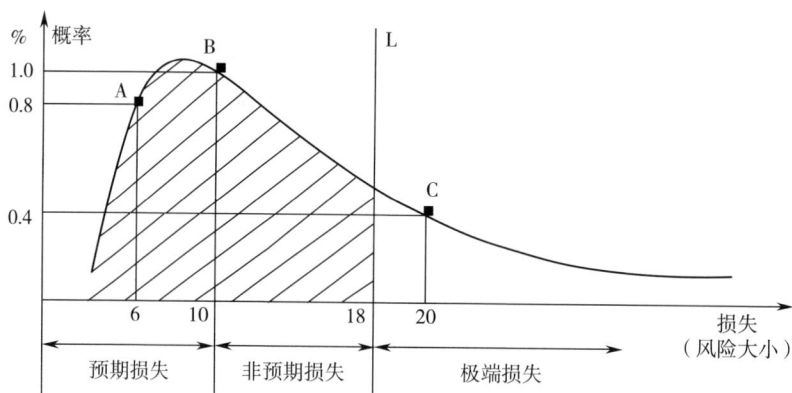

图9-8　商业银行损失分布

为什么要从资本出发来安排风险？银行的资本就如同一个人做生意的本钱。一个人能够承受的风险是以他的本钱为限的，如果本钱赔光了，那么这个人的生意就彻底破产了。同样，对于银行而言，资本的多少决定了银行可以承担风险的大小。因此，银行风险管理中，必须从资本出发来安排风险，确保风险所造成的损失不会超过资本所能承担的范围。

如何从资本出发有效安排风险？答案是银行需要建立一整套科学的资本配置和管理机制。简单地说，既然资本是银行的最后屏障，那么未来银行需要以资本为限，选择和安排风险，量入为出，确保承担的风险不超过资本的覆盖范围。要实现这样的效果，必须自上而下建立一套科学运行的资本管理机制，实现区域、行业、客户、每笔债项、每笔交易等各个维度、层级可能带来的风险，都应有相应的资本在背后做支撑。资本配置机制总体上可以采用三步法：

首先，银行根据账面资本与经济资本的差额，确定本年度可以用于抵御新增风险的资本上限。

其次，根据银行总体发展战略和风险偏好，将该资本分配到各类风险（信用风险、操作风险、市场风险、声誉风险等）上，确定当年各类风险增量所对应的资本上限。换句话说，就是确定每年各类风险增量消耗资本的上限。

最后，进行各类增量风险内部的资本分配，主要遵循业务发展战略和风险偏好，对于战略性业务，直接配置相应的资本，用于抵御风险；除此之外的业务，在给定一定资本数量的条件下，如何在不同区域、行业等各维度上配置资本，使银行整体风险调整后收益率（RAROC）和经济增加值（EVA）最大化。通过求解这个最优化问题，可以确定最优的资本配置结构，同时也确定了银行当年的各项增量业务的发展结构，进而确定了风险结构，实现了对风险的安排。

科学的资本配置和管理机制具有两方面作用。一方面，可以大大强化资本对风险资产总量的约束，避免整体风险超出银行可承受范围，同时有助于杜绝一些分支机构的业务扩张冲动对银行资本的"倒逼"现象。另一方面，可以通过资本配置来引导和促进业务结构的调整优化，将资源最大限度地运用于资本回报高的业务领域，压缩退出无效、低效的资本占用，提高银行整体资产组合的盈利能力和抗风险能力。

风险协同机制：实施防线联动

三道防线模型已成为行业通用的风险管理框架，分别是由"风险所有者"组成的第一道防线，由独立管控人员组成的第二道防线和由独立审计人员组成的第三道防线。

需要指出的是，三道防线模型应该是由管控活动驱动的，采用三道防线模型并不意味着机械套用固定的组织架构，如有时风险和合规部门也同时进行第一道防线的管控活动，负责非财务风险管理。通常而言，第一道防线对自身活动产生的风险负全责；第二道防线部门的管控范围可以超越

第一道防线： "风险所有者"	第二道防线： 独立管控人员	第三道防线： 独立审计人员
• 即从事产生风险的活动，并在日常业务活动中负责管理这些风险的人员，例如业务条线前台、司库（资金部）、IT等 • 大多数风险的识别与缓释发生在第一道防线	• 即在了解一线业务目标的基础上，制定全面风险管理框架、政策和体系，监督第一道防线活动、承担主动"挑战"职责的人员，相当于是第一道防线的监察人与可信赖的建言者	• 即内部审计人员，负责独立审核前两道防线管控的有效性 • 内部审计人员不得设计或"拥有"任何管控活动

图 9 - 9　银行风险管理的三道防线

风险条线，例如信息科技风险的管控需要跨科技信息部门和风险管理部门，第二道防线必须承担起管控、监督的职责，而非仅仅向一线提出建议；第三道防线审视前两道防线管控的有效性，充分揭示问题并向上汇报。在具体的风险管理过程中，需要一、二、三道防线在各自范围内履行各自职责，各有侧重，相互制衡，而非单兵作战将责任抛给某个部门。以对公贷款业务授信管理为例，在风险管控设计阶段，第一道防线的分行/经营机构要制定尽调标准操作手册，明确客户尽调标准动作以及尽调报告内容；第二道防线的授信审批部要颁布授信政策，并规定审批审查规范动作；第二道防线的授信管理部门应制定贷后管理办法，明确检查周期、内容以及预警信号对应举措标准动作；而第二道防线的法律合规部门应从外部合规角度提出建议，如要求双录双签；第三道防线的审计部门则独立评估预防与控制体系的执行情况及有效性，对未履责行为提出问责整改意见。

　　风险、合规和审计协同管理。国际领先银行通常通过加强审计、风险管理及合规管理三大部门的统筹管理，实现治理、风险和合规（GRC）的协同，充分发挥风险管理二、三道防线作用。风险管理部门和合规管理部门都属于风险管理的第二道防线，是风险管控的责任人（Control Owner），直接指导、监督第一道防线履行风险承担责任（Risk Owner），而审计部门是风险管控系统有效性的第三双眼睛，监督风险、合规及第一道防线的履职。

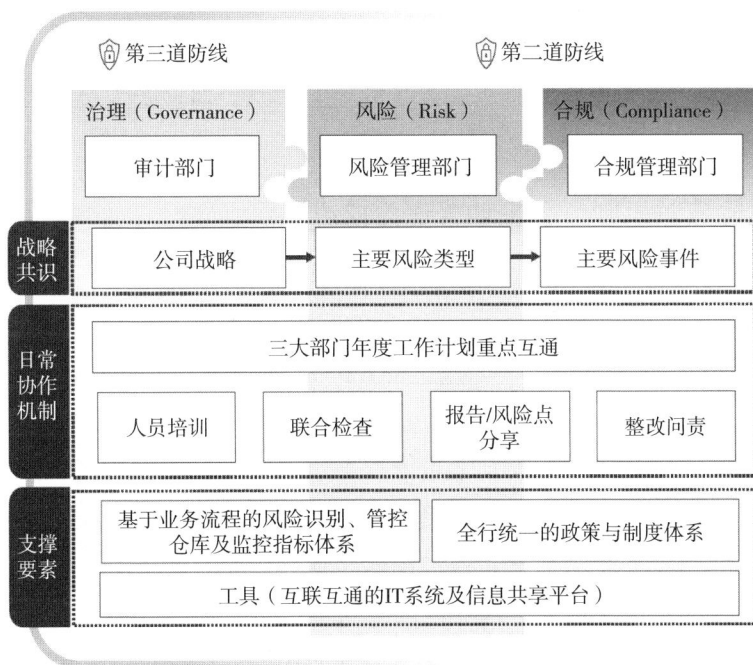

图 9－10　风险、合规和审计三大部门协同工作

资料来源：麦肯锡：《砥砺前行：中国银行业风险管理转型缩影》，2019。

风险、合规和审计协同工作为银行风险防控提供双重保障，确保及时发现风险点并采取补救措施，具体协同体现在：针对当前战略下面临的主要风险达成共识；建立日常协作机制，如联合检查、培训、报告和整改问责；建立共享的工具系统平台及管控指标体系。

麦肯锡对领先银行实践的总结表明，要实现风险、合规和审计协同，首先要明确第二、第三道防线的分工，即第二道防线部门需要加强对一线的检查监督职能及整改跟进，而内审部门在第二道防线建立相应能力机制后，突出独立评估职能。然后要建立风险、合规和审计联席工作机制，通过定期讨论年度重大风险议题、关键风险点及成因分析、检查计划、经营机构评价，发布联席风险提示及整改建议，形成固化机制。此外，信息与数据共享系统的建设是必不可少的，共享内容可以包括过程制度发文、授权调整、年度计划及检查计划、问责发文、风险关键问题库及整改跟踪情况等文件，但需要遵循一定的共享原则，即在不违背各部门职能和工作要求的前提下，做到业务本身相关报告的充分共享，但涉及人员、案件等敏感信息则需等待脱敏期结束后按权限传阅。

风险应对机制：以主动管理为核心

这里所说的风险应对是指银行预计发生风险或者出现风险后，银行为了最大限度减少损失、降低负面影响，而采取的一系列风险管控措施。一般来说，主要包括风险规避、风险分散、风险转嫁、风险化解处置和风险抵补等。

主动规避风险。风险规避是指对风险明显的经营活动所采取的"避重就轻"的处理方式。例如，信贷风险管理原则中首要的一条就是贷款规避和拒绝原则。对于风险较大、难以控制的贷款，必须采取规避和拒绝的原则。风险规避常用的方式有：资产结构短期化，以降低流动性风险和利率风险；投资选择避重就轻，避免风险过大的投资；债权互换扬长避短，趋利避害，银行之间利用不同的相对优势，将不同期限、利率或币种的债权互换，彼此取长补短、各得其所地避开风险；在开展外汇业务时，对有关货币汇率走势作出明智的判断，努力保持硬通货债权、软通货债务，避免汇率变化带来的风险。

主动分散风险。简单地说，风险分散就是鸡蛋不要都放在一个篮子里。银行的风险分散方法主要有两种：随机分散和有效分散。随机分散指依靠资产组合中每种资产数量的增加来分散风险。每种资产的选取是随机的。有效分散指运用资产组合理论和有关的模型对各种资产选择进行分析，实现风险、收益最优组合。银行风险分散的具体做法有：资产种类的风险分散；客户的风险分散，如客户风险限额；投资工具种类的分散；资产货币种类的分散；国别、地域的风险分散等。

主动转嫁风险。风险转嫁指利用某些合法的交易方式和业务手段将风险全部或者部分地转移给他人的行为，其本质是主动进行风险缓释。例如，商业银行通过保险、签订合同、转包等形式把风险部分或者全部转嫁给其他单位，常用的转嫁风险形式主要有购买保险、签订远期合同、开展期货交易、转包等。

主动化解处置风险。风险资产的化解处置已经成为银行必须重点考虑的领域。不良资产的快速化解处置不仅能够有效改善资产质量，而且能够快速腾出规模，进行业务结构调整，并且不良资产的管理已经成为银行新利润来源的重要方面。在智能风险管理时代，在不良资产清收领域，可打造专职的"不良清收"团队，加强大数据等技术模型投入，为客户匹配对应的清收策略和清收人员，探索专业化、标准化、差异化的清收处置方式和流程，利用数字化技术手段和工具提高清收处置效率和产能。随着信贷违约率上升，以及消费者的支付和沟通偏好发生深刻变化，传统的电话、信件等催收方式不但成本过高，而且效率低下。银行急需转变催收方式，利用推送、智能语音识别、语音合成、语义理解以及交互话术共同形成高度智能化、精准化的智能催收产品，通过数据驱动的客户分层、标准化的处置策略和流程、多元化的渠道、定制化信息沟通，更精准捕捉客户画像信息，优化催收成效。例如，全球某领先银行构建以"主动预警、集中催收"为核心、"数据驱动、分层管理、专业分工、有效激励"为手段的零售小微业务贷后管理体系，在区域市场的多次危机中，早于同业发现问题，领先市场脱离风暴，信贷损失率仅为市场平均水平的一半。

主动抵补风险。风险抵补指商业银行利用盈利、减值和资本等，为各类风险可能造成的损失做好补偿准备。也就是说，风险损失一旦发生，银行可用于弥补损失的资金主要来源于利润、减值准备和资本三个方面。减值准备是对资产价值减损情况的风险估计和会计反映。通过计提拨备，商业银行可以及时识别风险损失，挤出资产账面"水分"，预留财务资源应对未来冲击，为银行的稳健经营和持续发展奠定可靠基础。资本充足率是指商业银行持有的、符合监管规定的资本与商业银行风险加权资产之间的比率。为了保障商业银行具有足够资本来抵补风险，监管部门一般对资本充足率作出了明确的底线规定。

风险报告机制：确保及时准确

银行通过风险战略的执行、各类指标的分解下达等，实现了自上而下的风险偏好传导，而风险报告则承担着自下而上的风险信息的反馈，由此风险管理形成了信息交流闭环。风险报告既包含风险治理架构中"对谁负责、向谁报告"的体制安排要求，又包括风险管理流程中要求报告风险状况的工作要求。

健全风险报告的职责体系。风险报告的职责体系应当与银行的管理体系架构相适应。银行总部应当明确全面风险管理的牵头部门和各类单项风险的牵头部门，清晰界定各部门、机构的风险管理责任；各层级机构应当结合自身情况建立全面风险管理的责任体系。需要重点强调的是，风险报告的主体不仅仅限于风险管理部门和风险经理，而是各个机构、岗位都具有风险报告的职责。因此，每个机构、岗位的职责中都应当清晰界定与之相关的风险报告责任。

明确风险报告的路径。无论是在垂直的风险管理体制还是层级管理体制，或是事业部制、业务单元制，都要求向所在机构负责人和上级风险管理部门实行双向报告，只不过第一报告路径因体制设计的不同而不同。第一报告路径决定了责权利的分配。根据风险事项的紧急程度，不同报告的路径应当有所区别。例如，对于紧急程度高的重大风险事项，需要突破层级式的逐级报告模式，风险报告第一时间直达具有决策处置权的人员。

提高风险报告的时效性。紧急的重大风险事项要第一时间报告，时效性是摆在第一位的，以免贻误最佳防范化解时机。隐瞒不报或错报误报更是不允许的，如果造成严重的影响或损失将被问责。未来银行多数具有时效要求的风险报告，将被直接嵌入相应的流程中，当系统监测到相应的风险报告触发事项，人工智能技术将自动根据报告格式组织完成报告内容，根据授权规定，发送相关人员，提示上报。

丰富风险报告的类型。一般而言，风险报告包括口头报告、集中报告和书面报告等。口头报告多用于发生重大风险事项，即发即报，确保应对处置及时有效；集中报告多是根据体制设计要求，定期向上级主管部门或领导报告所辖风险管理工作；书面报告则是根据风险报告制度要求定期向上级主管部门或领导书面报告所辖风险管理情况。未来银行风险报告更多的是无纸化、敏捷化的，多数报告是系统按照规则自动生成，并且自动推送到相关岗位和有权人进行决策，但是无论报告体系如何丰富，所有报告都留有记录，即使是口头报告也将在系统中自动进行记录。

敏捷风险报告的组织。未来银行风险信息将被模块化存储，随时根据风险报告的内容需要被调用。大数据、云计算、人工智能的运用将极大地提高风险报告的自动化、智能化，并且在报告频率、报告内容上实现按需组织。尤其是数据报表类的报告和固定格式类的报告，可以由人工智能自动抓取相关信息，自动加工生成。即使是综合分析类的风险报告，绝大部分的工作也将由人工智能自动完成，甚至人工智能能够结合大数据和过往案例提出相应的工作建议，而风险管理人员需要做的主要是提出报告需求、进行内容审核和判断决策。

风险管理评审机制：以 RAROC 和 EVA 为检测指标

ERM 2017 强调，通过评审企业绩效，可以了解在过去一段时间内企业风险管理各要素运行的情况，并根据实质的变化，进行必要的修订。未来银行应当从 RAROC 和 EVA 两个维度来评审企业绩效，以此为指引，深入探究风险管理的有效性，并根据检测情况，调整风险管理工作重点和方向。

RAROC 和 EVA 如何评价银行业绩？经济资本回报率（RAROC）和 EVA 指标比利润更能反映经营绩效和价值创造。因此，这两个指标是商业银行的主要绩效考核指标。

$$RAROC =（收益 - 成本 - 预期损失）/经济资本$$

$$EVA =（收益 - 成本 - 预期损失）- 经济资本 × 最低回报要求$$

RAROC 改变了传统商业银行主要以权益回报率（ROE）为中心考察经营业绩和进行管理的模式，而是更深入更明确地考虑风险对银行这类特殊企业的巨大影响，将银行的收益与所承担的风险直接挂钩，与银行最终的盈利目标相统一。

在单个业务层面上，RAROC 是业务决策的依据，可以衡量一笔业务的风险和收益是否匹配，决定该笔业务做与不做，同时据以给出业务定价。在资产组合层面上，RAROC 是组合管理的坐标和有力工具。实际工作中，风险调整后的收益率（RAROC）和经济增加值（EVA）是相互配合运用的。

RAROC 与 EVA 有什么区别与联系？RAROC 是一个相对指标，没有量纲，不受业务规模的限制，不同规模的机构之间平均 RAROC 具有可比性；EVA 是一个绝对指标，在计算 EVA 时还需要设定资本的价格（即最低资本回报率要求），这个价格依赖于银行决策层的经营风格。由于不同银行的决策层经营风格不同，对资本价格的设定往往差异较大。

如何根据 RAROC 和 EVA 来修订风险管理和业务发展？商业银行在考虑业务的风险组合效应之后，主要依据组合资产 RAROC 的测算和动态监测，衡量各类组合的风险收益是否平衡，并对 RAROC 指标恶化或有明显不利趋势的组合资产及时采取措施，通过资产出售、证券化或其他信用衍生工具等方法进行积极的处理，为更好的业务腾出空间，谋求商业银行总体在可接受风险下的收益最大化。

通过 RAROC 系统，商业银行可以对不同的业务部门和产品采用统一的指标进行绩效测算，因此，对于 RAROC 低于平均水平的部门将减少其经济资本额度，而对于 RAROC 高于平均水平的部门则增加其经济资本额度，这样可以使得经济资本由绩效较差的部门向绩效较好的部门转移，从而达到资源的合理配置。对于风险管理工作而言，根据各业务部门和产品的 RAROC 变化，可以倒查引起变化的风险因素和业务因素，从而找出风险管理和业务发展需要重点加强和优化的环节，通过完善制度、优化流程、增强工具运用等措施，不断地改进 RAROC，实现风险管理和业务发展的真正融合。

需要特别指出的是，在实际的经营管理中，需要用长远的视角来应用基于 RAROC 的绩效考核。例如，对于银行的一些战略性新兴业务或产品，在新产品刚推向市场时，由于市场份额较小，没有形成规模效应，并且为了迅速占领市场，前期需要投入较多的营销成本，导致 RAROC 较低，甚至远低于股东要求的最低资本回报率。在这种情况下，就需要如同做项目评估一样，预测一下新产品在未来的市场份额、收益和成本，测算一下 RAROC 的变化趋势，根据变化趋势作出决策。

风险应急机制：压力测试

前面已经谈到了，银行可能面临着一些极端风险。尽管发生这些风险的概率很小，但是一旦发生，将给银行带来巨大的损失。对于这类风险，银行需要通过压力测试来提前预测可能的损失，提前做好风险防范和应急准备。尤其是在新技术大量应用的复杂背景下，各类传统风险可能暴露得更加迅速，各类新风险可能更加难以量化预测，因此，未来银行的压力测试和应急机制必须更加完备。

压力测试是一种评估极端但可能发生的冲击或压力事件对资产组合影响程度的分析方法和工具。银行积极地通过频繁的压力测试，模拟各种可能发生的极端不利情况，并作出一些应对性策略，防止极端损失发生。

信用风险的压力测试及应急管理。信用风险的压力测试结果可应用于信用风险政策、限额管理、组合风险管理、内部评级模型修正等多个领域，而针对不同的应用范围，一般有不同的应对措施。

信用风险应急管理之一——信贷政策调整。比如，压力测试结果显示，某类信贷业务或者客户对宏观经济变化非常敏感，经济增速放缓对该类业务具有非常大的负面影响。在这种情况下，银行应当结合对宏观经济的趋势判断，及时调整对该类业务或者客户的准入条件，同时调整对该类业务或客户的信贷资源配置。

信用风险应急管理之二——信贷结构调整。例如，对房价的压力测试显示，个人住房贷款在房价不同程度下跌的情景下有不同的压力表现，贷款质量呈现较大变化。在这种情况下，银行可以采取的措施包括：将受冲击最大的个人住房贷款组合（区域或产品）作为重点监控对象；根据测试结果和房价变动趋势调整个人住房贷款的资源分配方案，将相对稳定的区域和产品组合作为重点支持的对象。

信用风险应急管理之三——限额管理。如在以煤炭价格为压力因素的压力测试中发现，火电、水泥、钢铁、化工等与煤炭行业相关性较大的行业在压力情景下都会受到较大的冲击，该类行业贷款的集中度（信贷占比或相关性）越大，银行整体信贷资产在压力情景下受到的影响就越大，在这种情况下，应将该类行业贷款作为一个煤炭行业集来管理，并且在行业贷款限额的制定和调整过程中重点考虑，尽量减少集中度风险。

信用风险应急管理之四——内部评级模型修正。如将个人住房贷款测试过程中发现的一些显著指标（如未偿贷款与房屋价值比率、客户收入偿债比率）等纳入个人信用风险评分卡体系。

市场风险的压力测试及应急管理。市场风险压力测试结果的应对策略主要包括以下几方面：

市场风险应急管理之一——制定应急处理方案，根据压力测试结果的不同严重程度，应当制定不同的应急处理方案，这些应急处理方案包括采取对冲、减少风险暴露等措施降低市场风险水平。

市场风险应急管理之二——设定或调整风险偏好，压力测试的主要目标是确认会导致重大损失的情景，对导致这种损失的风险敞口设置一个上限。而银行的风险偏好应该在参考 VaR 和压力测试的结果后设定或进行调整。

市场风险应急管理之三——风险限额管理，在制定风险限额体系时，应当同时包括压力测试限额。一旦压力测试结果突破相应的限额，应采取调整资产负债结构、减持交易性资产或对交易性资产进行对冲等方式降低风险。

市场风险应急管理之四——对市场风险进行对冲，根据压力测试的结果，选择运用各种金融衍生工具对市场风险头寸进行对冲，以降低可能发生的风险损失。在必要时，还可以通过减持资产避免压力情景下的大额损失。

最后，需要指出的是，本节仅对主要的信用风险和市场风险进行了基于压力测试结果的应急管理实践展望。实际上，未来银行面临着来自各方面的小概率、极端损失的考验。比如，前面章节提到的科技风险、自然灾害风险等，这些都需要未来银行一个个地设定压力测试情景，制定应对预案和应急管理策略，从预防入手，最大限度地避免极端风险的发生。

第四节　培育风险管理队伍

企业最大的资产是人。

——松下幸之助，松下电器创始人

银行竞争力之争，说到底是银行人才之争。对于银行风险管理更是如此。尽管未来银行风险管理在很多方面都实现了自动化、智能化，但是这并不意味着风险管理工作者无事可做。恰恰相反，智能化是依靠背后众多风险管理人才、专家的支撑才得以实现的。风险管理人才是全面风险管理的关键基础，也是支撑风险战略的落地、强化风险管理能力的重要支撑。没有全面的风险管理人才体系，风险管理战略将难以落地，风险管理转型的实际成效将大打折扣。

未来银行风险经理的主要工作

银行风险经理是专门从事风险管理工作的专业人员，职能定位主要包括贯彻落实风险管理战略、政策及规章制度，运用专业技能和工具开展风险识别、计量、监测预警、控制、化解处置、报告等工作，对风险进行组合层面的管理，是与客户经理开展平行作业的专业人员。在实践中，风险经理主要是各级风险管理职能部门中专职从事风险管理工作的人员。

如同警察可以细分为刑警、交警等不同类型一样，风险经理也应当根据工作内容和所发挥的作用不同，进一步细分为功能型风险经理和业务型风险经理。功能型风险经理主要负责宏观和中观的风险分析、计量、监控、检查、模型和系统管理等；而业务型风险经理主要是独立或者嵌入业务条线、业务流程中，负责执行风险偏好、政策制度以及各类风险管控要求的一线风险管理工作者。功能型风险经理虽然处于幕后，但却是大数据和智能风险管理背景下，未来银行风险管理的主力军，业务型风险经理虽然是具体执行风险管理动作的，但是也必须具有数字化、智能化的思维，能够根据基层一线的实际，向功能型风险经理提出优化风险管理政策制度、模型、系统等的建议。这样既保证了风险的全面管理，又实现了银行业务从初始阶段就保持对风险的重视，从而确保全面风险管理战略的实施。

如何选聘风险经理

在未来银行中，风险经理不仅要具有风险管理的知识、经验和素养，而且要更侧重于拓展分析、协作等新的职责领域，人工风险决策制定人员的数量预计将大幅减少。未来银行招募的风险管理员工很可能是数据科学家等专才，精通高等数学和统计学知识，是机器学习和其他高端数据分析方法的专家，也可能是能与银行其他部门有效合作、把数据洞见转化为业务行动的专员。这些风险管理人员将成为业务部门信赖的参谋顾问，与目前专注于具体事项处理的操作人员形成鲜明对比。银行在为这些岗位物色最佳人选时，会发现自己正与科技公司直接争夺优秀人才。银行可以通过与高校和金融科技企业建立合作关系尽早锁定这些人才。要赢得人才战，各家银行需要梳理明确自己的员工价值主张，即作为银行的员工会有哪些收获（包括待遇、工作环境、能力、职业发展等），努力吸引和留住优秀人才。同时，银行要倡导和鼓励创新，为新雇员提供一个成熟且配备高端数字化工具的技术环境和相应培训体系，紧跟新趋势。

如何培育风险经理

> 管理者不能依赖进口，即便是引进也只是权宜之计，而且也不能大批引进。中国的管理者应该是中国自己培养的，他们深深扎根于中国的文化，熟悉并了解自己的国家和人民。
>
> ——彼得·德鲁克，管理学大师

柯林斯在《基业长青》中讲述的 20 个高瞻远瞩的公司，在其累计长达 1700 年的历史中，只有 4 个 CEO 是外聘的，而且只在两家公司出现过。高瞻远瞩的公司由自行培养的经理经营的比率远远超过对照公司（6 倍）。这一点粉碎了"自己人没有重大变革和新鲜构想"的通常看法，也体现了培育风险经理这一步在建设风险管理队伍中的重要性。

国内银行必须加快风险管理专业序列建设，吸引、培养并留住风险管理专业人才，集中力量打造一支专业、高效、尽责的风险管理队伍。对优秀风险管理人员从知识经验、技能、特质、自我定位和动机五个方面分析，建立风险经理职能模型，这也是数字信息和模型分析在风险管理人员管理层面的应用提升。

同时，要打开风险人才和业务人员之间的相互晋升的通道，这既有利于人才的培养，也可以借此增加业务和风险团队之间的互动和沟通。随着行业竞争变得越来越激烈，银行的产品和服务也变得越来越专业，风险管理者必须专业化，提升关键风险岗位人才专业能力。科学的风险人才晋升机制对于人才培养和留存至关重要。银行需要进一步细化人才能力等级，确保专业序列的子等级和行员等级一一对应，并明确晋升和淘汰的机制和规则，强化职业晋升激励引导。

银行还需大力优化风险人才培训体系。针对不同岗位不同级别的专业风险管理人员设置定制化培训模块，课程设计加入与业务条线共同选修的培训模块、上岗实操和课后辅导模块，加强对于业务、营销、产品的深入理解与业务实操，并将培训及资格考试作为风险人员获得上岗资质的前置条件，切实提升风险管理人员的专业化能力。

同时，要加强对业务条线人员的培训，在风险政策解读、风险管理系统工具应用，以及风险管理理念的传播等方面，强化对第一道风险防线的赋能和引导，推动风险偏好在全员和全流程中的传导落地。

如何激励约束风险管理相关人员

为了确保风险制度的贯彻执行，必须落实结果的考核与问责。用好考核激励与问责机制的"指挥棒"，通过严肃、公平的结果管理，引导全行上下加强对风险的重视。根据最佳实践总结，完善的考核激励机制应包括以下三个关键要素：

首先，要将风险指标纳入个人考核体系，全体风险管理人员以及业务人员的考核指标中应包括一定比例与风险相关的考核指标。

其次，各分支行收入分配应当与风险情况直接挂钩，以加强分支机构领导的重视。

最后，利用激励递延避免短视的盲目业务发展。风险事件发生具有一定滞后性，为了引导全行上下从长远考虑，避免短视的"冲业绩"而忽略风险，可以考虑在个人奖金激励的发放上引入递延机制，根据领先银行的经验，一般可以递延3~5年完全发放。为了保障风险管理责任的落实，银行还应当配套建立完备的问责机制。

第五节　升级风险管理基础设施

工欲善其事，必先利其器。

——《论语》

风险管理系统是风险管理不可缺少的组成部分，在未来银行全面数字化转型的背景下，数据、模型和 IT 系统显得越来越重要。如果说整个风险管理系统是一辆跑车，那么风险数据就是其燃料，决定了整个系统是否能运作起来；而模型是方向盘，IT 系统是这辆跑车的发动机，分别决定了这辆跑车的方向和速度，即整个风险管理体系的效率。

升级数据平台

由于业务的特性，银行本身有着较好的客户数据基础，有助于支持其实现大数据的风险管控。随着业务模式的综合化和生态化，银行可以更好地进行客户数据积累，除了客户的基本信息和账户交易活动信息之外，还可以收集到更多业务数据、行为数据。如何运用这座"数据宝藏"将成为未来的风险管理的重点。

整合内部数据。目前，大多数银行存在严重的数据割裂现象，即使是在一个银行内部，各条线由于数据标准、系统接口等问题，导致数据无法共享，因此未来银行首先需要打通内部系统的底层数据，建立以客户为中心的 360 度客户数据记录，实现客户层面的统一视图，为更全面的风险管理提供数据基础。

引入外部数据。银行的数据比较单一，要实现对客户的多维度立体式的画像必须引入外部数据。随着大数据技术趋于成熟，第三方数据提供者、整合者开始出现。利用多渠道的数据信息，银行能够建立多维度的客户监测与观察体系，实现精细化的风险管理。未来银行必须具备充分运用征信、纳税、用电、社保、环保等外部数据的能力，甚至收集社交网站等经营弱相关的信息，通过多维度、多层次的立体数据建立前瞻性监测与预警体系。

建立大数据平台。为了支撑大数据和高级分析的全面应用，银行需要整合底层数据源和外部数据源，实现数据的流通和共享。例如，在良好的数据管理基础上，在应用层面搭建一个完整的360度客户视图，一线员工可以通过视图查看完整的客户信息，并获得有效的业务决策线索。

构建数据中台。中台，是一个能同时支撑多个业务、让业务之间的信息形成交互和增强的机制。中台思维是一种整合思维，一方面中台系统能避免重复工作，减少浪费；另一方面也能同时给多个产品赋能。这是金融机构未来数字化转型发展的必然趋势。特别是对于银行来说，中台已成为实现敏捷化共享服务、提升业务创新能力的主要方案，是实现前台业务与后台科技间的重要衔接。

数据中台在技术层面指通过数据技术统一标准和口径，对全域数据进行采集、计算、存储、加工和服务。数据中台把数据统一之后，形成标准数据，形成数据资产层，进而为业务层和决策层提供高效服务，包括模型服务、算法服务以及数据产品。这些服务和产品是企业业务和数据的沉淀，通过数据中台统一服务管理与云化资源部署，降低数据重复性建设、减少烟囱式建设成本。

银行业的数据中台建设，在前台业务系统和后台数据系统之间构建了一条数据和能力的通道，为前台的业务团队、客户经理、财富顾问与后台的数据专家、算法模型专家、人工智能专家的工作衔接形成一条强有力的支撑纽带，业务团队专注于产品的具体逻辑与业务管理流程，数据专家专注于加速从数据到价值的过程，提高对业务的响应能力。这样一个快速通道、纽带，为商业银行的数据体系注入了新的活力。

图 9-11　数据中台和数据仓库、数据平台的关键区别

概括地说，三者的关键区别有以下几方面：

数据中台是企业级的逻辑概念，体现企业 D2V（Data to Value）的能力，为业务提供服务的主要方式是数据 API。

数据仓库是一个相对具体的功能概念，是存储和管理一个或多个主题数据的集合，为业务提供服务的方式主要是分析报表。

数据平台是在大数据基础上出现的融合了结构化和非结构化数据的数据基础平台，为业务提供服务的方式主要是直接提供数据集。

数据中台距离业务更近，为业务提供速度更快的服务。

数据仓库能够支持管理决策分析，而数据中台则是将数据按照业务逻辑加工整理之后提供给业务系统，不仅限于分析型场景，也适用于交易型场景。

数据中台可以建立在数据仓库和数据平台之上，是加速企业从数据到

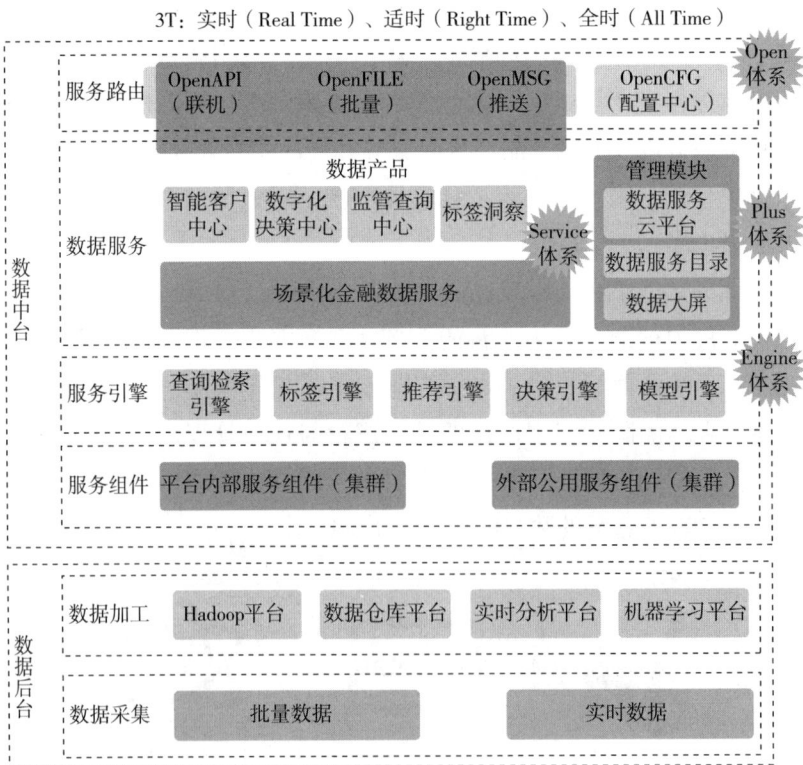

图 9 - 12　某银行设计的数据中台体系

业务价值的过程的中间层。

以某银行为例，数据中台核心运转模式由 Engine 引擎体系、Service 服务体系、Open 路由体系、Plus 管理体系核心组件协同运转完成。首先，由 Engine 引擎体系完成对数据能力、模型能力的抽象封装，以应对不同场景的智能数据需求。其次，Service 服务体系完成引擎抽象能力与实际业务数据的结合应用，通过灵活搭配，打造具备业务属性的数据服务产品，构建智能客户信息中心、数字化决策中心、标签洞察等多项智能数据产品。最终，通过 Open 路由体系（OpenAPI、OpenFILE、OpenMSG、OpenCFG）完成对业务系统与业务人员的快速赋能。Plus 管理体系则完成数据资产目录、数据可视化、云化管理等统一管理功能，并通过 DevOPS、容器、高性能数据访问缓存等前沿技术组件完成数据服务高并发、高可用、弹性部署等技术能力的提升。

表 9 – 2　　　　　　　　　　　某银行数据中台核心模块

体系	模块	定位
Engine 引擎体系	查询检索引擎	提供基于分布式数据服务组件的数据查询检索能力
	标签引擎	提供标签查询、标签筛选能力
	推荐引擎	提供基于规则和模型的实时推荐能力
	决策引擎	提供可视化策略配置、实时策略决策能力
	模型引擎	提供高阶机器学习模型的在线执行能力
Open 路由体系	OpenAPI	联机服务路由、联机服务调用跟踪
	OpenFILE	批量数据路由、批量数据交互跟踪
	OpenMSG	实时消息路由、实时消息订阅跟踪
	OpenCFG	界面化参数配置与应用、界面化规则配置与应用
Plus 管理体系	数据服务云平台	数据服务开发、测试发布、云化管理、运行追踪的一站式管理平台
	数据服务目录	数据服务能力汇总展示的门户网站
	数据大屏	数据能力指标、运营统计指标的可视化大屏展示
基础组件	数据服务组件	数据中台共享的数据服务组件，包含关系型数据库、分布式数据库、统一缓存、检索等

引擎、服务、路由协同运转，统筹管理，共同打造了场景化金融数据服务能力。从数据指标、数据决策、智能推荐、智能模型等多个层面提供了立体化的快速支持，直面客户，赋能场景，为金融业务数字化、智能化转型升级提供重要支撑。

海量数据如何便捷存储和使用？我们拥有了海量数据后，如何再来存储和提取这些数据呢？甚至怎么样让它形成有效的产品供用户使用呢？要把数据用活，就需要搭建一个平台，云平台是一个不错的选择，第六章我们介绍过 IaaS、PaaS 和 SaaS 是云计算的三种服务模式。通过云计算的处理，数据可以有效地进行整合、分配、使用，大数据和云计算为 AI（人工智能）提供了更有力的技术支持。

大型银行由于具备大量的数据基础，又有雄厚的资金基础，完全有可能自建或收购一个云平台，以保持自己垄断性优势地位。那么对于中小银行而言是不是就意味着与云技术失之交臂了呢？显然不是，中小银行可以采取合作的模式，例如与现有科技公司合作来进军云技术平台。云计算技术可以解决现有银行的很多痛点问题，如个人客户目前无法通过某一软件或平台直观地看到自己所有资产情况，包括存款、贷款、理财、保险等，那么通过云计算整合各金融机构数据，可以在统一的平台上看到自己所有的信息，这大大提升了客户的体验，也不会出现被别人在银行开卡而全然不知的情况了。

完善数据治理体系。银行应结合战略发展，体系化地设计数据治理各项工作，通过搭建完整的数据治理体系框架，整合联动数据管理各项工作，服务业务，实现数据价值。数据治理体系化的建设内容可以包括四个层面：数据治理层面包括数据治理的模型、管理的组织架构、岗位要求、制度办法、管理流程等；数据管理层面包括数据架构与共享、数据模型管理、数据标准管理、数据质量管理、数据安全管理、主数据管理、元数据管理等；数据应用层面包括数据与应用开发管理、数据需求管理等；技术工具层面包括管理流程工具等。

升级模型平台

模型是未来银行风险管理的装备库。只有具备完备的风险管理模型库、先进的模型技术，才能准确、有效识别各类风险，才能保障银行业务流程各环节、全周期的健康运营。未来银行既要利用逻辑回归、决策树等传统建模方法，也要充分运用神经网路、随机森林等机器学习新型方法来构建风险管理模型。未来银行必须整合、优化、创新模型、策略及规则，形成适用于不同产品的风险管理策略工具箱，并持续对模型、规则进行创新迭代，伴随着产品的发展逐步打磨相应风险管理工具箱。

引进新兴的识别技术。构建客户人脸和声纹等生物档案库，利用人脸识别和声纹识别等生物技术，研究利用智能化的生物识别技术替代传统人工审核和 U 盾、密码器等介质认证，提高客户身份识别的准确率和效率，简化业务流程，打造极致客户体验，提升风险防控的智能化水平。

持续深化机器学习、人工智能等先进技术应用。引入高维特征计算和海量数据处理技术，研发机器学习反欺诈模型，提升大数据处理和计算能力，提高模型的风险识别能力。研究社会网络分析技术，应用图数据库等关联分析技术，挖掘客户关联关系，绘制客户关系网络，解决复杂的多层嵌套关系挖掘和关联性识别与计量问题。

创新风险计量模型。在应用传统模型抓住客户主要风险特征的基础上，使用新技术优化建模方法，将散落的数据、弱信息进行集合、加总，形成强信息，提高风险识别和计量能力。

建设人工智能模型实验室。搭建人工智能模型实验室，引入各类先进算法、特征工程等技术，实现海量数据的自动化处理和模型的自动化开发、优化、验证，逐步替代传统专家规则判断，提高风险识别的及时性和精准性。

升级系统平台

未来银行在建立数字化风险管理时，必须建立一套更加面向客户的、面向渠道的、敏捷的 IT 配套支持。

升级 IT 开发模式。打造"双速 IT"的开发模式，即以客户为核心的快速迭代的前台开发系统和以交易为核心的后台系统同时运行。实践表明，双速 IT 模式可以带来显著的价值，软件上线时间可以缩短 40% ~ 60%，开发错误率减少60%。IT作业模式也要根据双速架构相应调整，从瀑布式转变为敏捷式（DevOps运营模式），推动IT走向前台，打破业务、开发、运营、架构和测试团队之间的孤岛关系，构建小规模的跨职能团队，通过不同职能人员的联合办公制定端到端交付解决方案。传统的瀑布式软件开发弊病诸多：流程固化、欠灵活、资源分散、产品上线时间长、业务端参与度低，实际交付成果不符合业务需求、项目成本和交付时间的透明度不够。在新的敏捷开发模式下，业务和IT人员统一编入联合团队，随时互动理清开发需求和优先顺序，共同设计开发解决方案，通过周期性的项目"冲刺"实现快速迭代和持续交付，项目成本和交付时间逐渐透明。

采用合适的IT系统架构。架构主要分为集中式架构和分布式架构。所谓集中式架构就是指由一台或多台主计算机组成中心节点，数据集中存储在这个中心节点中，并且整个架构的所有业务单元都集中部署在这个中心节点上，机构所有功能均由其集中处理。在集中式架构中，每个终端机器仅仅负责数据的录入和输出，而数据存储与控制处理完全由主机来完成。而对于分布式架构而言，一个硬件或软件组件分布在不同的网络计算机上，彼此之间通过消息传递进行通信和协调。

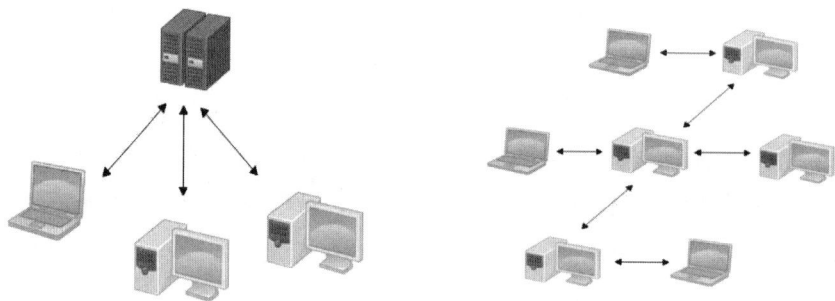

图9-13　集中式架构和分布式架构

各大型商业银行经过十多年的发展，都已经实现了数据集中，在这个过程中，集中式架构发挥了重要作用，各家银行的核心系统基本都构建在集中式架构之上，尤其以大型主机架构为代表。但是，随着银行经营转型和业务拓展，核心业务系统的规模急剧扩大，支持的交易模式也更加复杂，核心业务系统处理能力的瓶颈逐渐凸显，需要采取有效措施降低主机负荷，控制运行风险。因此，将分布式架构应用于核心业务系统必然成为各大银行应对压力的一种选择。

表9-3　　　　　　　　　　集中式架构和分布式架构的比较

	集中式架构	分布式架构
业务支撑能力		
经济性	★	★★★★
自主性/安全性	★	★★★★★
灵活性/兼容性	★★★	★★★★★
扩展性/伸缩性	★★★	★★★★★
可用性、一致性和可靠性		
可用性	★★★	★★★★★
一致性/可靠性	★★★★★	★★★★
运维复杂度和故障恢复能力		
维护性	★★★★★	★★★★
业务恢复	★★★★	★★★★★

实践证明，商业银行通过自主设计、自主研发的方式实现分布式技术的应用是可行的。银行通过引入互联网分布式技术，积极稳妥地推进核心系统架构改造，形成"集中式＋分布式"的融合架构，既发挥原有核心系统安全稳定的优势，又利用互联网分布式技术加强客户服务，降低运营成本，从而实现向"银行＋互联网"转型。未来银行风险管理基础业务将继续部署在经典的集中式框架上，而诸如信贷审核、模型预警等业务都将在很大程度上依赖于外部的分布式框架。在未来银行风险管理数据应用上，银行需建立统一的大数据管理平台以及完整的数据管控体系，即构建一个跨越多个业务板块的数据集，提供真正的单一且可通用的数据视图。

提高开放服务的安全性。开放银行意味着金融机构需要通过 API/SDK 与第三方伙伴进行数据共享，为第三方合作伙伴输出金融服务能力，形成新的商业生态圈。在移动领域，银行等金融机构就需要将其专用 SDK 外发给第三方合作伙伴，第三方合作伙伴会在其业务 APP 里集成银行的外发

SDK，并通过 APP 直接为其用户提供各类银行金融服务。而银行等金融机构在使自身金融服务方式、渠道更加灵活的同时，也可以更加有效地获取用户的消费习惯、消费特征，实现精准度更高的客户画像。进一步看则可以发现，如何对银行等金融机构的外发 SDK 实施有效管理正在成为新的问题，安全管理者将面临如下"3W"安全难题。

> 谁在用——Who？

> 是否在授权范围内用——Where？

> 是否以符合金融级安全标准的方式在使用——Which？

图 9 – 14　"3W"安全难题

银行 SDK 外发后，意味着第三方合作伙伴将获得 SDK 的掌控权。如果第三方合作伙伴自身存在管理漏洞、安全漏洞甚或怀有恶意，将可能使银行外发的 SDK 在银行不知情的情况下被第四方、第五方人员非法使用。例如，本应集成在电商 APP 里的银行 SDK 遭遇破解，被赌博类 APP 所使用。实际上，之前就曾发生过授权给某游戏使用的某计费类 SDK 被非法破解后使某在线博彩 APP 得以非授权使用的事件。外发 SDK 面临的这些安全风险，很有可能会导致开放银行安全黑洞逐渐形成。

在风险管理系统上，银行服务在面向互联网开放后，将会面临诸如流量冲击、非标准调用甚至安全攻击等复杂情况，必须在服务层面搭建一套能够进行动态容量管理、资源有效隔离、内置安全环境和技术标准的风险管理系统。银行需要汲取互联网新技术，将需要大量调用服务的模块部署在银行的云平台上，构建基于云计算、分布式的风险管理体系，形成将传统服务向微服务转化，从而将传统接口向开放 API 转化的技术路径。面对API/SDK 数据共享可能的风险，银行要构建安全检测、安全防护、安全管理、安全监测、安全响应五位一体的机制。

在 SDK 开发阶段，要展开自动化测评和渗透测试，直观发现 SDK 面临的安全问题。SDK 发布前，要比对安全检测结果，对 SDK 实施安全加固等

288

图 9 – 15 外部数据共享安全管理五位一体

主动防护操作，保护其核心算法、密钥、后台 API 接口、业务逻辑等重要内容，降低 SDK 被攻击的可能。在 SDK 运行过程中，要对 SDK 实施主动安全监控，实现 SDK 对自身威胁的感知、对宿主威胁的感知以及对宿主应用所在环境威胁的感知，在风险发生时或发生前做到预警、阻断，于风险发生后进行溯源。在 SDK 面临风险时，要利用 SDK 威胁态势感知检测、SDK 渠道监测结果，分析并响应各种安全威胁，利用业务控制、技术对抗及法律方法给予第一时间的响应处理。

引入外部 API 后，面对互联网高业务量并发场景，如秒杀、浪涌等，系统必须具备高可用、弹性伸缩的扩容能力，银行在引入分布式互联网技术、改变传统系统架构的同时，也应注重存量传统业务系统的优化和提升，使科技支撑能力成为未来银行的核心竞争力。

第六节 实施阶段性计划

虽然计划不能完全准确地预测将来，但如果没有计划，组织的工作往往陷入盲目，或者碰运气。

——哈罗德·孔茨，美国管理学家

未来银行全面风险管理是一个长期的，不断优化的过程。在风险管理转型的全过程中，需要牢牢把握四个关键：奠定风险管理基础、完善基础建设、植入业务决策、建立风险管理文化。具体来说，可以分为三个阶段持续有序地推进。

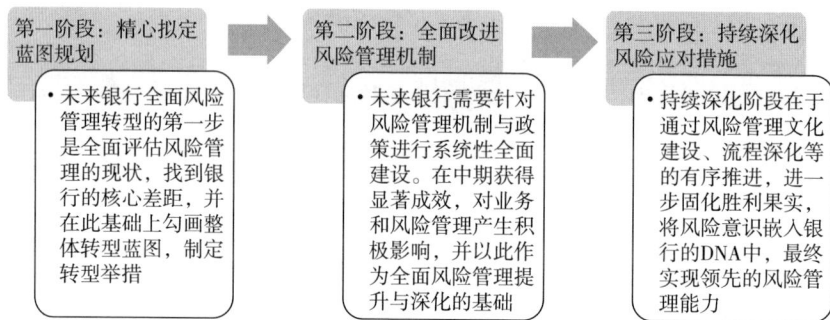

第一阶段：精心拟定蓝图规划	第二阶段：全面改进风险管理机制	第三阶段：持续深化风险应对措施
• 未来银行全面风险管理转型的第一步是全面评估风险管理的现状，找到银行的核心差距，并在此基础上勾画整体转型蓝图，制定转型举措	• 未来银行需要针对风险管理机制与政策进行系统性全面建设。在中期获得显著成效，对业务和风险管理产生积极影响，并以此作为全面风险管理提升与深化的基础	• 持续深化阶段在于通过风险管理文化建设、流程深化等的有序推进，进一步固化胜利果实，将风险意识嵌入银行的DNA中，最终实现领先的风险管理能力

图 9 – 16　实施风险管理转型的三个阶段

第一阶段：精心拟定蓝图规划

未来银行全面风险管理转型的第一步是全面评估风险管理的现状，找到银行的核心差距，并在此基础上勾画整体转型蓝图，制定转型举措。

完善风险治理架构。完善的治理架构是整体转型的内部基础，是转型前期的主要工作。需要自上而下梳理银行内包括董事会、管理层、总行、事业部、分支机构之间的职责定位，并定义包括风险管理部、内控管理部、资产负债部、内控合规部等不同风险管理职能部门的职责分工。

完善风险战略体系。在制定发展战略时，风险管理需要在第一时间介入，通过与业务的充分讨论建立风险战略，特别是在各项业务、行业、产品的风险管理思路上，要能够充分体现并理解业务战略特点，并以此为出发点构筑风险战略，将其转化为定性的政策制度和定量的指标、额度，建立自上而下的风险战略执行体系和自下而上的风险信息反馈机制。

打造风险人才体系。十年树木、百年树人，建立完善的风险人才体系和制度非一日之功。银行需要抓住人才招聘、人才培训、资质认定、评估和薪酬等关键，打造一支专业能力过硬、受人尊敬的风险管理队伍。

第二阶段：全面改进风险管理机制

未来银行需要针对风险管理机制与政策进行系统性全面建设。在中期获得显著成效，对业务和风险管理产生积极影响，并以此作为全面风险管理提升与深化的基础。

完善风险计量核心体系。银行应根据业务特点不断完善风险计量体系，拓展计量范围、升级计量方法、提高计量频率，持续提高风险计量的准确性。同时，要将风险计量结果广泛地运用于业务管理与决策中，包括风险资本与信贷资源、风险预警制度、各项风险及交易授权、跨部门绩效与利润分配机制、考核与绩效薪酬、内部不良资产转移管理与内部买卖计价、拨备与坏账核销及压力测试工作等。

健全风险管理关键机制。建议银行从业务的风险识别监测、审批及授权、组合管理、应对等角度进行突破。其中：（1）风险识别监测，通过与前台业务的积极配合，在业务前端实现风险专业管理及对业务的高度支持。（2）审批，通过专业化审批路径和授权，实现精准的风险识别，最大程度减少对客户风险的错判误判。（3）组合管理，通过组合预警与控管，实现战略方向在实际业务中的传导。（4）风险考核，通过绩效约束和基于能力的风险专业化评估，从根本上塑造全行员工的风险意识，提高风险管理专业化程度。

升级风险管理系统。结合推进风险管理能力升级的需要，提出升级风险管理系统的具体需求，从数据、模型和系统三个方面入手，引入相应的专业人才，打造所需的技术模型和系统，补足这方面的短板。

第三阶段：持续深化风险应对措施

持续深化阶段在于通过风险管理文化建设、流程深化等的有序推进，进一步固化胜利果实，将风险意识嵌入银行的 DNA 中，最终实现领先的风险管理能力。

持续深化风险管理流程。风险管理流程包括但不限于信用风险、市场风险、流动性风险、操作风险等管理流程，也包括和风险相关的业绩评估、绩效考核、预算和资本管理等。银行需要根据新的风险体系和理念，对此类风险管理流程进行优化。

持续深化风险管理文化建设。风险管理文化是银行整体风险体系的上层建筑，对于日常的业务开展和风险流程有着实质的影响。银行需要清晰定义自身机构所追求的风险管理文化，并通过一系列有针对性的举措向全行推广（如风险管理文化专题培训等）。

未来银行风险管理的面貌将会发生重大变化。对于客户而言，可能根本感觉不到银行风险管理的存在，因为大量申报材料、长时间的信贷审批等已是历史，未来风险管理实现了自动收集资料、智能研判、即时决策，大部分工作在瞬间完成，促进了极致化的客户体验。对于银行而言，风险管理融入业务各环节、全流程，成为可以被随时调用的功能模块，是赋能业务发展的重要抓手，是价值创造必不可少的来源，是银行竞争力的根本体现。未来银行的风险管理将成为银行战略规划的核心、业务经营的紧密合作伙伴及分析决策制定的卓越中心。未来银行风险管理水平的差异必然造成银行间的差异化，最终决定哪些银行能够脱颖而出。然而，要达到这样的状态，银行必须立刻着手，实施全方位风险管理转型。对于那些即刻启航的银行而言，转型的前路将拥有无限风光。

本篇小结

金融科技迅猛发展，金融服务深刻变革，银行业正向着轻型银行、交易银行、数据银行、开放银行等新形态不断演变，未来银行的风险管理将进入一个"自动、实时、精准、敏捷、无感"的全新阶段。ERM 2017 将风险管理框架概括为一种与战略制定及实施相整合的文化、能力和实践，旨在在创造、维护和实现价值过程中管理风险，将风险管理直接从"一个流程或程序"提升到"文化、能力和实践"。因此，本篇从文化、能力和实践的角度探讨了未来银行全面风险管理的行动方向。

未来银行全面风险管理文化

我们认为，未来银行应当培育全面融入、开放包容、敏捷主动的风险管理文化。

全面融入是指风险管理要全面的融入各层级、各机构、各项业务、各个岗位的工作中，成为每个员工的潜意识和行为习惯，使得所有岗位及各项业务操作环节的过程之中都闪耀着文化的光辉。风险管理文化根植于员工思想深处，并形成了行动自觉，而不是外加的一种约束和压力。

开放包容是指风险管理要适应未来开放银行的特点，不能故步自封地成为银行对内、对外开放的障碍，而应当通过风险管理的提升和改进来支撑未来银行的对内、对外开放，推动传统银行向安全、高效的开放银行转型。

敏捷主动是指风险管理在管控风险和服务客户两个方面都要迅速、灵活、创新，并且要把两者有机地结合起来，成为相互促进的闭环，在有效管控风险的同时，助力银行提高客户体验的极致化。

需要强调的是，这三大特点并不是独立的，而是融合统一的。除了三大特点之外，风险管理文化也要具备企业文化最基本的特点——宽严并存、持续塑造与一致统一。

未来银行全面风险管理能力

我们认为，未来银行应当着力提高信用挖掘能力、全面融入能力、无感服务能力、生态赋能能力和合规管理能力。

信用挖掘能力是风险管理保障银行金融中介功能的必备能力。科技在金融业的大量应用，没有颠覆银行作为金融中介的功能和本质。未来银行风险管理应当借助人工智能、区块链、云计算、大数据、5G、IoT 等各种科技方法和工具，深入挖掘以往没有被发现、无法发现或者被忽视的客户信用，更大范围、更深层次、更高效率、更加安全地保障银行金融中介功能的发挥。

全面融入能力是风险管理支撑银行业务发展的必备能力。未来银行风险管理应当可以拆解为若干个功能组件，业务人员根据风险管理、业务决策等需要，可以随时调用这些组件，实现风险管理全面融入发展战略、业务流程、日常管理中，真正实现业务发展和风险管理合二为一，而不是分庭抗礼。

无感服务能力是风险管理支撑银行服务客户的必备能力。未来银行的核心竞争力之一是客户体验的极致化，风险管理应当借助各类科技手段和工具，支撑银行业务嵌入客户的生产、生活场景，同时又能做好各种场景下的风险管控，在"不知不觉"中为客户提供安全、高效、敏捷的金融服务。

生态赋能能力是风险管理支撑银行开放合作的必备能力。未来银行是开放的银行，风险管理应当一方面为外部合作者提供安全、高效的商业环境；另一方面通过对外输出风险管控的能力，提升生态圈中各方的风险管理水平，打造生态圈的"命运共同体"，提升生态圈的稳定性和凝聚力，实现多方共赢。

合规管理能力是风险管理支撑银行合规经营的必备能力。无论什么时候，银行都必须合规经营。未来银行风险管理应当将合规作为底线，在风险管理机制、流程中嵌入合规的要求，同时要对所使用的风险管理工具、模型的合规性进行检查、验证，防范合规风险。

未来银行全面风险管理实践

我们认为，未来银行应当从风险战略、风险治理架构、风险管理机制、风险队伍建设及风险管理基础设施等方面开展实践，在实践中不断改进提升。

在风险管理战略上，未来银行必须从银行的使命、愿景和价值观出发，根据银行整体发展战略制定风险战略。银行要在全面分析风险环境的基础上，重点明确风险偏好、风险容忍度、风险承受力，并且通过风险偏好陈述书、政策制度以及各类指标等一整套机制体系传导到银行各层级、各机构每个岗位、每位员工。

在风险治理架构上，未来银行要提高董事会效能、增强监事会监督的抓手、落实首席风险官管控职责、设置分权式和集权式相结合的风险管理部门体系、推进三道防线协同管控。

在风险管理机制上，未来银行要在 ERM 2017 先进理念的指引下，围绕金融基因，注入科技动能，着力完善风险选择、识别和监测、计量、安排、协同、应对、报告、评审、应急九大机制。

通过完善风险选择、识别和监测、计量机制，落实风险战略、加强风险前瞻性预防，实现风险管理的信用挖掘。

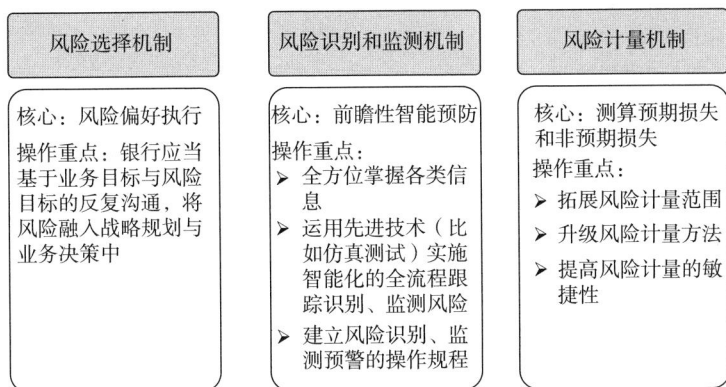

风险选择机制	风险识别和监测机制	风险计量机制
核心：风险偏好执行 操作重点：银行应当基于业务目标与风险目标的反复沟通，将风险融入战略规划与业务决策中	核心：前瞻性智能预防 操作重点： ➤ 全方位掌握各类信息 ➤ 运用先进技术（比如仿真测试）实施智能化的全流程跟踪识别、监测风险 ➤ 建立风险识别、监测预警的操作规程	核心：测算预期损失和非预期损失 操作重点： ➤ 拓展风险计量范围 ➤ 升级风险计量方法 ➤ 提高风险计量的敏捷性

图 9－17　风险选择、识别和监测、计量机制的核心与操作重点

通过完善风险安排、评审与协同机制，优化风险结构、提高风险收益，实现风险管理的价值创造。

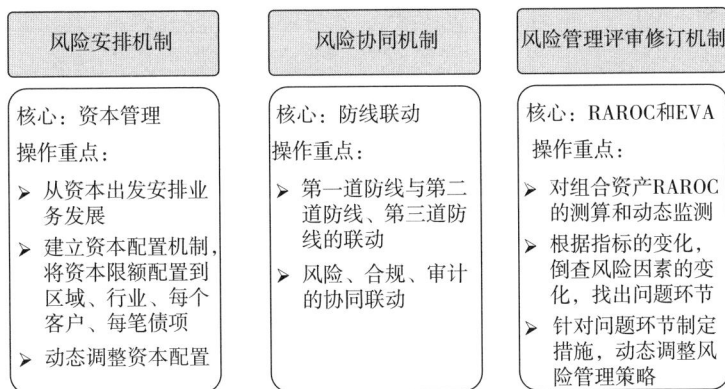

风险安排机制	风险协同机制	风险管理评审修订机制
核心：资本管理 操作重点： ➤ 从资本出发安排业务发展 ➤ 建立资本配置机制，将资本限额配置到区域、行业、每个客户、每笔债项 ➤ 动态调整资本配置	核心：防线联动 操作重点： ➤ 第一道防线与第二道防线、第三道防线的联动 ➤ 风险、合规、审计的协同联动	核心：RAROC和EVA 操作重点： ➤ 对组合资产RAROC的测算和动态监测 ➤ 根据指标的变化，倒查风险因素的变化，找出问题环节 ➤ 针对问题环节制定措施，动态调整风险管理策略

图 9－18　风险安排、评审与协同机制的核心与操作重点

通过完善风险报告、应对与应急机制，增强对风险的快速反应，实现风险管理的敏捷主动。

风险报告机制	风险应对机制	风险应急机制
核心：及时准确 操作重点： ➢ 健全职责体系 ➢ 明确报告路径 ➢ 提高报告时效性 ➢ 丰富报告类型 ➢ 完善报告内容 ➢ 敏捷报告组织	核心：主动管理 操作重点： ➢ 主动规避风险，比如资产结构短期化、投资避重就轻等 ➢ 主动分散风险，区域、行业、客户、产品分散 ➢ 主动转嫁风险，如保险、远期合同、套期保值 ➢ 主动化解处置风险 ➢ 主动抵补风险，利润、减值和资本	核心：压力测试 操作重点：通过压力测试，测算各类风险因素的极端变化对银行的影响，提前制定应对策略，未雨绸缪，最大限度减少极端风险发生对银行的不利影响

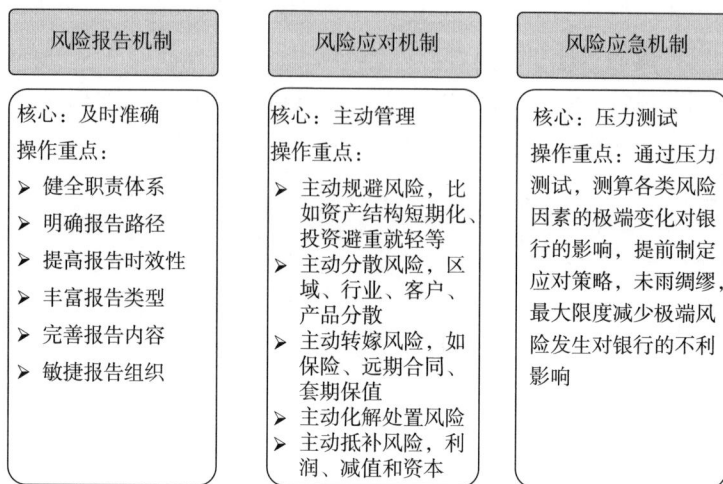

图 9 – 19　风险报告、应对与应急机制的核心与操作重点

在风险管理队伍建设上，未来银行的风险经理要着力加强人员结构的调整，更多招聘掌握先进科技手段，具备较好分析、协作能力的人员。银行要加快风险管理专业序列建设，打通风险人才和业务人员之间的晋升通道，优化风险人才培训体系，努力吸引和留住风险管理人才。同时，要强化对全员的风险管理激励约束，完善问责追责制度。

在风险管理基础设施上，未来银行要重点升级数据、模型和 IT 系统等三大平台。

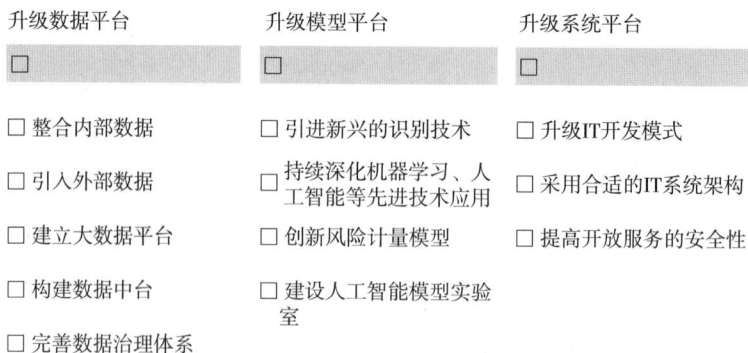

升级数据平台	升级模型平台	升级系统平台
□	□	□
□ 整合内部数据	□ 引进新兴的识别技术	□ 升级IT开发模式
□ 引入外部数据	□ 持续深化机器学习、人工智能等先进技术应用	□ 采用合适的IT系统架构
□ 建立大数据平台	□ 创新风险计量模型	□ 提高开放服务的安全性
□ 构建数据中台	□ 建设人工智能模型实验室	
□ 完善数据治理体系		

图 9 – 20　风险管理基础设施改进措施

　　如果把风险管理比喻为一个人的话，那么风险管理文化是大脑，风险管理战略是思想，风险治理架构就是骨骼，风险管理能力是肌肉，风险管理机制是神经，风险管理队伍是手脚，风险管理基础设施是工具。一个好的风险管理体系，必须在这些方面都健康强健，缺一不可。

参考文献

［1］赵志宏，袁平，金鹏，李志强．银行全面风险管理体系［M］．北京：中国金融出版社，2005.

［2］漆腊应，代军勋，金鹏．中国商业银行信用风险管理体系研究［M］．武汉：湖北人民出版社，2009.

［3］赵志宏．敏捷银行——金融供给侧蝶变［M］．北京：中国金融出版社，2019.

［4］赵志宏．银行科技——构建智能金融价值网［M］．北京：中国金融出版社，2017.

［5］尼尔森公司，赵志宏．银行精益服务——客户体验制胜［M］．北京：中国金融出版社，2016.

［6］赵志宏．实时智能银行［M］．北京：中国金融出版社，2015.

［7］杨军．风险管理与巴塞尔协议十八讲［M］．北京：中国金融出版社，2013.

［8］刘鹤．两次全球大危机的比较研究［M］．北京：中国经济出版社，2013.

［9］布莱特·金．银行4.0［M］．广州：广东经济出版社，2018.

［10］刘兴赛．未来银行之路［M］．北京：中信出版社，2019.

［11］巴曙松．新周期　新金融［M］．厦门：厦门大学出版社，2018.

［12］何大勇，谭彦，陈本强，刘月．银行转型2025［M］．北京：中信出版社，2017.

［13］刘勇，李达．开放银行：服务无界与未来银行［M］．北京：中信出版社，2019.

［14］若埃尔·贝西．银行风险管理［M］．北京：中国人民大学出版社，2019．

［15］苏薪茗．转型向未来：中国资产管理行业发展与监管［M］．北京：中国金融出版社，2018．

［16］张立洲，刘兰香．中国式投行［M］．北京：中信出版社，2018．

［17］卡门·M．莱因哈特，肯尼斯·S．罗格夫．这次不一样：八百年金融危机史［M］．北京：机械工业出版社，2018．

［18］朱加麟．新经济　新金融［M］．北京：中信出版社，2016．

［19］曾鸣．智能商业［M］．北京：中信出版社，2018．

［20］陈威如，余卓轩．平台战略［M］．北京：中信出版社，2013．

［21］戴国强．商业银行经营学［M］．北京：高等教育出版社，2007．

［22］洪文金，高路明．马克思信用和银行的理论与应用［M］．厦门：厦门大学出版社，1988．

［23］用友·银行事业部，廖继全．巴塞尔协议Ⅲ解读与银行经济资本应用实务［M］．北京：企业管理出版社，2013．

［24］巴曙松，刘晓依，朱元倩．巴塞尔Ⅲ：金融监管的十年重构［M］．北京：中国金融出版社，2019．

［25］谢平，刘海二．金融科技与监管科技［M］．北京：中国金融出版社，2019．

［26］李德毅．人工智能导论［M］．北京：中国科学技术出版社，2018．

［27］查尔斯·达尔文．物种起源（译林人文精选）［M］．苗德岁，译．南京：译林出版社，2013．

［28］彼得·德鲁克．管理的实践（珍藏版）（德鲁克管理经典）［M］．齐若兰，译．北京：机械工业出版社，2009．

［29］陈春花．企业文化［M］．北京：机械工业出版社，2018．

［30］汤姆·彼得斯．追求卓越［M］．胡玮珊，译．北京：中信出版社，2012．

［31］吉姆·柯林斯，吉里·波勒斯．基业长青［M］．真如，译．北

京：中信出版社，2009.

　　［32］凯文·凯利．失控：机器、社会与经济的新生物学［M］．东西文库，译．北京：新星出版社，2010.

　　［33］黄宪，金鹏．商业银行全面风险管理体系及其在我国的构建［J］．中国软科学，2004（11）.

　　［34］金鹏，徐晓莉．欧美商业银行风险管理机制的借鉴与思考［J］．生产力研究，2007（23）.

　　［35］李正旺，邵百权，金鹏．论商业银行风险管理组织结构的构建［J］．武汉金融，2012（11）：40－41.

　　［36］徐晓莉，付英俊．大型商业银行普惠金融运作［J］．中国金融，2019（9）.

　　［37］黄宪，代军勋，金鹏，尹杞月．我国创业投资的发展及其存在的问题与对策［J］．管理现代化，2004（4）.

　　［38］赵志宏．塑造敏捷银行（上）［J］．当代金融家，2019（1）.

　　［39］赵志宏．塑造敏捷银行（下）［J］．当代金融家，2019（2－3）.

　　［40］赵志宏．敏捷银行：从大象向猎豹进化［J］．银行家，2019（6）.

　　［41］赵志宏．重塑银行实体经济客户体验——以银行科技为核心纽带，构建"智能金融价值网"［J］．银行家，2017（12）.

　　［42］麦肯锡．新常态和数字化时代的风险管理［R］．麦肯锡中国银行业CEO季刊，2019.

　　［43］麦肯锡．砥砺前行：中国银行业风险管理转型缩影［R］．麦肯锡中国银行业CEO季刊，2019.

　　［44］麦肯锡．如何让风险管理成为银行的竞争力［R］．麦肯锡公司，2018.

　　［45］阿里云研究中心，毕马威．未来银行——DT时代中国银行业发展的新起点［R］．未来银行季刊，2019.

　　［46］麦肯锡．敏捷银行——打破边界 组织创新［R］．麦肯锡中国银行业CEO季刊，2019.

［47］刘伟光．浅析银行数字化转型之二：打造金融敏捷中心．微信号
Ant-Techfin，2018．

［48］李蔚蔚．商业银行风险管理文化及其塑造［J］．新金融，2001
（6）．

［49］中国工商银行资产风险管理部．商业银行风险管理文化研究与实
践［J］．中国城市金融，2003（9）．

［50］胡昆．商业银行风险管理文化建设的思考［J］．金融科技时代，
2008，16（12）．

［51］陈忠阳．论现代金融机构风险管理十项原则［J］．国际金融研究，
2005（4）．

［52］孟强，石伟，崔秀华，董艳．风险管理实现途径［J］．中国石油
企业，2014（11）．

［53］赵伟．金融机构资产负债管理模型和运用的新发展［D］．武汉：
武汉大学，2005．

［54］谢婷婷．论我国商业银行操作风险管理中的文化要素［D］．成
都：西南财经大学，2018．

［55］迟占霞．论我国商业银行全面风险管理体系的构建［J］．法治与
社会，2014（1）．

［56］陆眠峰，张玉洁．培育商业银行声誉风险管理文化的策略［J］．
大连干部学刊，2010（12）．

［57］邢风云．企业风险管理文化构建研究［J］．技术经济与管理研究，
2012（12）．

［58］王莉．浅论企业全面风险管理体系的构建［J］．北方经贸，2015
（3）．

［59］韩煜．商业银行风险管理文化探析［J］．科技资讯，2006（5）．

［60］舒伟，左锐，陈颖，文静．COSO风险管理框架的新发展及其启示
［J］．西安财经学院学报，2018，31（5）．

［61］李田莉．基于风险文化视角的我国商业银行操作风险管理研究
［D］．青岛：中国海洋大学，2015．

［62］董贞良．COSO 企业风险管理战略与绩效的整合和 ISO 31000 对比解读［J］．中国质量与标准导报，2018（9）．

［63］刘永．我国商业银行企业文化建设研究［D］．北京：首都经济贸易大学，2012．

［64］李维安，王励翔，孟乾坤．上市金融机构治理风险的防范［J］．中国银行业，2019（7）．

［65］阎聪．政策性银行可借力金融科技增强风险化解能力［J］．中国银行业，2019（7）．

［66］零壹财经·零壹智库．中国开放银行发展报告 2019［R］．零壹财经·零壹智库，2019．

［67］中金公司研究部．区块链与数字货币：科技如何重塑金融基础设施［R］．中金公司，2019．

［68］朱良平．信用风险压力测试理论与实践［EB/OL］．http：//www. docin. com/p－356451382. html.

［69］刘伟光．科技成就普惠，数字创新金融［R］．蚂蚁金服，2019．

［70］华为．认识 5G，发展 5G［R］．华为公司，2019．

［71］王兆星．国际银行监管规则改革趋势和几点思考［J］．金融监管研究，2016（1）．

［72］郭郑悦．世界金融监管模式的发展及我国之借鉴［D］．济南：山东大学，2006．

［73］巴曙松．稳住杠杆率上升的斜率是更为现实的政策取向［J］．中国金融家，2017（8）．

［74］支宝才．突破银行数字化转型的困境和能力瓶颈［EB/OL］．http://www. sohu. com/a/340045009＿467315，2019－09－10．

［75］韩岗．国外信用风险度量方法及其适用性研究［J］．国际金融研究，2008（3）．

［76］刘晓星．基于 VaR 的商业银行风险管理研究述评［J］．经济研究导刊，2006（6）．

［77］孙继伟．我国商业银行风险评价指标体系研究［D］．上海：复旦

大学，2013.

[78] 吴军，张继宝. 信用风险量化模型比较分析 [J]. 国际金融研究，2004 (8).

[79] 程鹏，吴冲锋，李为冰. 信用风险度量和管理方法研究 [J]. 管理工程学报，2002, 16 (1).

[80] 张玲，杨贞柿. 信用风险度量方法综述 [J]. 财经科学，2004 (S1).

[81] 宛璐. 国外现代商业银行风险管理及其启示 [J]. 学术交流，2005 (3).

[82] 张杰. 金融中介理论发展述评 [J]. 中国社会科学，2001 (6).

[83] 宋君丽. 零售银行的理论基础与发展脉络 [J]. 中国乡镇企业会计，2007 (1).

[84] 陈四清. 试论商业银行风险管理 [J]. 国际金融研究，2003 (7).

[85] 廖岷，杨元元. 全球商业银行流动性风险管理与监管的发展状况及其启示 [J]. 金融研究，2008 (6).

[86] 张培胜. 浅评西方商业银行经营管理理论 [J]. 广西金融研究，1999 (4).

[87] 黄志凌. 组合风险管理——现代商业银行风险管理的发展方向 [J]. 中国金融，2010 (2).

[88] 张珍. 透过次贷危机看现代商业银行风险管理 [J]. 银行家，2008 (12).

[89] 金正茂. 现代商业银行信用风险管理技术研究 [D]. 上海：复旦大学，2005.

[90] 胡博，孔桂明. 宏观审慎监管与商业银行全面风险管理组织模式研究 [J]. 金融监管研究，2018 (3).

[91] 刘瑞霞. 打造基于大数据的智能化风控体系 [J]. 金融电子化，2018 (8).

[92] 史凯. 数据中台如何赋能金融企业 [EB/OL]. http://www.sohu.

com/a/325029809 _ 100132686，2019 – 07 – 05.

［93］何鹏，周礼，罗京. 民生银行数据中台体系的构建与实践［J］. 金融电子化，2019（7）.

［94］麦肯锡. 银行业数字化金融创新的"3＋1"转型策略［EB/OL］. https：//www. mckinsey. com. cn/银行业数字化金融创新的3＋1转型策略/，2019 – 01 – 08.

［95］方烨，何向飞. 银行数据治理实践中的难点及应对［EB/OL］. http：//finance. sina. com. cn/money/bank/bank _ hydt/2019 – 10 – 22/doc-iicezzrr4015516. shtml，2019 – 10 – 22.

［96］孙友文. 全面解析2017 COSO 正式版《企业风险管理框架》［EB/OL］. 会计学术联盟，2017 – 11 – 01.

［97］刘堃，巴曙松. 推动现代风险管理的三大国际力量比较研究［J］. 中国科技论坛，2008（7）.

［98］The Committee of Sponsoring Organization of the Treadway Commission（COSO）. Enterprise Risk Management—Integrating with Strategy and Performance Executive Summary［EB/OL］. http：//www. coso. org，2017.

［99］ Tuomas Sandholm. Carnegie Mellon and Facebook AI Beats Professionals in Six-Player Poker ［EB/OL］. https：//www. cmu. edu/news/stories/archives/2019/july/cmu-facebook-ai-beats-poker-pros. html，2019 – 07 – 11/2019 – 10 – 08.

［100］John Manning. How AI is Disrupting the Banking Industry ［EB/OL］. https：//internationalbanker. com/banking/how-ai-is-disrupting-the-banking-industry/，2018 – 07 – 04/2019 – 10 – 18.

［101］ Satoshi Nakamoto. Bitcoin：A Peer-to-Peer Electronic Cash System ［EB/OL］. https：//bitcoin. org/en/bitcoin-paper，2008 – 10 – 31/2019 – 10 – 07.

［102］ CoinMarketCap. Bitcoin Price, Charts, Market Cap, and other Metrics ［DB/OL］. https：//coinmarketcap. com/currencies/bitcoin/，2019 – 10 – 25/2019 – 11 – 08.